U0556589

北京市社会科学界联合会、北京市哲学社会科学规划办公室项目

北京社科青年学者文库

《巴黎协定》下碳市场机制的法治化研究

A Legal Study on Carbon Market Mechanisms under the Paris Agreement

魏庆坡 著

中国人民大学出版社
·北京·

出版说明

“青年强，则国家强。”

“未来属于青年，希望寄予青年。”

——习近平总书记的讲话语重心长。

青年“好像早晨八九点钟的太阳”，是民族的希望、祖国的明天、各行各业的未来，哲学社会科学界亦然。

2016 年，习近平总书记在哲学社会科学工作座谈会上指出，要实施哲学社会科学人才工程，着力发现、培养、集聚一批年富力强、锐意进取的中青年学术骨干。为贯彻习近平总书记系列重要讲话精神，呈现和展示青年社科学者的优秀研究成果，并以此发现和培养青年社科学术骨干，扶持和助力青年学者成长，北京市社会科学界联合会、北京市哲学社会科学规划办公室策划设立《北京社科青年学者文库》。

该文库设计为开放性丛书，萃集北京地区高校和社科研究机构 45 岁以下青年学者的优秀学术专著和博士论文，由北京市社会科学理论著作出版基金予以出版资助、中国人民大学出版社出版。

希望该文库能为北京青年社科学者的学术发轫和进步作出有益的贡献。

编委会

2024 年 3 月

前　言

为了弥合缔约方自主减排目标与全球实际减排目标之间的差距，考虑到联合国主导机制的官僚化和僵硬化，尤其无法承认各个缔约方的需求，《巴黎协定》开启了“自下而上＋国家自主贡献”的国际气候治理模式，并在第2条明确提出将全球平均气温升幅控制在2℃以内的目标，这需要国际社会集体行动。后巴黎时代全球气候治理开始转向“国内驱动型”模式，呈现出多边主义与单边主义博弈、经济发展与减排降碳碰撞、去中心化与中心化并驱的严峻态势。中国作为《巴黎协定》缔约方积极提高国家自主贡献（NDCs）力度，并提出2030年“碳达峰”与2060年“碳中和”目标（“双碳”目标），这不仅是中国可持续发展的内在要求，而且是负责任大国应尽的国际义务，同时也有利于中国有效应对国际气候谈判的种种挑战，进一步提升中国在全球气候治理中的话语权和影响力。

为帮助缔约方实现国家自主贡献，《巴黎协定》第6条依据“自愿”原则构建了新的市场合作机制，旨在帮助缔约方以更灵活的合作方式减少温室气体排放，激励缔约方提升减排雄心，进而实现全球总体减排。其中第6条第2款规定了“合作方法”（cooperative approaches）框架，旨在为缔约方之间关于国际转让的减缓成果（ITMOs）提供框架机制。第6条第4款碳信用机制（也被称为“6.4机制”或“可持续发展机制”）与清洁发展机制（CDM）具有许多共同特征，在《巴黎协定》缔约方会议决议的指导和授权下开展，并受到监督机构的管理。参与者提议的减缓活动必须得到东道国的批准，并由指定经营实体（DOE）进行验证，随后将批准的可交易的碳信用发放至实施者的账户。

过去 20 多年，碳市场在促进国际减排合作方面作出了突出贡献。例如，根据《京都议定书》第 12 条创建的 CDM，自 2001 年以来，已有 8000 多个 CDM 项目和计划在 111 个发展中国家注册，减少了 20 亿吨二氧化碳当量温室气体排放，并带动了 3000 多亿美元的气候和可持续发展项目投资。我国作为 CDM 项目最大供应国，截至 2016 年 8 月已经批准 CDM 项目 5000 余个，已经获得 CDM 执行理事注册的项目近 4000 个。积极参与 CDM 为中国带来减排的资金和技术，有效推动了中国绿色低碳发展转型。

国际排放贸易协会（IETA）2019 年经过评估认为，以市场形式进行跨国减排合作可以在 2030 年之前将实现国家自主贡献的成本降低一半，即在无须增加额外费用的情形下削减 50％的温室气体排放。《巴黎协定》消除了发展中国家和发达国家之间的静态区别，要求所有缔约方都要根据各自国情和能力制定国家自主贡献目标，这与《京都议定书》"二分法"形成了鲜明对比。未来，随着所有缔约方都按照《巴黎协定》要求制定和实现国家自主贡献，这将使碳市场主体范围更为广泛和多样化。为确保环境完整性，明确禁止重复计算减缓成果，即如果转让的减缓成果用于实现另一国的国家自主贡献，则该减缓成果不得用于转让国的减排承诺，为此，对两国的任何减缓成果转移都要求进行相应调整。可见，基于产权制度设计的碳市场机制牵涉因素错综复杂，缔约方之间为了自身目标和利益，在具体方案选择上存在较大分歧，如果设计和实施不当，国际碳市场机制不仅会增加减缓气候变化的成本，而且可能导致全球温室气体排放量增加。

2021 年 11 月，《联合国气候变化框架公约》（以下简称《公约》）第 26 次缔约方会议（COP26）在英国格拉斯哥闭幕，在经历了一天的加时谈判后，近 200 个缔约方通过了《格拉斯哥气候公约》，最终敲定了《巴黎协定》第 6 条的实施规则。至此，这一本应在 2018 年波兰卡托维兹完成的事项在延期三年后最终落定。COP26 就实施第 6 条碳市场机制的框架达成一致，其中包括关于第 6 条第 2 款"合作方法"的指南以及第 6 条第 4 款碳信用机制的规则、模式和程序（RMP）。但是，这种概念和程序上的界定并未限定参与方对第 6 条碳市场机制的实施方式，亦未明确合作的具体条件和标准。因此，第6条碳市场机制实质上并未构建市场机制本身，而仅仅是为缔约方提供了由其自身决定与哪一方跨境转让减缓成果的一个宽泛合作程序框架。

考虑到缔约方在《巴黎协定》下作出自主减排承诺，以及半数缔约方在自主贡献中支持建立国际碳市场，未来会有更多国家参与第6条的减排合作。比如瑞士已同多个国家缔结了双边协定以推进减排合作，并与合作伙伴确定了认可ITMOs的要求，为合作双方建立了法律框架。这种法律框架具有明显的单边性限制属性，尤其在标准不清晰的情况下可能具有明显的歧视性，势必会引发一些争议，进而可能与《巴黎协定》第6条“合作”的初衷相悖。

从20世纪90年代开始，全球气候治理以联合国为主导，经历了曲折的发展，形成了《公约》、《京都议定书》和《巴黎协定》等国际条约，这些重要阶段性成果在应对气候变化方面发挥着关键作用。其中，1992年《公约》开启了人类应对气候变化的制度化轨道，明确提出了风险预防原则、“共区原则”和可持续发展原则等国际气候合作的基本原则。1997年《京都议定书》进一步将“共区原则”推进到落实层面，以“自上而下”方式规定主要发达国家和转轨国家的减排目标，不过这也引起了发达国家的质疑和挑战，同时发展中国家内部对此立场也有分化。此后，“共区原则”中的共同元素不断强化，但区别内涵则从早期发达国家与发展中国家“二分法”转向依据各个国家能力划分，发展中国家逐步被纳入减排主体范围之内，承担了一定的减排责任。

在气候保护开放性国际法律框架背景下，第6条碳市场机制贯彻了《巴黎协定》“自下而上”的理念，赋予了缔约方极大的自主性和决策权，这契合了当下个别国家和地区有强烈动机让其领土之外的减排主体参与进来的要求，以创造所谓的公平竞争环境，确保其更高的气候保护标准不会损害国内生产商的竞争地位。实际上，构建和完善第6条碳市场机制涉及国际和国内众多复杂问题，缔约方之间必须就一系列流程要素达成共识，比如ITMOs生成的标准以及转让规则，确保环境完整性和促进可持续发展的保障措施，以及接受国外ITMOs的条件（其中包括如何应对发达国家和发展中国家单方面限制ITMOs准入的合法性问题，因为这些措施可能会侵犯其他国家的主权，违背“共区原则”，引发有关公平分配气候变化责任的问题)，这些都是《巴黎协定》及 COP26 没有提供明确答案的政治问题。并且，各国在考虑采取参与第 6 条碳市场机制时还需要在国内层面解决具体制度规则的构建问题。

由此可见，《巴黎协定》为碳市场机制“打开了一道门，但并没有作出保证”，气候行动的不同理念之间的对立将在国际层面上得到体现。如何从法律上确保参与方在第 6 条碳市场机制下能够实现“自主”与“限制”的平衡，从形式和实质上推进第 6 条碳市场机制的合作属性，这是后巴黎时代无法回避的一个重要国际法律问题。

在“双碳”目标背景下，结合我国碳市场具体实践，本研究秉承人类命运共同体理念，坚持统筹推进国内法治和涉外法治的方向，在维护国家主权与根本利益基础上积极提出受国际社会欢迎的中国方案，为中国深度参与第 6 条碳市场机制构建和全球气候治理提出前瞻性的法律观点与对策，以期为进一步提升我国在全球气候治理中的话语权和影响力提供思路和助力。

目　录

第一章　绪言

随着工业化进程的迅速推进和社会经济的高速发展，温室气体特别是二氧化碳的大量排放，逐渐成为人类面临的最紧迫的环境问题之一①。这些温室气体通过捕获太阳热量加剧了自然温室效应，对地球的生态系统、经济和社会的稳定性产生了严重的影响②。鉴于气候变化可能带来严重后果，遵循“预防原则”（precautionary principle）及早采取应对措施是最佳策略之一。预防原则强调在面临科学不确定性的情况下，为了最大限度地减少潜在的环境和社会风险，应积极采取预防措施③。然而，全球气候治理领域的根本矛盾一直限制着国际社会应对气候变化的有效性，这些矛盾主要源自发达国家和发展中国家之间的利益冲突和不平等问题。具体而言，发达国家长期以来的高碳经济模式导致了大量温室气体排放，而发展中国家则强调其发展权利和适应能力的不足，呼吁发达国家承担更大的减排责任，并提供更多资金和技术支持。同时，全球气候治理中存在的权力和议程设置方面的不平等也给国际谈判和合作带来了挑战。值得注意的

---

① 典型的温室气体包括二氧化碳、甲烷、氧化亚氮、氢氟碳化物、全氟化碳和六氟化硫。鲍健强，苗阳，陈锋．低碳经济：人类经济发展方式的新变革．中国工业经济，2008（4）：153－160.

② Jones H P，Hole D G，Zavaleta E S. Harnessing nature to help people adapt to climate change. Nature climate change，2012，2（7）：504－509.

③ 尽管对某种现象没有绝对的确定性，但应采取措施防止可能发生的损害。Kriebel D，Tickner J，Epstein P，et al. The precautionary principle in environmental science. Environmental health perspectives，2001，109（9）：871－876.

是，应对气候变化是一种非常典型的集体行动问题，因为温室气体排放的影响（以及减少排放的好处）是全球分布的，而减少排放的成本（以及一切保持不变的好处）则是集中的。在没有有效监管的情况下，各方可以根据需要尽可能多地使用资源，即使这样的行为可能会导致对资源本身的破坏，这就是所谓的“公地悲剧”。

为了应对气候变化，必须解决公平问题与合作问题。面对气候变化这一全人类共同面临的挑战，各国已经意识到不应局限于本国范围，而是倡导通过全球合作共同完善全球气候治理。早在20世纪90年代初，联合国就主导制定了《联合国气候变化框架公约》（United Nations Framework Convention on Climate Change，UNFCCC；简称《公约》）①，明确了应对气候变化的最终目标，并确立了“共同但有区别的责任原则”（common but differentiated responsibilities，CBDR，以下简称“共区原则”）、公平原则、各自能力和可持续发展原则等国际合作应对气候变化的基本原则，为国际社会应对气候变化提供了基本法律框架。1997年12月，《公约》缔约方第三次会议通过了《京都议定书》(Kyoto Protocol，又译《京都协议书》)②，这是人类历史上第一个具有法律约束力的减排文件，其采用“自上而下”的范式为《公约》附件一所列缔约方设置了明确的温室气体减排目标和时间表③。在《京都议定书》第一承诺期（2008—2012年）取得巨大成就后，《公约》缔约方会议于2012年12月通过了第二承诺期修正案（《京都议定书多哈修正案》）。不过，国际气候治理合作由于温室气体排放格局变化而暗流涌动，日本和加拿大等国家明确表示拒绝加入④，

① Bodansky D. The United Nations Framework Convention on Climate Change: a commentary. Yale journal of international law, 1993, 18 (2): 451-558.

② Freestone D, Streck C. Legal aspects of implementing the Kyoto Protocol mechanisms: making Kyoto work. Oxford: Oxford University Press, 2005: 3-5.

③ 薄燕，高翔．原则与规则：全球气候变化治理机制的变迁．世界经济与政治，2014 (2): 48-65, 156-157.

④ Rosen A M. The wrong solution at the right time: the failure of the Kyoto Protocol on climate change. Politics and policy, 2015, 43 (1): 30-58; Rajamani L. The changing fortunes of differential treatment in the evolution of international environmental law. International affairs, 2012, 88 (3): 605-623; Metz B. The legacy of the Kyoto Protocol: a view from the policy world. Wiley interdisciplinary reviews: climate change, 2013, 4 (3): 151-158.

导致加入第二承诺期的国家的排放总量只占全球温室气体排放的15%。

随后，联合国气候谈判陷入了一段时间的停滞期，各国在关键问题上存在分歧，包括对全球温室气体排放减少目标的设定、发达国家与发展中国家的责任和义务分配、资金支持和技术转让等方面，这些分歧导致了谈判进展缓慢。然而，随着时间的推移，国际社会对气候变化问题的认识逐步深化，各国也逐渐意识到共同面对气候变化所带来的挑战的重要性，最终《公约》196个缔约方于2015年12月在法国巴黎一致通过了《巴黎协定》(Paris Agreement)①，为2020年以后全球应对气候变化行动提供了制度性安排，这一协定被视为全球共同努力应对气候变化的关键里程碑。

《巴黎协定》成为继《京都议定书》后第二份具有法律约束力的文件，代表了联合国主导下国际气候谈判的重大成就，当然也是在巨大的国际压力下达成的②。与《京都议定书》"自上而下"的合作范式不同，《巴黎协定》为凝聚共识采用了"自下而上"的合作范式，开启了国际气候治理的新局面。相比《京都议定书》而言，《巴黎协定》明确了温室气体长期减排目标，确立了将全球变暖幅度控制在2℃以内的水平并努力控制在1.5℃以内的减排目标，定义了一个普遍的法律框架以加强全球应对气候变化威胁的反应，要求所有缔约方为减缓和适应气候变化作出贡献③。

值得一提的是，《巴黎协定》对《京都议定书多哈修正案》采取了回避的态度，使《京都议定书》第二承诺期正式成为历史。与《京都议定书》为个别缔约方制定强制减排目标和时间表的模式不同，《巴黎协定》制定了总体气候变化目标，并呼吁所有缔约方为这一目标作出贡献。针对发达国家强烈不满的"二分法"，《巴黎协定》采取了弱化"共区原则"的做法，通过各缔约方"自下而上"的国家自主贡献(nationally determined contributions，NDCs)承诺，要求各缔约方自主制定、报告和更新

① Bodansky D. The legal character of the Paris Agreement. Review of European, comparative & international environmental law, 2016, 25 (2): 142-150.

② 高翔.《巴黎协定》与国际减缓气候变化合作模式的变迁. 气候变化研究进展, 2016, 12 (2): 83-91.

③ Dimitrov R S. The Paris Agreement on climate change: behind closed doors. Global environmental politics, 2016, 16 (3): 1-11.

国家自主贡献，这些贡献应包括减缓和适应气候变化的目标、计划和措施等。缔约方必须每五年调整其减缓贡献，而且这些贡献必须随着时间的推移而不断增加以“最大可能地”反映缔约方不断变化的能力①。为确保实现总体减排目标，缔约方会议（Conference of the Parties，COP）将每五年评估缔约方“实现本协定宗旨及其长期目标”的进展情况。作为一项国际条约，《巴黎协定》在缔约方批准后将会约束缔约方，不过其几乎没有包含准确和可供执行的强制性规定。值得注意的是，《巴黎协定》下缔约方的国家自主贡献及缔约方的减排承诺是以政治目的而非法律义务的形式出现②。《巴黎协定》将信任赋予流程、评估程序和交互式后续行动以促进缔约方的减缓工作，这凝聚了全球范围内的共识，并提升了缔约方参与的积极性，但其实施也面临着一些困境和挑战。

一、研究背景与意义

成本是应对气候变化最大的现实挑战之一，而市场机制是实现具有成本效益的减缓行动的重要工具，如果实施得当将提升缔约方的应对灵活性并有利于实现减排目标。为降低减排成本、促进减排合作以及支持可持续发展，《巴黎协定》第 6 条引入了市场机制。当前，已有约 120 个国家在提交国家自主贡献时表明将使用碳市场作为实现碳减排目标的手段之一。对此，《巴黎协定》第 6 条认可缔约方选择在实施其国家自主贡献方面进行自愿合作以提高减缓和适应行动的力度，并要求促进可持续发展和确保环境完整性。

1. 研究背景

碳市场作为一种市场机制，有助于各国降低减排成本，促进全球减排合作，推动实现气候变化目标。碳市场最初由《京都议定书》引入，其双重目的是帮助发展中国家实现可持续发展和帮助发达国家实现减排目标，

① Keohane R O, Oppenheimer M. Paris: beyond the climate dead end through pledge and review? . Politics and governance, 2016, 4 (3): 142 - 151.

② Bodansky D. The legal character of the Paris Agreement. Review of European, comparative & international environmental law, 2016, 25 (2): 142 - 150.

一直以来也是国际气候融资架构的构成要素。囿于《京都议定书》在市场机制方面存在的问题，如市场溢价、双重计数和可信度等，《公约》缔约方一直在努力就未来碳市场方法的设计、范围和功能达成共识。多年来，缔约方的讨论主要集中在“新市场机制”（new market mechanism，NMM）和“各种方法的框架”（framework for various approaches，FVA）两方面①。NMM一般被认为是实操性、集中化和自上而下的机制，而FVA则概念较为宽泛，旨在为不同减排方法提供评估和操作的框架，确保对跨境减缓成果进行稳健核算。这两个概念都涉及发放或接受减排单位以追踪减排量，并在一定范围内抵消缔约方的减排义务。长期以来，对于市场机制概念的理解确实存在着一定程度的模糊和分歧，反映了国际社会对于市场机制的作用和范围等方面存在不同的理解和观点。一些发达国家将NMM设想为一种针对整个经济部门或广泛经济部门的手段，通过设定基线或参考水平实现目标国家的减排贡献②。受到《京都议定书》下清洁发展机制（CDM）的启发，一些发展中国家希望在未来的国际气候谈判中继续保留基于项目的减排合作方法，以吸引更多的减排投资和技术支持。从这个意义上说，缔约方的讨论只不过是对“共区原则”讨论的继续。

《巴黎协定》第6条借助不同的灵活性合作轨道开辟了一条中间线路，其出发点是缔约方自主贡献的自愿合作以提高减缓和适应行动的力度并促进“可持续发展和环境完整性”③，为后巴黎时代国际碳市场构建和完善奠定了基础，赋予了缔约方使用市场来实现国家自主贡献和减排雄心的规定④。第6条主要引入了两种市场机制：第2款和第3款的“合作方

---

① Redmond L，Convery F. The global carbon market-mechanism landscape：pre and post 2020 perspectives. Climate policy，2015，15（5）：647－669.

② Shrivastava M K，Bhaduri S. Market-based mechanism and “climate justice”：reframing the debate for a way forward. International environmental agreements：politics，law and economics，2019，19（4）：497－513.

③ Schneider L，La Hoz Theuer S. Environmental integrity of international carbon market mechanisms under the Paris Agreement. Climate policy，2019，19（3）：386－400.

④ 曾文革，江莉.《巴黎协定》下我国碳市场机制的发展桎梏与纾困路径. 东岳论丛，2022，43（2）：105－114，192.

法”（cooperative approaches）以及第4款的碳信用机制（也被称为“6.4机制”或“可持续发展机制”），并以第8款的非市场机制为补充。如此一来，不仅可以为基于减排目标的碳市场交易提供相应的“合作方法”，还能为基于项目交易的碳市场交易提供碳信用机制。与国家自主贡献对缔约方承诺所体现的包容性相似，《巴黎协定》将“合作方法”设计为对所有缔约国完全开放，从而扩大了潜在碳市场和减缓合作的范围，并创造了一个比《京都议定书》更开放的领域，因为在《京都议定书》下发展中国家的参与仅限于主办CDM减缓项目，这体现了对提高碳市场机制的应用性与缔约方参与度的期许。

然而，“合作方法”在很大程度上取决于指导实施的模式和程序，因为与《巴黎协定》大部分内容一样，如果缔约方不寻求补充行动的机会并且无意协同国内行动与《巴黎协定》规定下的行动，那么这项工作将毫无意义。碳信用机制可能面临与《京都议定书》下CDM一样的困境。CDM市场成功与否几乎完全依赖于欧盟的意愿，因为其是否向CDM开放碳交易市场直接影响CDM市场的兴衰。《巴黎协定》具有“自上而下”定期盘点和“自下而上”自主贡献的双轨制模式，缔约方承诺不具有法律义务属性，缔约方自主贡献目标的特异性与政治因素可能引发不确定性。考虑到上述因素，《巴黎协定》第6条所设立的两种市场机制在具体实践操作中面临着巨大的困境与挑战，能否发挥应有作用取决于多个因素的设计和影响。

同时，第6条碳市场机制内容涉及各国的核心经济利益，谈判尤为艰难，各国在收益分成、避免双重核算、保证环境完整、内容过渡安排上争论不休①。虽然全球气候治理框架经过持续多年的谈判已经基本搭建完成，但第6条的具体实施细则仍存在许多矛盾与争议。2019年《公约》第25次缔约方会议（COP25）仍未能解决《巴黎协定》第6条碳市场机制的实施细则问题，尤其对缔约方自主贡献减排成果如何报告、计算和检测存在诸多争议，在使用国际转让的减缓成果（internationally transferred mitigation outcomes，ITMOs）时如何避免双重核算等具体问题上

① Cadman T，Radunsky K，Simonelli A，et al. From Paris to Poland：a postmortem of the climate change negotiations. The international journal of social quality，2018，8（2）：27-46.

也没有提出可行的方案①。

在因新冠疫情推迟了一年后，第26届联合国气候变化大会暨《公约》第26次缔约方会议（COP26）于2021年11月在英国格拉斯哥拉开了帷幕，主要围绕《巴黎协定》第6条下的具体实施细则展开讨论②，并最终达成了一份名为《格拉斯哥气候公约》的联合公报，明确了第6条碳市场机制的实施细则，为实施碳市场机制提供了具体指导。《格拉斯哥气候公约》是全球气候治理进程中的重要节点，体现了各缔约方之间的妥协，这种妥协反映了当今世界的利益角逐、矛盾争端与政治诉求③，更反映了在全球气候治理进程中多边治理机制的作用。在碳市场方面，一国政府可以通过资助另一国政府温室气体减排来完成本国的减排目标。这样做的优势在于能够最大程度上避免国家采取单边行动导致的恶性竞争，从而为形成公平、合理的国际碳交易市场奠定基础。但由于受到新冠疫情与极端天气的影响，加之此前美国退出《巴黎协定》给全球气候治理带来诸多不确定因素④，其他国家对推进全球气候治理的决心大大减弱。基于此，进一步探讨《巴黎协定》市场机制的完善与发展有助于各国厘清自身利益。同时，在各个缔约方面临自主贡献减排压力的情况下，如何构建和完善碳信用机制规则以激励发达缔约方参与也是一个难以回避的议题。

2. 研究意义

如前所述，相比《京都议定书》，《巴黎协定》至少在两个方面实现了范式的转变，引入了21世纪中期实现碳中和的长期减排目标，要求所有缔约方都必须在各自国家自主贡献中表现出尽可能高的减排雄心。同时，越来越多国家和非国家行为者开始制定净零排放目标，甚至是净负排放目标，并且越来越多地将减排融入国家立法和发展战略，这意味着除了全球

① 樊星，王际杰，王田，等．马德里气候大会盘点及全球气候治理展望．气候变化研究进展，2020，16（3）：367－372.

② 王彬，吴磊，潘锡山，等．格拉斯哥峰会的成果和意义．生态经济，2022，38（1）：1－4.

③ Depledge J，Saldivia M，Peñasco C. Glass half full or glass half empty?：the 2021 Glasgow Climate Conference. Climate policy，2022，22（2）：147－157.

④ Urpelainen J，Van de Graaf T. United States non-cooperation and the Paris Agreement. Climate policy，2018，18（7）：839－851.

减排目标，还有各个缔约方不同类型的减排目标，以及自愿减排市场和遵约减排市场等。在后巴黎时代，所有减缓成果通常都将计入东道国国家自主贡献，除非由于特定规定（比如特定类型的碳排放和碳清除不被计入）而被排除在缔约方核算之外①，因此要综合考虑各国的国家自主贡献目标和减缓成果，完善碳市场机制的设计和运作，确保全球减排目标的实现和各国减排努力的有效推进。

（1）理论意义。

作为全球减排合作的重要组成部分，《巴黎协定》第 6 条的碳市场机制旨在通过市场机制促进减排、激励创新和技术转移，为各国实现减排目标提供了一种灵活而有效的途径。因此，对《巴黎协定》第 6 条碳市场机制的研究不仅有助于深入理解国际气候治理的新特征和模式，也为全球通过碳市场合作应对气候变化提供了重要的理论支持和政策指导。

首先，进一步丰富人类命运共同体理念。面对世界百年未有之大变局，习近平总书记高瞻远瞩地提出构建人类命运共同体的重要理念，倡导各国在追求本国利益时兼顾他国合理关切，在谋求本国发展中促进各国共同发展。作为全球价值观，人类命运共同体包含国际权力观、共同利益观、可持续发展观和全球治理观②。面对气候变化这一人类共同的威胁，国际社会需要采取共同措施和行动，积极参与全球气候治理市场机制规则的构建和完善，以共同价值理念推动市场建设，这是构建人类命运共同体的内在要求。习近平总书记指出，“和平、发展、公平、正义、民主、自由，是全人类的共同价值”，《巴黎协定》第 6 条碳市场机制构建也要遵守公平原则，从历史责任、能力建设、资金和技术等方面重视发展中国家的特殊困难和关切。在市场规则设计和完善上要坚持“共区原则”，不能一味追求缔约方自主性和自觉性，发达国家应该展现更大雄心和行动，同时切实帮助发展中国家提高应对气候变化的能力和韧性，为发展中国家提供支持和帮助，努力推动共建公平合理、合作共赢的全球碳市场合作治理体系。

---

① Schneider L，La Hoz Theuer S，Howard A，et al. Outside in? Using international carbon markets for mitigation not covered by nationally determined contributions (NDCs) under the Paris Agreement. Climate policy，2020，20 (1)：18-29.

② 曲星．人类命运共同体的价值观基础．求是，2013 (4)：53-55.

其次，有利于完善自由主义国际法学理论基础。来源于自由主义国际关系理论的“自由主义国际法学”突破了传统现实主义和国际机制理论，强调国内偏好对国际层面活动的影响①。自由主义国际法学认为，国家间的冲突主要源自国家利益的差异，而不是简单的权力斗争，不同国家有不同的国家利益和优先事项，这导致了国家间的冲突和竞争。同时，自由主义国际法学强调国家的外交政策和行为往往受到国内政治力量和利益群体的影响，因此国内偏好的理解和分析对于解决国际冲突和促进国际合作至关重要。基于这些假设，解决冲突和促进合作的最佳方式是找到使这些潜在国家利益保持一致的方法，要么通过改变个体和群体的偏好，要么确保在规则设置中准确体现这些偏好。因此，旨在应对此类威胁的法律将侧重于寻求解决这些冲突的方法：区分“真实冲突”和“虚假冲突”，确立尊重原则，或识别和分类可能作为协调基础的共同利益。针对持续增加的温室气体排放以及各方的减排分歧，《巴黎协定》将定期盘点缔约方提交的国家自主贡献作为减排合作框架基础②，这种“自下而上”的气候合作模式凸显了单元层次分析的重要性，也为区域或双边气候的未来合作提供了重要支撑。不过，第6条碳市场机制并非一味迎合缔约方的偏好，《公约》秘书处也会对缔约方的合作方式进行盘点或审查③，这在某种意义上运用了“体系化”方法，从而确保碳市场合作机制具有有效性并符合公共利益。在气候变化这一全球公共利益面前，缔约方基于自身自主贡献利益参与第6条碳市场合作机制，经由特定化程序规范赋予制度化意见或意志形成以合法化的力量，有利于进一步完善自由主义国际法学理论基础。

最后，为国际环境条约过程遵约机制提供借鉴。与《京都议定书》所确立的“自上而下”的治理模式不同，《巴黎协定》采用了“自下而上”

---

① Slaughter Burley A M. International law and international relations theory: a dual agenda. American journal of international law, 1993, 87 (2): 205 - 239.

② Pauw W P, Klein R J T, Mbeva K, et al. Beyond headline mitigation numbers: we need more transparent and comparable NDCs to achieve the Paris Agreement on climate change. Climatic change, 2018, 147 (1): 23 - 29.

③ 秦天宝．论《巴黎协定》中“自下而上”机制及启示．国际法研究，2016 (3): 64 - 76.

自主贡献和"自上而下"定期盘点的"双轨制"治理模式，第15条遵约机制要求建立一种非对抗的、非惩罚性的机制①，借助透明度框架对没有履行减排承诺的缔约方制定不遵约情事程序②。通过"双轨制"模式，《巴黎协定》将不同缔约方国家发展水平、减排实现途径等因素纳入考虑，从而为缔约方实现国家自主贡献提供最大灵活性和可能性。以市场为基础的国际合作在国家自主贡献的框架下进行，依赖于缔约方对减排交易的透明度和环境完整性的信任，这必然涉及与第13条透明度框架的互动与整合③，从而增强市场机制的监管和管理，确保市场的公平、公正和有效运作。由于《巴黎协定》第6条第2款"合作方法"不受国际集中监督，此时透明度框架在确保减排交易的透明度和环境完整性方面发挥着关键作用。透明度框架可以提供监测、报告和验证减排行动和交易的机制，确保信息的准确性、全面性和可验证性④，这有助于增强市场参与者对减排单位的信任，促进市场的发展和运作。在某种意义上，合作方法和透明度框架是相互依存的。合作方法需要透明度框架提供的信息和机制来确保减排交易的有效性和可信度，而透明度框架也需要合作方法的支持和配合来监督和管理减排行动和交易。因此，研究第6条"合作方法"的标准、报告、审查规定和体系设计，推进缔约方和秘书处协同实施，同时避免增加不必要的交易成本，有助于确保环境完整性，并为完善国际环境条约过程遵约机制提供新的思路和范式借鉴。

（2）实践意义。

《巴黎协定》第6条引入市场机制，有助于提高减排效率，促进国际合作，加强环境治理，也有助于经济向低碳和清洁能源方向转型，从而推

① 梁晓菲．论《巴黎协定》遵约机制：透明度框架与全球盘点．西安交通大学学报（社会科学版），2018，38（2）：109－116.

② 杨博文．《巴黎协定》减排承诺下不遵约情事程序研究．北京理工大学学报（社会科学版），2020，22（2）：134－141.

③ Will U，Manger-Nestler C. Fairness，equity，and justice in the Paris Agreement：terms and operationalization of differentiation. Leiden journal of international law，2021，34（2）：397－420.

④ Winkler H，Letete T，Mantlana B. Transparency of action and support in the Paris Agreement. Climate policy，2017，17（7）：853－872.

动国际气候治理向着更加有效和可持续的方向发展。对碳市场机制进行深入研究，具有重要的实践意义。

首先，为《巴黎协定》第6条碳市场机制的细化与落实提供中国智慧和中国方案。目前，国际气候治理已经进入以落实《巴黎协定》为核心的新阶段，第6条确定了全球气候治理进程中实现国家自主贡献的市场合作路径，能够有效推进国际气候治理进程。但由于缔约方所涉核心利益的不同，《巴黎协定》第6条的具体规则细化与落地实施等问题悬而未决[①]。COP26虽然对《巴黎协定》遗留的市场机制实施细则问题作出了具体规定，但是在某些方面的措辞仍然不够明确，甚至造成碳市场机制的漏洞[②]，明确和完善市场规则有利于避免其溢出效应（例如，破坏环境完整性）弱化《巴黎协定》。在《公约》框架背景下，本研究基于我国"双碳"目标和减排实际，结合《巴黎协定》中的"双轨制"范式，聚焦分析《巴黎协定》第6条的市场合作机制，以统筹推进国内法治和涉外法治为导向，为具体市场机制的实施提供策略与建议，并为我国参与国际气候谈判和碳市场建设提供重要的智力支持。

其次，有助于促进《巴黎协定》下碳市场规则与国际贸易规则的协同与整合。"自下而上"的合作范式赋予了缔约方实现自主贡献的更大自主性和选择权，不过其对传统规则机制的外溢效应不容小觑，比如欧盟当前正在积极推进碳边境调节机制（Carbon Border Adjustment Mechanism，CBAM）[③]，旨在创建促进低碳产品贸易的全球贸易规则，拉开了气候贸易规则时代的序幕。这种借助实现《巴黎协定》下自主贡献之名将环境保护要求嵌入到贸易和投资等经济活动中的做法正在成为全球趋势[④]，

---

① 季华.《巴黎协定》国际碳市场法律机制的内涵、路径与应对．江汉学术，2023，42（4）：104－112.

② Jacobs M. Reflections on COP26：international diplomacy，global justice and the greening of capitalism. Political quarterly，2022，93（2）：270－277.

③ Pander Maat E. Leading by example，ideas or coercion? The Carbon Border Adjustment Mechanism as a case of hybrid EU climate leadership. European papers，2022，7（1）：55－67.

④ Leonelli G C. Practical obstacles and structural legal constraints in the adoption of "defensive" policies：comparing the EU Carbon Border Adjustment Mechanism and the US Proposal for a Border Carbon Adjustment. Legal studies，2022，42（4）：696－714.

CBAM也不会是唯一的绿色贸易门槛。COP26为《巴黎协定》第6条碳市场机制明确了实施细则，这将对自愿性碳市场的供需格局产生深远影响，目前后者主要由寻求减少碳足迹的私营部门主导。由于所有缔约方都在《巴黎协定》下制定了自主贡献减排目标，这可能导致抵消碳信用的减缓成果跨国转让受到限制。本研究从逻辑上梳理自主贡献背景下《巴黎协定》第6条碳市场合作机制面临的法律问题，尤其是缔约方批准、授权和交易规则等。研究旨在为第6条碳市场机制建立和完善提供法律保障，推动《巴黎协定》下碳市场规则与国际贸易规则的协同。

最后，有助于探索如何将我国碳市场立法和政策措施与《巴黎协定》下碳市场规则相衔接。目前COP26通过了关于第6条碳市场机制的实施细则，但市场机制的具体运转规则仍需要进一步明确和完善，尤其第6条第2款“合作方法”授予了参与方极大的自主性，但缺乏中心化监督机构。在宽泛的要求面前，缔约方很容易在市场合作要求中“夹带私货”①，比如欧盟提出的CBAM，这可能导致碳减排合作受限，显然有违于第6条鼓励缔约方合作的初衷。中国作为最大的发展中国家及最大的温室气体排放国，面对全球气候治理范式转向，在国家层面上的核心任务和行动也要随之改变。应深入探讨《巴黎协定》下碳市场的关键要素、原则和规定②，结合中国现行的碳市场立法和政策措施，分析现有法律框架下中国碳市场的运行机制和特点，为全球气候治理作出积极的贡献。因此，本研究积极探索完善《巴黎协定》第6条碳市场机制的实施细则，并以此为基础，加强中国碳市场交易机制的研究，有助于持续优化中国碳市场的相关立法和政策措施，提升中国参与国际碳市场交易机制的谈判话语权和规则制定权。

---

① St-Geniès G L. Might cooperative approaches not be so cooperative? Exploring the potential of Article 6. 2 of the Paris Agreement to generate legal disputes. Climate law，2021，11（3-4）：265-278.

② 李慧明．全球气候治理的“行动转向”与中国的战略选择．国际观察，2020（3）：57-85.

二、研究现状

国际碳市场机制为各国应对气候变化提供了一种灵活、经济高效的途径，有助于降低减排成本①，从而帮助各国实现更为雄心勃勃的减排目标。过去二十多年间，国际碳市场机制经历了跌宕起伏的变化过程②，逐渐成为全球气候变化治理的重要工具。《巴黎协定》第6条关于市场机制的措辞非常严谨且复杂，这当然也是缔约方的“策略性”选择，反映了各方的关注和利益③。目前国内外研究多聚焦于《巴黎协定》“自下而上”范式的转变以及遵约机制的构建，在此基础上对第6条碳市场机制展开分析④，总体来看，既涉及国际碳市场交易机制的基础理论研究，也涉及具体领域的机制构建研究。本研究主要聚焦第6条碳市场规范机制本身及其对外扩展两个层面梳理国内外相关研究成果进展。

1. 碳市场规范机制研究

气候变化作为一个全球性挑战需要国际社会共同努力来解决，各国共同承担温室气体减排义务是有效应对全球气候变化问题的重要一环。然而，引入碳市场交易机制必然导致环境保护商品化，这对经济发展处于起步阶段的发展中国家来说可能会引发新的环境保护危机⑤。另外，碳交易机制可能将发达国家的减排义务通过国际碳交易机制不公平地转移到发展中国家，使前者在后工业化时代却承担较小的环境保护责任，这违背了“共

① Pearse R, Böhm S. Ten reasons why carbon markets will not bring about radical emissions reduction. Carbon management, 2014, 5 (4): 325-337.

② Stephan B, Paterson M. The politics of carbon markets: an introduction. Environmental politics, 2012, 21 (4): 545-562.

③ Minas S. Market making for the planet: the Paris Agreement Article 6 decisions and transnational carbon markets. Transnational legal theory, 2022, 13 (2-3): 287-320.

④ Olsen K H, Bakhtiari F, Duggal V K, et al. Sustainability labelling as a tool for reporting the sustainable development impacts of climate actions relevant to Article 6 of the Paris Agreement. International environmental agreements: politics, law and economics, 2019, 19 (2): 225-251.

⑤ 诺斯科特．气候伦理．左高山，唐艳枚，龙运杰，译．北京：社会科学文献出版社，2010：52.

区原则”，造成了事实上的不公平①。同时，国际碳排放权交易机制在碳减排体系中的定位，对产业竞争力和碳定价皆具有重要影响②。

(1)《巴黎协定》下碳市场机制的基本形式与影响分析。

国际碳市场机制最早由《京都议定书》开创，旨在帮助发展中国家实现可持续发展以及帮助发达国家遵守其减排目标③，CDM随着全球碳交易市场的发展而繁荣④。然而，由于发展中国家与发达国家在资金、技术等领域存在差距，发展中国家在CDM领域遭遇了更深层次的生态危机，进一步影响了本国经济发展，拉大了与发达国家之间的经济差距，从而不利于推进生态环境保护进程⑤。《巴黎协定》打破了《京都议定书》以来全球气候治理领域的法律僵局，将发展中国家纳入全球强制性减排任务中。通过确立“自下而上”国家自主贡献的减排模式，创建出可持续发展的减排模式以应对全球气候变化带来的消极影响⑥。有学者分析了《巴黎协定》第6条的三种合作方式：一是第2款规定的“合作方法”，使用“国际转移的减缓成果”来实现其国家自主贡献；二是第4款规定了一个机制，允许私营和公共实体支持产生可转移温室气体排放的缓解项目；三是非市场合作机制。此外，该研究还强调第6条碳市场机制能否发挥作用很大程度上取决于指导合作方式实施的模式和程序⑦。通过对《巴黎协定》第6条两个市场机制的范围、交易单位类型和治理三个关键要素的分析，有学者探讨了中国参与

---

① Pearse R，Böhm S. Ten reasons why carbon markets will not bring about radical emissions reduction. Carbon management，2014，5（4）：325-337.

② 王际杰．《巴黎协定》下国际碳排放权交易机制建设进展与挑战及对我国的启示．环境保护，2021，49（13）：58-62.

③ Sutter C，Parreño J C. Does the current Clean Development Mechanism（CDM）deliver its sustainable development claim? An analysis of officially registered CDM projects. Climatic change，2007，84（1）：75-90；汪晓文，李杰．中国关于清洁发展机制问题研究综述．西北大学学报（哲学社会科学版），2010，40（1）：94-97；曾诗鸿，狐咪咪．清洁发展机制研究综论．中国人口·资源与环境，2013，23（S2）：296-299.

④ 谢飞，李春毅，孟祥明．清洁发展机制碳交易发展对我国的启示．中国财政，2014，（12）：62-63.

⑤ Stephan B，Lane R. The politics of carbon markets. London：Routledge，2015：28-56.

⑥ 吕江．《巴黎协定》：新的制度安排、不确定性及中国选择．国际观察，2016（3）：92-104.

⑦ Savaresi A. The Paris Agreement：a new beginning?．Journal of energy and natural resources law，2016，34（1）：16-26.

国际碳市场的贡献和挑战，并结合近期、中期和远期的发展前景提出了应对之策①。

《巴黎协定》为国家自主贡献提供了法律依据，增加其合法性与合理性，但由于缔约方承诺的国家自主贡献属于国家单方行为，《巴黎协定》作为一种弱履约监督机制，约束力有限②。这种“国内驱动型”范式严重依赖于缔约方参与和适用的自愿性，只能从环境完整性和可持续发展等标准进行规范和约束，这在某种程度上加剧了碳市场的异质化发展③。《巴黎协定》6.4 机制旨在为实现全球碳排放的全面缓解和可持续发展提供支持，针对可能出现的谈判困境，有学者借鉴欧盟碳交易市场，从共识基础、机制设计、治理体系方面提出了完善建议④。对于目前中国碳市场机构职责不清、监管政策分散等问题，有学者提出应充分发挥碳市场监管的核心作用⑤，建立公平有效的市场秩序，对碳期权机制存在的不足及时进行完善⑥。

(2)《巴黎协定》下市场机制的环境完整性问题。

对于《巴黎协定》第 6 条碳市场机制，环境完整性主要是强调市场机制实施不会引起参与国家排放总量的增加。不合理的碳市场规则会对环境完整性造成破坏。从《公约》到《京都议定书》再到《巴黎协定》，国际社会一直致力于在国际上达成一致协定，以期推动全球气候治理的国际化合作，但通过纵向比较不同时期的协定后可以发现，规则制定的模糊性可

---

① Gao S, Li M Y, Duan M S, et al. International carbon markets under the Paris Agreement: basic form and development prospects. Advances in climate change research, 2019, 10 (1): 21-29.

② 柳华文．“双碳”目标及其实施的国际法解读．北京大学学报（哲学社会科学版），2022，59（2）：13-22.

③ 曾文革，党庶枫．《巴黎协定》国家自主贡献下的新市场机制探析．中国人口·资源与环境，2017，27（9）：112-119.

④ 吕江，朱玉婷．《巴黎协定》可持续发展机制与中国行动方案：兼析欧盟碳减排实践探索及其经验启示．价格理论与实践，2021（4）：71-74.

⑤ 易兰，鲁瑶，李朝鹏．中国试点碳市场监管机制研究与国际经验借鉴．中国人口·资源与环境，2016，26（12）：77-86.

⑥ 吴洁，曲如晓．论全球碳市场机制的完善及中国的对策选择．亚太经济，2010（4）：3-8.

能导致环境完整性遭到破坏①。在《巴黎协定》通过之前，《公约》时代间接相关的研究包括对国际转移核算的研究②，扩大规模的碳市场机制的额外性、基线设置和治理安排③等；直接相关的研究重点主要包括排放交易计划的政策联系④，参与国际碳市场机制对参与方减排目标的影响⑤，以及关于非政府碳信用计划的分析⑥。《巴黎协定》第6条规定下，环境完整性体现为缔约方通过国家自主贡献来完成本国的减排目标⑦，市场机制在推动全球减排目标的实现上具有积极作用。值得注意的是，《巴黎协定》虽在多个方面都强调对环境完整性加以保护和促进，但由于《巴黎协定》中市场机制实施细则的模糊性，市场机制在实践中可能存在双重核算及不合理的额外性评估风险，进而破坏环境完整性⑧。

在《巴黎协定》背景下，缔约方自主贡献目标的多样性和较少的国际监督可能对保障环境完整性带来挑战。此外，各国可能会实施新型碳市场机制，例如广泛的碳定价方法或部门层面的措施，这可能需要新的方法来

---

① Schneider L, La Hoz Theuer S. Environmental integrity of international carbon market mechanisms under the Paris Agreement. Climate policy, 2019, 19 (3): 386 - 400.

② Schneider L, Kollmuss A, Lazarus M. Addressing the risk of double counting emission reductions under the UNFCCC. Climatic change, 2015, 131 (4): 473 - 486.

③ De Sépibus J, Sterk W, Tuerk A. Top-down, bottom-up or in-between: how can a UNFCCC framework for market-based approaches ensure environmental integrity and market coherence?. Greenhouse gas measurement and management, 2013, 3 (1 - 2): 6 - 20.

④ Bodansky D M, Hoedl S A, Metcalf G E, et al. Facilitating linkage of climate policies through the Paris outcome. Climate policy, 2016, 16 (8): 956 - 972.

⑤ Helm C. International emissions trading with endogenous allowance choices. Journal of public economics, 2003, 87 (12): 2737 - 2747; Carbone J C, Helm C, Rutherford T F. The case for international emission trade in the absence of cooperative climate policy. Journal of environmental economics and management, 2009, 58 (3): 266 - 280.

⑥ Erickson P A, Lazarus M. Implications of international GHG offsets on global climate change mitigation. Climate policy, 2013, 13 (4): 433 - 450.

⑦ Siemons A, Schneider L. Averaging or multi-year accounting? Environmental integrity implications for using international carbon markets in the context of single-year targets. Climate policy, 2022, 22 (2): 208 - 221.

⑧ Michaelowa A, Espelage A, Weldner K. Ensuring additionality of mitigation outcomes transferred through Article 6 of the Paris Agreement: options for negotiations and cooperating parties in the context of varying degrees of international oversight. (2019 - 10 - 15) [2023 - 03 - 26]. https: //www. zora. uzh. ch/id/eprint/175366/1/ZORA17366. pdf.

量化减排并确保环境完整性①。国内学者也注意到，《巴黎协定》第6条碳市场机制建设中的不合理规则将会破坏环境完整性②。有学者认为在国际碳市场机制中，转让单位的质量、各国自主贡献的多元性以及核算体系等因素都会影响碳市场的有效性、公平性和可持续性，从而对全球环境完整性产生影响，并提出应从完善国际报告和审查制度、设定资格标准以及完善相应调整等方面来确保环境完整性③。

（3）《巴黎协定》碳市场的核算问题。

第6条市场合作机制是《巴黎协定》最具争议的内容，2018年卡托维兹气候大会上未能就其实施细则达成一致也说明了这一点。争论的关键点集中在是否应涵盖国家自主贡献之外的活动，以及如何对国际转让的减缓成果进行核算以确保环境完整性④。同时，由于核算规则的缺乏、额外性评估的不确定性，以及未来减排目标中各缔约方遵约意愿的不确定性，《巴黎协定》下市场机制的实施与落实面临挑战，这对全球减排行动及气候治理带来了诸多负面影响⑤。有学者对第6条相关核算问题面临的挑战进行了深入分析，并提出了一些关于稳健核算指导的具体建议⑥。在第6条碳市场机制下，各方对于减缓成果国际转让的调整存在争议，尤其是在用于国际转让的减缓成果的参数以及自主贡献范围之外的减缓成果处理方面。对此，核算可以与国家自主贡献目标水平或自主贡献最终记录参数相关，根据排放碳信用是否来自自主贡献涵盖的部门进行区分⑦。也有学

① Schneider L，La Hoz Theuer S. Environmental integrity of international carbon market mechanisms under the Paris Agreement. Climate policy，2019，19（3）：386－400.

② 陶玉洁，李梦宇，段茂盛．《巴黎协定》下市场机制建设中的风险与对策．气候变化研究进展，2020，16（1）：117－125.

③ 潘晓滨．《巴黎协定》下碳市场实施环境完整性风险及其应对研究．贵州省党校学报，2022（1）：66－74.

④ Cadman T，Hales R. COP26 and a framework for future global agreements on carbon market integrity. International journal of social quality，2022，12（1）：76－99.

⑤ 同②.

⑥ Siemons A，Schneider L. Averaging or multi-year accounting? Environmental integrity implications for using international carbon markets in the context of single-year targets. Climate policy，2022，22（2）：208－221.

⑦ Müller B，Michaelowa A. How to operationalize accounting under Article 6 market mechanisms of the Paris Agreement. Climate policy，2019，19（7）：812－819.

者提出《巴黎协定》确立的自愿减排标准可能导致重复核算问题，并认为该标准未能从根本上解决发达国家主导的碳市场价格壁垒①。另外，也有学者提出当前国际碳市场机制的谈判焦点集中在管理模式、交易指标类型等方面②。由于碳市场具有金融化特征，各国在参与碳市场交易过程中存在东道国过度干预企业信用的问题，对市场的规制与监管尚不完善③。因此，现阶段中国应积极完善国内碳市场交易机制，避免在全球气候治理进程中与国际脱轨④。

2. 碳市场机制拓展研究

从《京都议定书》到《巴黎协定》的范式转变及其治理维度的变化也体现在第6条规则设计上，比如东道国对国际转让的减缓成果有监督职责以及相应调整的适用情形。在对第6条进行制度构建和完善时，还要考虑其与《京都议定书》下市场机制的衔接，以及与其他碳市场的协同等问题。这些已成为学者研究的热点问题。

（1）机制下CDM过渡问题的研究。

确保CDM顺利过渡到《巴黎协定》是维护《公约》声誉的关键。如果项目开发商的努力得不到认可和尊重，将影响法律的权威性，最终导致CDM项目参与者对制度失去信任，并因缺乏公共和私营实体的参与而削弱《巴黎协定》市场机制的有效性⑤。也有学者认为CDM的庞大体量可能会扰乱《巴黎协定》下的碳市场，延缓减排雄心所需信任的构建过程，并提出各国应采用透明标准来确定适合过渡到6.4机制的核证减排量⑥。

---

① 杨博文．《巴黎协定》后国际碳市场资源自愿减排标准的适用与规范完善．国际经贸探索，2021，37（6）：102-112.

② 高帅，李梦宇，段茂盛，等．《巴黎协定》下的国际碳市场机制：基本形势和前景展望．气候变化研究进展，2019，15（3）：222-231.

③ 张懋麒，陆根法．碳市场交易机制分析．环境保护，2009（2）：78-81.

④ 曾文革，江莉．《巴黎协定》下我国碳市场机制的发展桎梏与纾困路径．东岳论坛，2022，43（2）：105-114，192.

⑤ Kreibich N，Hermwille L. Caught in between：credibility and feasibility of the voluntary carbon market post-2020. Climate policy，2021，21（7）：939-957.

⑥ Rossati D. A question of value：on the legality of using Kyoto Protocol units under the Paris Agreement. Climate law，2021，11（3-4）：298-321.

CDM作为《京都议定书》下的灵活机制有利于促进可持续发展①，但许多东道国缺乏明确透明的可持续发展标准也引发对CDM的批评②。国际上对可持续性评估的需求仍然是一个新兴且有争议的议题③。尽管《巴黎协定》声明缔约方应促进可持续发展，且国际转让的减缓成果应与《巴黎协定》缔约方会议所制定的相关指导文件保持一致，但仍有很大的风险会重演CDM中的“逐底竞争”④，因为东道国拥有批准可持续发展项目的特权，这可能导致东道国弱化其可持续发展的标准。与CDM相比，《巴黎协定》下6.4机制具有更强的政治授权属性，可以使用国际规则来衡量可持续发展的影响，并验证影响是“真实的、可衡量的和长期的”，并在长期中使市场机制与全球可持续发展目标保持一致，以激励对可持续发展贡献最大的缓解行动⑤。同时，也有学者提出，虽然允许CDM在6.4机制下过渡对于维护项目开发商的信任至关重要，但它可能会破坏第6条规定的建立信任的治理特征，例如确保自主贡献雄心和环境完整性。故对于过渡的关键任务是评估CDM活动与新制度的兼容性，确保只过渡那些不损害《巴黎协定》实施且与其兼容的减缓活动和碳信用⑥。

在明确6.4机制规则时，有必要澄清可持续发展的概念，使其适用于气候变化背景并作为减缓和适应项目的经验法则，此外也应确保全球可持续发展项目分配的公平性。要做到这一点，应明确是否需要在6.4机制规则

① Dirix J, Peeters W, Sterckx S. Is the Clean Development Mechanism delivering benefits to the poorest communities in the developing world? A critical evaluation and proposals for reform. Environment, development and sustainability, 2016, 18 (3): 839 - 855.

② Rindefjäll T, Lund E, Stripple J. Wine, fruit, and emission reductions: the CDM as development strategy in Chile. International environmental agreements: politics, law and economics, 2011, 11 (1): 7 - 22.

③ Olsen K H, Fenhann J. Sustainable development benefits of clean development mechanism projects: a new methodology for sustainability assessment based on text analysis of the project design documents submitted for validation. Energy policy, 2008, 36 (8): 2819 - 2830.

④ 蓝虹．中国清洁发展机制的发展、面临问题及解决对策．经济问题探索，2012 (4)：13 - 18.

⑤ Olsen K H, Bakhtiari F, Duggal V K, et al. Sustainability labelling as a tool for reporting the sustainable development impacts of climate actions relevant to Article 6 of the Paris Agreement. International environmental agreements: politics, law and economics, 2019, 19 (2): 225 - 251.

⑥ Ahonen H M, Kessler J, Michaelowa A, et al. Governance of fragmented compliance and voluntary carbon markets under the Paris Agreement. Politics and governance, 2022, 10 (1): 235 - 245.

中纳入额外的公平目标，而不仅仅是遏制温室气体排放和确保可持续发展①。为了实现从 CDM 到 6.4 机制的过渡，可以加强监管机构之间的合作，并可通过授权协调流程将适格的 CDM 活动过渡到 6.4 机制。同时，缔约方大会（CMA）还可以要求 6.4 机制监管机构采取包括治理流程、方法和认可标准在内的一系列措施来实现可能的过渡，这包括基线方法、向 6.4 机制过渡的 CDM 活动的注册流程以及认可标准。这些措施还将有助于更广泛地实施 6.4 机制。有学者也提到，中国作为 CDM 项目注册大国，要在 6.4 机制谈判中与巴西和印度等发展中国家联合争取更多权益②。

（2）第 6 条碳市场机制与其他机制的协同问题研究。

国际民航组织于 2016 年建立国际航空碳抵消与减排机制（CORSIA），旨在从 2020 年起实现国际航空排放“碳中和”增长的目标。航空公司应向其所在国家（通常也是《巴黎协定》国家）主管部门报告其排放量。在此基础上，CORSIA 要求航空公司购买和淘汰相当于其 2019 年基线排放量的碳抵消单位。这一机制在部门层面上独立于《巴黎协定》实施，并委托特定机构负责监督执行和发放碳信用，同时保留了对合格标准和信用类型的决定权③。为了实现《巴黎协定》长期目标，第 6 条市场合作机制适用于所有有助于实现该目标的减缓成果转让，包括 CORSIA，各国可以将 CORSIA 与《巴黎协定》的要求相结合④。为缓解 CORSIA 和第 6 条碳市场机制之间的冲突，应确保单个减排量或汇移除只能用于一个

① Ugochukwu B. Challenges of integrating SDGs in market-based climate mitigation projects under the Paris Agreement. McGill international journal of sustainable development law and policy，2020，16（1）：115－135.

② 高帅，李梦宇，段茂盛，等．《巴黎协定》下的国际碳市场机制：基本形式和前景展望．气候变化研究进展，2019，15（3）：222－231.

③ Ahonen H M，Kessler J，Michaelowa A，et al. Governance of fragmented compliance and voluntary carbon markets under the Paris Agreement. Politics and governance，2022，10（1）：235－245.

④ Fearnehough H，Kachi A，Mooldijk S，et al. Future role for voluntary carbon markets in the Paris era. Final report. German Environment Agency，Umweltbundesamt（UBA）．(2020－01)［2023－05－27］．https：//inis. iaea. org/collection/NCLCollectionStore/ _ Public/52/100/52100750. pdf.

国家自主贡献承诺期①。不过，如果自愿碳信用符合CORSIA或第6条要求，它们还需要处理重复计算的问题②。为了激励公共和私人行为者提高全球减排雄心，构建第6条碳市场规则要考虑与CORSIA的兼容与协同，因此需要进一步研究探索如何将非国家温室气体核算与国家自主贡献核算框架相协调③。考虑到《巴黎协定》与世界贸易组织（WTO）缔约方的重叠性，缔约方依据前者要求进行减排的措施可能与WTO的“非歧视性原则”相冲突，有研究通过分析第6条的相关条款和要求，建议《巴黎协定》与WTO应通过联合工作组、合作计划或定期信息交流等方式充分合作④。

（3）区块链存证技术下《巴黎协定》碳市场的研究。

区块链通过去中心化和分布式记账等要素构建了其独有的共识和信用机制，增进了透明度⑤。自下而上的记账功能可以适应自下而上治理的复杂性，契合了《巴黎协定》的理念与需求，有学者借助区块链为《巴黎协定》碳市场机制提供了一个决策框架和架构⑥。第6条第2款涉及不同缔约方之间转让减缓成果以实现国家的气候减排目标，基于区块链可以将这些程序和要求形成永久和不可变的记录，这有利于使各国的活动具有可

---

① Espa I，Ahmad Z. Market-based climate mitigation，Article 6 of the Paris Agreement and international trade law：new rules，existing practices，and continued concerns. Trade，law and development，2022，14（2）：1-36.

② Hoch S，Michaelowa A，Espelage A，et al. Governing complexity：how can the interplay of multilateral environmental agreements be harnessed for effective international market-based climate policy instruments?. International environmental agreements：politics，law and economics，2019，19（6）：595-613.

③ Environmental Defense Fund. Mobilizing voluntary carbon markets to drive climate action：recommendations.［2023-04-20］. https：//www. edf. org/sites/default/files/documents/Mobilizing_Voluntary_Carbon_Markets_to_Drive_Climate_Action_Recommendations. pdf.

④ Moon G，Schwarte C. The Paris Agreement's Article 6 market mechanisms and WTO law. Climate law，2021，11（3-4）：279-297.

⑤ 李帅. 共享经济信息不对称环境下的决策算法规制：以区块链共识模型为规制思路. 财经法学，2019（2）：17-28.

⑥ Schletz M，Franke L，Salomo S. Blockchain application for the Paris Agreement carbon market mechanism：a decision framework and architecture. Sustainability，2020，12（12）：5069.

追溯性并提高透明度①。通过智能合约在区块链平台上解决碳信用的问责制、绿化、可追溯性、影响评估和交易等问题，有助于记录碳市场中的各项活动和可追溯交易，这将有助于防止重复记录和漂绿②。基于法律制度设计和新兴技术这两个独立的研究主题，有学者对《巴黎协定》第6条实施中的一些问题进行了分析，并探讨了需要解决的法律和技术挑战，以解决潜在的监管和制度影响③。

3. 研究现状评述

总体来看，自2015年《巴黎协定》通过后，国内外学者对第6条碳市场合作机制的研究逐渐增多，国内外研究动态主要有：（1）深入分析了第6条碳市场合作机制“是什么”“为什么”，包括市场机制的基本要素和合作形式，以及CDM转入困境引发的第6条碳市场机制调整，并提出了完善现行市场机制体系的若干建议。（2）结合《京都议定书》，对《巴黎协定》第6条的机制演进与主要国家地区的立场、行动和角色进行了较系统的理论阐释和对比分析，并对机制的环境完整性、核算规则以及潜在风险与问题等进行探讨。（3）基于中国实践，对中国国内碳市场建设提出了有益建议，并结合气候谈判实际，对中国如何参与第6条碳市场机制后续完善提出了有益的见解。

尽管如此，现有研究多集中在碳交易市场机制的理论层面研究，对碳市场交易机制的深入研究尚有不足。首先，对《巴黎协定》第6条碳市场机制的分析多停留于宏观层面的意义分析④，但从统筹推进国内法治和涉外法治角度对两种市场机制的实施细则与具体落地的研究相对较少。其

---

① Franke L，Schletz M，Salomo S. Designing a blockchain model for the Paris Agreement's carbon market mechanism. Sustainability，2020，12（3）：1068.

② Seidenfad K，Wagner T，Hrestic R，et al. Demonstrating feasibility of blockchain-driven carbon accounting：a design study and demonstrator// Phillipson F，Eichler G，Erfurth C，et al. Innovations for community services. I4CS 2022. Cham，Switzerland：Springer，2022：28－46.

③ Mehling M. Governing the carbon market// Marke A，Mehling M，Correa F de A. Governing carbon markets with distributed ledger technology. Cambridge：Cambridge University Press，2022：16－32.

④ 高帅，李梦宇，段茂盛，等．《巴黎协定》下的国际碳市场机制：基本形式和前景展望．气候变化研究进展，2019，15（3）：222－231.

次，对碳市场交易机制的研究多停留在理论研究[1]，对国际气候治理谈判领域分析与审视尚显不足，导致研究呈现出分散与区域化的特点。最后，中国作为最大的发展中国家，其温室气体排放量在全球排放中亦占据很大一部分，但国内鲜有文献对中国碳市场交易机制的运行与第 6 条碳市场机制之间的联系进行深入分析研究，这就造成了国内碳市场机制与国际碳市场机制的割裂，不利于中国积极参与全球气候治理进程。

综上所述，本研究认为《巴黎协定》第 6 条碳市场机制相关研究还存在以下不足：

（1）对于《巴黎协定》第 6 条碳市场机制肇端的国际背景及路线图的把握不够充分，缺乏对第 6 条碳市场机制构建中法律问题的深度挖掘，以及中国参与全球气候治理在国际法方面的论证和指导思想的深入研究。

（2）从国际法角度进行的分析集中在既有的《巴黎协定》和 COP26 通过的条款本身，虽然注意到第 6 条碳市场机制在规范体系方面的变化，但是对条文内容变化的原因和路径的研究较为薄弱，对核心行为体在具体议题上的立场及其制度规则安排等理论问题的研究尚待强化，尤其是对市场机制中批准、授权等国内控制机制与国家自主贡献承诺之间的互动问题[2]以及《巴黎协定》碳市场机制授权机制等前沿问题的研究刚刚起步。

（3）对于中国参与《巴黎协定》第 6 条碳市场机制规则构建的制度障碍，包括“国内驱动型”背景下国内授权制度规则的构建、“国内驱动型”气候治理对我国参与国际气候治理的影响与反思、与国际贸易法层面的互动与整合等问题，目前的研究不够透彻。单边主义气候贸易政策对中国参与国际气候治理的压力及法律应对也值得重点关注。

（4）欠缺对自主贡献背景下第 6 条碳市场机制未来走向的宏观把握，尤其是构成要素的变化规律、气候外交格局关系和发展模式的革新、欧美单边主义举措（如欧盟碳边境调节机制等）对气候治理的影响、“共区原

---

① 王云鹏．论《巴黎协定》下碳交易的全球协同．国际法研究，2022（3）：91－109.

② Steinebach Y，Limberg J. Implementing market mechanisms in the Paris era：the importance of bureaucratic capacity building for international climate policy. Journal of European public policy，2022，29（7）：1153－1168.

则”与气候治理机制的互动机理等问题亟待进一步回应。

(5) 缺乏中国视角下对第6条碳市场机制的法律思考和分析。中国作为负责任的大国以及CDM项目最大来源国，积极参与全球碳市场构建。如何在《巴黎协定》实施阶段提出碳市场机制的中国方案，构建完善的国内法律机制，进一步巩固我国在国际气候治理中的引领地位，并对我国碳市场机制的构建和完善提供经验借鉴，这些都是无法回避的问题。

三、研究方法与主要内容

基于“国内驱动型”减排范式，《巴黎协定》第6条碳市场机制的目的在于为缔约方提供工具选项，帮助其实现国家自主贡献。同时，这一机制也被看作是向发展中国家开放融资、投资和环境机会的有力工具①。不过，第6条碳市场机制赋予了缔约方较大的自主性，尤其是第6条第2款中关于“合作方法”的规定，将很大一部分自主权交由参与方，如果规则构建不当，可能加剧现有的气候治理不公平和不平等。

1. 研究方法

本研究基于后巴黎时代全球气候治理呈现出多边主义与单边主义博弈、经济发展与减排降碳碰撞、去中心化与中心化并驱的严峻态势②，结合第6条规则和COP26决定，统筹运用国内法和国际法的视角，秉持人类命运共同体理念，采用多种方法研究探讨将气候正义和公平纳入《巴黎协定》第6条碳市场机制规则构建过程，推进国际气候治理法治领域合作。

(1) 价值分析法。《巴黎协定》第6条碳市场机制作为一种规范制度，其目的并非制度本身，而是为了帮助缔约方实现自主贡献的减排目标，并最终削减全球温室气体排放。换言之，市场机制是为了实现削减温室气体排放这一价值目标，这是一种价值选择。本研究将采用气候国际法中所遵

---

① Calel R. Carbon markets: a historical overview. Wiley interdisciplinary reviews: climate change, 2013, 4 (2): 107-119.

② 魏庆坡．国际碳排放权交易机制的实施困境及其纾解之道：以《巴黎协定》第6.2条为视角．西南民族大学学报（人文社会科学版），2023，44 (8): 63-72.

循的基本价值进行权衡，从气候正义和气候公平入手，对《公约》和《巴黎协定》背景下的第 6 条碳市场机制进行评价和分析，探讨其制度规则实然问题以及应然建构。

（2）比较研究法。本研究立足于国际碳市场机制的纵向审视，通过对《京都议定书》下市场机制的系统梳理，对比分析《巴黎协定》第 6 条碳市场机制，以审视不断演变的“正义”理念。结合“共区原则”、公平原则和各自能力原则，研究第 6 条碳市场机制的潜在困境，从气候正义和公平的角度提出破解之道。同时，基于我国“双碳”目标和碳市场建设实际，讨论我国构建和完善法律政策的思路，为我国参与国际碳市场提供制度支持，进而助力我国实现自主贡献的减排承诺。

（3）跨学科研究法。碳市场机制是一个多学科的立体化问题，除了国际法外，还涉及国际经济学、国际关系学、管理学等。《巴黎协定》第 6 条碳市场机制的开放性规定给各方留下了许多悬而未决的问题，本研究在运用法学理论的前提下，综合运用多学科视角和研究方法，审视、分析在利用市场机制限制气候变化方面面临的效率、有效性和公平等方面的法律挑战，结合《巴黎协定》市场机制中存在经济和权力不平衡的现实情况，研究构建有利于发挥发展中国家优势的市场规则。

（4）案例分析法。碳排放权交易体系是一种市场化手段，目的是将应对气候变化问题经济化。《京都议定书》下最为成功的 CDM 自然会成为本研究的分析案例，研究内容主要包括 CDM 的运作机制，特别是揭示减缓背景下公平和效率之间复杂的相互作用，以及 CDM 带来的重大公平和分配挑战。第 6 条碳市场机制可能给那些在气候上面临最大风险和最不应负责任的国家（例如最不发达国家和小岛屿发展中国家）提供的机会最少，本研究在对 6.4 机制进行分析时特别考虑了这些经验教训。

（5）规范分析法。本研究对气候国际法中涉及市场机制的相关条款进行规范分析，从《公约》到《京都议定书》再到《巴黎协定》，系统梳理审视不同阶段市场机制的内在逻辑和具体规范，归纳分析可取之处与不足之处，以期为当前市场机制在确保环境完整性方面提供有益思路和启示，为《巴黎协定》第 6 条碳市场机制构建和完善提供法律依据。

2. 主要内容

本研究以《巴黎协定》下市场机制法律进路为主线，以坚持统筹推进国内法治和涉外法治为导向，始终围绕跨国法律秩序与气候公平、市场合作范式与核心法律问题、国内立法应对与建议等方面展开论述分析，运用法治和制度规则勾勒出一套符合我国自身利益并能得到多数缔约方认同的国际碳市场机制的法律规则，推进国际气候治理规则民主化和法治化。

除了绪言和结论外，本研究按照市场机制梳理、理论溯源探究、法律框架剖析、法律制度建构、中国法律因应的逻辑主线开展分析。

首先，梳理碳市场机制国际法的缘起、演进及面临的法律挑战。通过对《公约》、《京都议定书》和《巴黎协定》涉市场机制条款的分析，爬梳国际碳市场机制发展脉络。基于《巴黎协定》“自下而上”的合作框架和“国内驱动型”减排模式，分析第6条碳市场机制对缔约方减排合作提供的制度支持，从法律供给层面探讨完善具体制度规则。考虑到第6条既创造了新的国际实体和程序，又要求非缔约方的公共和私人行为者（如活动参与者或核查者）参与才能发挥作用，本研究引入跨国法律秩序（TLO）理论作为理论指导，聚焦分析《巴黎协定》第6条碳市场机制的法律规范，归纳出在交易标的、东道国授权和国际交易规则方面存在的法律困境与挑战。

其次，主要从三个方面进行分析：（1）交易标的，从概念主义和工具主义视角进行系统分析，审视了普通法在碳排放权属性界定上的局限性，提出借鉴《联合国国际货物销售合同公约》等的思路对碳排放权的法律属性进行界定。（2）授权机制，分析东道国授权内容、授权程序、授权目的、授权形式和时间以及如何对授权进行事后更改等问题，旨在从制度层面构建碳市场机制对缔约方和私营部门参与的约束和规范。（3）多边规则，分析ITMOs交易规则，强调自愿性、自主性以及宽泛性带来了单边主义，基于WTO框架对ITMOs进行适法性分析，并对非歧视原则、能否将碳信用收入认定为补贴进行分析，尝试提出国际贸易法与气候治理的协同路径。

最后，以坚持统筹推进国内法治和涉外法治，构建和完善碳市场交易标的、东道国授权和交易规则等国内法律制度为目标，提出以下观点和建议：在公私协动视野下，借鉴德国双阶理论，将碳排放权运行中的配额初始分配、市场交易两个阶段确立为前阶公法属性和后阶私法属性的法律构造，从而将碳排放权界定为“行政处理＋民事合同”模式；探讨东道国授权和批准机制，从授权内容、授权程序、授权目的、授权实施等方面提出国内层面的完善建议；在交易规则层面，秉承人类命运共同体理念，明确国际转让的减缓成果的金融服务属性，援引 WTO 服务贸易协定，捍卫“共区原则”，擅用《巴黎协定》遵约机制，坚持国家中心视角和人权保护视角，全方位和多角度参与第 6 条第 2 款“合作方法”的细节谈判，推动构建公平合理、合作共赢的全球气候治理体系。

四、研究创新与研究不足

《巴黎协定》第 6 条碳市场机制被确定为促进全球温室气体减排和应对气候变化的关键工具之一。然而碳市场的建设面临着一系列挑战，比如需要建立有效的监管机制和治理结构以确保市场的公平、公正和透明，平衡各国的国情和发展水平，综合考虑减排成本、市场参与者的利益以及减排效果等因素。同时，发展中国家在碳市场中的参与也是一个重要议题，需要国际社会提供适当的金融和技术支持。综合来看，碳市场机制的建设需要全球合作，平衡各方利益，在促进减排的同时确保公平和公正，这也是《巴黎协定》所倡导的气候国际法的核心价值之一。

1. 研究创新

本研究从统筹推进国内法治和涉外法治角度出发，分析气候国际法、跨国法律秩序等国际法理论，结合现有碳市场机制的实践，回溯国际碳市场的缘起与规则发展进程。从公平和效率角度分析《巴黎协定》第 6 条碳市场机制面临的挑战和问题，结合既有碳市场交易实践经验及中国在碳市场交易机制上的利益关切，提出要不断关注有效性和公平的实质性问题以及两者之间的交集，就《巴黎协定》市场机制的架构设计及中国参与谈判的方案提出协调推进国际治理与国内治理的建议与策略。

首先，学术观点创新。本研究将跨国法律秩序等相关理论应用于《巴黎协定》第 6 条碳市场机制法律进路的研究和评价，并认为跨国法律秩序理论对于后巴黎时代碳市场法律规则设计具有重要价值衡量意义。同时，本研究致力于构建有利于我国立场的全球碳市场治理机制，以参与法律规则构建促进中国应对气候变化立法的完善为最终目的，将《巴黎协定》中国际法意义上的国家自主贡献遵约问题与我国应对气候变化国内法联系起来，构建有效的法律协同机制。

其次，研究方法创新。本研究综合运用法学的价值分析，以及国际关系学和国际政治学的跨学科方法，兼采历史研究、比较研究、综合归纳等方法，系统归纳学说，全面客观分析当前《巴黎协定》第 6 条碳市场机制演进和内在变迁上的法律问题。CDM 经验表明，其很难为项目和投资的公平分配创造激励措施，也很难为支持长期可持续发展的项目创造激励措施。《巴黎协定》第 6 条碳市场机制的开放性为各方在透明度和公平等问题上的谈判留下了许多空间，然而最终还是需要满足企业对于安全和利润的需求。本研究尝试在价值分析的基础上努力在一个公平的框架内解决这一挑战。

最后，研究视角创新。本研究从国际法视角分析《巴黎协定》第 6 条碳市场机制的规则设计，基于“国内驱动型”气候治理模式，对缔约方自主贡献的国内控制机制、国际贸易法协同与市场机制的衔接等问题作出回应。《巴黎协定》向更具包容性的气候承诺体系和市场合作机制的双重转变改变了竞争环境的性质，缔约方第一次为自己定义了它们对国际应对气候变化的贡献应该是什么，以及为什么这样做是公平和富有减排雄心的。同时，发展中国家可能第一次有能力主导或赞助合作性气候减缓行动并参与全球气候市场。因此，本研究也关注中国在“双碳”目标下参与多元行为体和多维治理机制的全球碳市场治理过程中应坚持的法律立场和法律进路，探讨推动中国协同全球气候治理和国内气候治理的法律路径，进而推进国内的绿色低碳转型。

2. 研究不足

碳市场机制依托产权制度，严重倚重具体制度规则的设计。《巴黎协定》市场机制的开放性和包容性凝聚了缔约方共识，赋予了缔约方很多自主权和主动性。在要求宽泛和规则不明确的背景下，根据囚徒困境理论，缔约方的个体减排理性导致了减排的“集体非理性”，因此缔约方自主性和主动性也给《巴黎协定》所能实现的环境效果带来了极大的不确定性。

本研究在以下两方面存在不足：

一是对后“第6条碳市场机制”时代的复杂性未予展开分析。第6条碳市场机制意在创建包容性经济灵活机制以实现自主贡献目标，因此在这样的背景下讨论自主贡献最能深入了解各方执行《巴黎协定》面临的挑战，在实现有意义减排的同时促进公平和公正。CDM经验表明，促进减排的经济灵活机制可能会降低减排短期经济成本，但使用这些减排工具也会产生新的社会和环境成本及收益。这些成本及收益的分配通常与最初的特权和义务无关，甚至在一定程度上加剧了现有的不平等，同时通过将效率和经济合理性置于决策的中心来扭曲对公平的评估①。《巴黎协定》第6条碳市场机制具有参与方具有高度自主性、市场设计复杂性、碳定价不确定性等特点，监管和治理机制的有效性也有待验证，且当前市场机制尚未大规模运行，很多新的社会和环境成本及收益问题尚未出现，因此无法全面有效进行深入分析和评估。

二是未涉及关于基线的纯技术处理问题分析。碳市场的基本原理包括总量控制交易机制和基线信用机制。《巴黎协定》第6条采取了基线信用机制，一个运作良好的基线和碳信用机制的关键在于是否有足够健全的规则和原则用于基线的设定和监测，因为并不存在一种单一的、正确的设定方法。基于绩效和源自“一切照旧”情景的基线可以有多种形式，并建立在不同复杂程度的确定过程之上，以确保高度的环境完整性。《巴黎协定》采用了“部门”基线，但要认识到绩效基线可能不是最适合高度异质的部门和子部门的基线设置方法，因此碳信用机制的绩效基线需要建立在适当（子）部门可靠评估的基础上。如何对部门进行评估，尤其在各国不同背景下对不同部门基线进行分析，会涉及缔约方的历史、预期或“一切照

① Streck C, Lin J. Making markets work: a review of CDM performance and the need for reform. European journal of international law, 2008, 19 (2): 409-442.

旧”的排放标准，以及相关技术本身和最佳可用技术的性能等①。同时，东道国也会面临一些挑战，如分配问题、缺乏制定基线的经验及数据的可用性和保密性等问题。本研究仅从法学角度进行分析，不会涉及对这纯技术性问题的讨论和分析。

由此可见，《巴黎协定》第 6 条碳市场机制的确立在一定程度上代表了国际气候治理向市场化方向的转变。然而，对于这一机制的研究和准备工作却存在着不足。当前国际社会在碳市场机制的具体设计和实施方面仍面临许多挑战，尤其是如何平衡缔约方自主性、灵活性与推进全球减排目标协同之间的关系，而对于这些挑战的研究和应对措施尚未充分展开。同时，对于碳市场机制可能带来的影响、效果和潜在问题的系统研究也非本研究关注领域。综上，本研究主要基于《巴黎协定》第 6 条碳市场机制的框架，旨在坚持统筹推进国内法治和涉外法治方向，确保碳市场机制能够有效地促进全球温室气体减排，并为实现《巴黎协定》规定的目标作出实质性贡献。

① Röser F, Widerberg O, Höhne N, et al. Ambition in the making: analysing the preparation and implementation process of the Nationally Determined Contributions under the Paris Agreement. Climate policy, 2020, 20 (4): 415 - 429.

第二章　碳市场机制国际法的缘起、演进与面临的挑战

本质上，碳市场机制是指通过购买和销售碳排放配额或碳减排项目来实现温室气体减排的一种机制，其国际法缘起与发展可以追溯到《公约》和《京都议定书》。1992 年《公约》的目标是通过减少温室气体排放和适应气候变化来保护地球的气候系统，然而《公约》对此并未规定具体的减排目标和机制。为了进一步推动减排行动，1997 年，在日本京都举行的联合国气候变化大会上通过了《京都议定书》，明确了《公约》附件一所列缔约方在 2008 年到 2012 年期间减少温室气体排放的具体目标①，并引入了碳市场机制，如清洁发展机制（CDM）、联合履约（joint implementation，JI）以及排放交易（emissions trading，ET）。

随着时间的推移和实践的发展，碳市场机制在国际气候谈判中得到越来越多的关注。不过，碳市场机制的实施和运作面临着一些挑战和争议，如减排认证的可靠性、双重计数问题以及市场的稳定性等。自 2007 年 COP13 开始，国际社会在制定后续协议和机制方面一直在努力，以推动在全球范围内建设更加有效的碳市场机制。《巴黎协定》于 2015 年通过，提出了更加雄心勃勃的全球减排目标②，并鼓励各国采取国内外市场机制来实现这些目标。随着国际社会对气候变化问题的关注不断增加，碳市场

① 周洪钧.《京都议定书》生效周年述论.法学，2006（3）：123－130.

② 何晶晶.从《京都议定书》到《巴黎协定》：开启新的气候变化治理时代.国际法研究，2016（3）：77－88.

机制的发展也在不断演进，以促进全球范围内的温室气体减排和可持续发展。

一、《公约》为碳市场机制肇启奠定基础

从 20 世纪 70 年代开始，科学家们反复提醒关注人为原因导致全球变暖这一现象以及潜在的经济后果①，这些科学研究发展为公共政策的选择奠定了基础。1988 年，政府间气候变化专门委员会（IPCC）正式成立，该组织致力于将气候变化问题提上国际议程。同时，平流层臭氧层消耗、森林砍伐、生物多样性丧失、海洋污染和危险废物的国际贸易等全球环境问题在 20 世纪 80 年代末开始受到普遍关注。1988 年，日本遭遇冷夏、美国和欧洲遭受酷暑和干旱，特别是在美国和加拿大②，气候变化开始引起国际社会关注和讨论。同年 6 月，国际社会在加拿大多伦多召开了一次会议，呼吁到 2005 年将全球二氧化碳排放量减少 20%③，并制定保护大气的全球框架公约。在 1988 年之前，全球气候治理主体主要是非政府行为者，他们主要是一些环境领域的科学家，虽然这些人可能属于政府雇员，但他们并不代表政府官方立场。自 1988 年之后，气候变化开始成为各国政府间的议题，签署一个气候变化条约也被提上日程。

最初，国际社会考虑了两种模式：一种是以 1982 年《联合国海洋法公约》为蓝本，制定一个关于"大气法"（law of the atmosphere）的一般框架协议，然后在附属议定书中解决特定的大气问题，如全球变暖、酸雨和臭氧层损耗，该协议承认大气问题的相互依存性并以全面的方式解决这些问题；另一种是以《保护臭氧层维也纳公约》（Vienna Convention for the Protection of the Ozone Layer）为蓝本，专门就气候变化制定一项公约。鉴于第一种模式在政治上不切实际以及臭氧保护工作循序渐进取得巨

① Nordhaus W D. Economic growth and climate：the carbon dioxide problem. The American economic review，1977，67（1）：341－346.

② Tripp J T，Dudek D J. Institutional guidelines for designing successful transferable rights programs. Yale journal on regulation，1989，6（2）：369－392.

③ Hughes L，Scott S. Natural resources：Canada，carbon dioxide，and the greenhouse effect. Environment：science and policy for sustainable development，1989，31（9）：4－45.

大成就，主张聚焦关注全球变暖的模式很快占据了上风①。1990 年，联合国大会成立气候变化框架公约政府间谈判委员会，旨在谈判一项包含“适当承诺”的公约。

在同一时期，排放交易开始成为解决污染控制问题的一种实用且越来越受欢迎的政策工具。特别是随着美国酸雨交易计划的建立，以及逐步减少汽油中铅含量的成功，人们对排放交易空前关注。同时，1987 年签署的《关于消耗臭氧层物质的蒙特利尔议定书》为不同国家设定排放水平的目标和时间表提供了明确的框架②，其中包括对消耗臭氧层物质贸易的限制性要求。因此，各国在努力设计《公约》时，对使用排放交易这一工具应对气候变化的兴趣日益浓厚。事实上，国际温室气体排放交易的倡导始于 20 世纪 80 年代末和 90 年代初，最初由美国在《公约》谈判中推动，“联合履约”作为排放交易的非正式版本出现在《公约》中。不过，从范式上看，《公约》这种“框架协议”在很大程度上是程序性的③，仅规定了一些非常普遍性的义务，比如在科学研究和信息交换方面的合作。因此，这种框架协议旨在通过缔约方的定期会议和后续可能的更实质性协议，为未来的工作建立法律和制度框架。

自 1974 年以来，为了让企业更灵活地满足《清洁空气法案》的要求，美国设立了一个针对导致酸雨排放的限额交易计划，并为主要空气污染源实施了全面的许可制度④。1992 年，挪威代表团将联合履约（JI）的概念引入了《公约》的谈判中⑤，旨在长期稳定全球温室气体的浓度。1992 年在里约热内卢召开的联合国环境与发展会议（UNCED）上，JI 被纳入了 150 多个国家已经批准的《公约》第 4 条第 2 款的最终文本，这被认为是

① Bodansky D. The United Nations framework convention on climate change: a commentary. Yale journal of international law, 1993, 18 (2): 451-558.

② 金慧华．试论《蒙特利尔议定书》的遵守控制程序．法商研究，2004 (2): 75-81.

③ Morrisette P M. The Montreal protocol: lessons for formulating policies for global warming. Policy studies journal, 1991, 19 (2): 152-161.

④ Schmalensee R, Stavins R N. Policy evolution under the clean air act. Journal of economic perspectives, 2019, 33 (4): 27-50.

⑤ Christiansen A C. New renewable energy developments and the climate change issue: a case study of Norwegian politics. Energy policy, 2002, 30 (3): 235-243.

JI 作为气候政策工具的一个突破，将 JI 纳入气候公约也可被视为迈向全球可交易排放许可制度的第一步。

在《公约》谈判过程中，有两个因素至关重要：一是基于联合国环境与发展会议的公共影响力，各国代表希望在 1992 年里约会议上签署《公约》，这给谈判设置了截止期限，也给各国谈判代表施加了压力；二是各方对谈判结果有很大的期待，积极推动其达成最终结果。不过谈判早期，各方都站在自身立场上辩论，并无妥协之意。随后，各方意识到，如果想达成一项条约就必须作出妥协，在一番全面讨论和一些小修改之后，《公约》最终在 1992 年 5 月 9 日晚上获得了通过。

《公约》第 4 条第 2 款规定，每一个此类缔约方应制定国家政策和采取相应的措施，通过限制其人为的温室气体排放以及保护和增强其温室气体库和汇，减缓气候变化，考虑到每个缔约方都有义务为实现减排目标而努力，这些缔约方可以同其他缔约方共同执行这些政策和措施，也可以协助其他缔约方为实现公约的目标特别是本项的目标作出贡献。《公约》未直接提出"联合减排"的概念，但可以从上述规定中推导出两种主要形式：基于配额和基于项目的联合减排。基于配额的联合减排被定义为一种机制：两方或多方在保持明确的总体义务前提下同意修改和交易各自的减排义务①。基于项目的联合减排允许各方在另一方的领土内履行其部分减排义务②。值得注意的是，基于项目的联合减排最初的实践就是在第 4 条第 2 款这样模糊的文本的基础上发展起来的。

欧美国家将这一条款视为发展市场机制的窗口，比如美国基于东南亚 31 个试点项目经验对联合履约机制进行详细分析，并得出了完善市场机制的建议③。考虑到发展中国家和发达国家对此类机制价值存在分歧，《公约》第一次缔约方会议于 1995 年决定启动"联合实施活动"（activi-

---

① 夏光．联合国气候变化框架公约中的联合履约．环境科学研究，1995（3）：58－59.

② Gosseries A P. The legal architecture of joint implementation：what do we learn from the pilot phase？. New York University environmental law journal，1999，7（1）：49－118.

③ Dixon R K. The US initiative on joint implementation：an Asia-Pacific perspective. Asian perspective，1998，22（2）：5－19.

ties implemented jointly，AIJ）的试点阶段①。该阶段一直持续到 2000 年，但不产生排放信用，这使得各国可以测试不同的市场机制设计方案，其中哥斯达黎加是第一个在多个领域，包括在造林、风能和水力等实施 AIJ 的发展中国家。瑞典试点计划中的 11 个 AIJ 项目的评估结果表明，实施成本高于预期，温室气体减排量低于预期。因此有人提议此类项目可以通过碳基金整合需求来降低风险②。基于成本考虑，发达国家在发展中国家投资减排活动的经济原理并未遭受质疑，不过这对发展中国家而言是利益和风险并存的。同时，尽管 JI 是理论上有效的气候政策工具，但它并不需要永久性地实施。为了实现短期效率收益并避免长期效率损失，应制定一个“战略性”的气候政策③。应充分考虑 JI 的实施，允许短期内的效率收益，但从长期看应逐步减少信用额度，以确保创新，通过提高国内碳价格来推动研究和开发低碳技术措施。

二、《京都议定书》引入碳市场机制

依据《公约》第 2 条规定，《公约》及后续可能制定的法律文书的最终目标是将大气中温室气体的浓度稳定在防止气候系统受到危险的人为干扰的水平上。而《京都议定书》就是缔约方会议据此制定的法律文书。1997 年 12 月，《公约》第三次缔约方会议在日本京都通过了《京都议定书》，旨在具体化《公约》的宗旨和原则，通过设立具体的减排目标、时间表和实施机制，加强对气候变化的应对行动。作为全球第一个强制约束发达国家减排的法律文件，《京都议定书》认为发达国家能够以较低成本应对气候变化④，明确要求发达国家（《公约》附件一所列缔约方）削减六种温室气体

① Schwarze R. Activities implemented jointly：another look at the facts. Ecological economics，2000，32（2）：255－267.

② Springer U. Can the risks of the Kyoto mechanisms be reduced through portfolio diversification? Evidence from the Swedish AIJ Program. Environmental and resource economics，2003，25（4）：501－513.

③ Michaelowa A，Schmidt H. A dynamic crediting regime for Joint Implementation to foster innovation in the long term. Mitigation and adaptation strategies for global change，1997，2（1）：45－56.

④ Bruce J P. Disaster loss mitigation as an adaptation to climate variability and change. Mitigation and adaptation strategies for global change，1999，4（3－4）：295－306.

排放以应对全球气候变化，要求发达国家到2012年要在1990年排放基础上削减5.2%[①]。同时《京都议定书》为38个发达国家和转型经济体（EIT）设定了温室气体减排目标，具体通过分配给缔约方的分配数量单位（AAU）进行界定。由于不同的国家在《京都议定书》下的减排目标不同，在国内实现必要减排的成本也不同，因此意欲减排或实现排放目标的国家或公司可以投资清洁项目，用来抵消它们的温室气体排放，投资者也可以投资减排项目获得碳减排信用进行出售。

为了最大限度地提高实现减排目标的经济效率，《京都议定书》为缔约方提供了三种基于市场的灵活机制（以下简称“京都三机制”）：排放交易（ET）、清洁发展机制（CDM）、联合履约（JI），这三种机制有助于缔约方以成本效益最佳的方式实现环境目标[②]。其中，第一种机制是排放交易（ET），在具有约束性目标的国家之间发生，以便各国可以通过从其他国家购买超过其目标的信用来实现其国内减排目标。迄今为止，规模最大的排放交易实施案例是欧盟排放交易体系（EU ETS）。第二种机制是清洁发展机制（CDM），这是一种基于项目的机制，源自巴西提案的清洁发展基金，是巴西和美国在1997年京都缔约方会议前几周共同制定的[③]，该机制允许发展中国家减排项目的信用被发达国家用于履行其在《京都议定书》下的承诺。第三种是联合履约（JI），这也是一种基于项目的机制，使具有约束性目标的国家能够从其他具有约束性目标的国家开展的项目中获得减排信用。

众所周知，虽然京都三机制没有直接引用科斯定理，但排放交易机制可以被视为对科斯定理的一种应用，即通过识别自然资源的权利并使其可

---

① 李威．从《京都议定书》到《巴黎协定》：气候国际法的改革与发展．上海对外经贸大学学报，2016，23（5）：62－73，84.

② 杨兴．论《京都议定书》对国际政治和国际经济的潜在影响．时代法学，2005（3）：103－109.

③ Cole J C. Genesis of the CDM：the original policymaking goals of the 1997 Brazilian proposal and their evolution in the Kyoto Protocol negotiations into the CDM. International environmental agreements：politics，law and economics，2012，12（1）：41－61.

转让，私下协商将实现资源的优化配置[①]，通过市场机制促进减排行动的有效实施。市场自由主义包含自由市场和一系列为新自由主义改革提供意识形态支持的经济概念，强调信息透明会显著增进交易双方的福祉。对于环境资产，经济理论表明碳交易体系能够以最低成本实现社会减排[②]。一般来说，经济学家倾向于根据效率来评估所有政策和决策，大多数法律和经济学家，其中最著名的是理查德·波斯纳，其认为效率是政府政策的一个重要目标[③]。实践中，美国是第一个将排放交易理论付诸实践的国家，其开创性地推动了此类措施的普及，最终推动在《京都议定书》纳入了三机制。不过，京都三机制在确保环境完整性和创造减少污染的实际激励措施能否实现预期效果方面受到质疑[④]，尤其是旨在减排的 CDM 却产生了超额利润，以及 CDM 并未能促进世界上最不发达国家的发展。也就是说，即使实现了减排，其结果并不一定是公平、公正或可取的。在环境市场中，公平在很大程度上（但不完全）取决于产权的初始分配，这可能加剧社会不平等，因此权力和利益在新的产权分配中扮演着重要角色。

1. 碳市场的发展和扩张

国际碳市场在 2005—2010 年期间获得强劲增长，这主要是由欧盟 2004 年关于“连接指令”的决定引发的，该指令允许各个实体通过 CDM 和 JI 的减排合作项目获取碳信用来遵守欧盟排放交易体系[⑤]。在这种情况下，这些机制在私营部门突然受到欢迎，碳市场的增长远超最初的预期。然而，这股“淘金热”也暴露了一些问题。

CDM 最初被视为一种国家层面上的机制，可以支持政府大幅降低遵

① Böhringer C. The Kyoto Protocol: a review and perspectives. Oxford review of economic policy, 2003, 19 (3): 451 - 466.

② Schmalensee R, Joskow P L, Ellerman A D, et al. An interim evaluation of sulfur dioxide emissions trading. The journal of economic perspectives, 1998, 12 (3): 53 - 68.

③ 柯岚. 罗纳德·科斯的法律经济学：兼谈理查德·波斯纳与非其所愿的中国法律实用主义. 东方法学，2013 (3)：23 - 30.

④ Rosen A M. The wrong solution at the right time: the failure of the Kyoto Protocol on climate change. Politics and policy, 2015, 43 (1): 30 - 58.

⑤ 苏蕾，曹玉昆，陈锐. 欧盟碳排放权交易体系现状及启示. 世界林业研究，2012，25 (3)：55 - 58.

守《京都议定书》的成本①。但在实践中，核证减排量（certification emission reduction，CER）的供需基本上都是私有化的，CDM 每年吸引大量私人资本的能力是该机制前所未有的、非预期的特征②。在需求方面，这种私有化在很大程度上是由欧盟排放交易体系实现的，该体系为 CER 提供了大量可靠的需求来源。尽管欧盟在 2008—2009 年允许减排主体借助项目产生的碳信用进行履约③，但由于欧盟排放配额（EUA）与 CER 的价差以及 EU ETS 需求的快速增大，市场参与者通过使用碳信用实现了成本节约，从而导致了 CDM 的“淘金热”。虽然清洁发展机制的监管不确定性导致 CER 和 EUA 价格无法完全趋同，但二者之间仍存在明显的相关性，这反映了欧洲议会的决定如何加剧了价格波动，并表明政策制定者需要改善 EU ETS 长期战略的沟通。此外，人们对一级市场因信息不完善而出现价格波动也表达了担忧。

在私营公司大力参与的背景下，CDM 治理问题受到高度关注。治理在国际和国家层面上都具有重要意义：在国际层面，CDM 项目开发商指出了执行委员会关于项目的决定缺乏透明度，缺乏对决定进行审查或上诉的机制，以及在这一过程中存在互动受限等问题。这源于 CDM 的独特性质，即联合国在 CDM 中与私营部门直接互动。对 250 种 CDM 方法和大约 1000 个注册项目的计量经济评估表明④，执行委员会的最终决定既取决于正式的质量标准，也取决于政治经济变量。同样，工商界非政府组织影响了 CDM 下碳捕集与封存技术（carbon capture and storage，CCS）的决策，发达国家和排放密集型公司也实质性地影响了市场机制的谈判和具体实施规则的制定。

---

① Brechet T，Lussis B. The contribution of the clean development mechanism to national climate policies. Journal of policy modeling，2006，28（9）：981-994.

② 陈林，万攀兵.《京都议定书》及其清洁发展机制的减排效应：基于中国参与全球环境治理微观项目数据的分析. 经济研究，2019，54（3）：55-71.

③ Trotignon R. Combining cap-and-trade with offsets：lessons from the EU-ETS. Climate policy，2012，12（3）：273-287.

④ Flues F，Michaelowa A，Michaelowa K. What determines UN approval of greenhouse gas emission reduction projects in developing countries? An analysis of decision making on the CDM Executive Board. Public choice，2010，145（1-2）：1-24.

这一阶段监管的一个关键问题是由 CDM 执行委员会认可的第三方（即所谓的指定经营实体）执行的项目规则合规性和温室气体减排审计问题。这些实体由项目所有者雇用进行验证，但除了小型项目外，能源部门无法独立验证项目产生的减排量①。指定经营实体需要对照执行委员会定义的一套要求和规则检查拟议活动的合规性。研究人员指出了将 CDM 下的权力下放给私人行为者的固有缺陷，也有研究指出，失去认证的风险超过了利用该系统的潜在好处。由于缺乏解释现有规则和要求的明确指导方针，第三方审计师在保护环境完整性方面也面临着诸多挑战。

在国家层面，在评估东道国国内 CDM 治理结构之间的差异时，可以与每个国家具体的治理结构相联系。有学者提议将 CDM 与发展中国家的碳税相结合（根据碳税实现的减排可以用于出口）以增加东道国的福利②。实际上，许多国家曾将碳税与 CDM 结合起来，例如墨西哥和哥伦比亚。

综上所述，CDM 治理需要加强监管和审计机制，确保项目的真实性和减排效果，同时重视社会和环境的影响，加强资金分配的透明度，防止市场失衡和操纵现象的发生，从而提升 CDM 机制的有效性和可持续性，推动全球气候变化应对行动取得更大成效。

2. 碳市场的波动与衰退

EU ETS 对 CDM 和 JI 碳信用的主要需求来源在 2011—2012 年开始消退，因为核证减排量和 JI 减排单位的发放开始达到抵消使用的数量限制，设定这一限制是为了确保《京都议定书》规定减排量的至少一半将在国内实现。欧盟成员国与欧盟委员会对于国际碳信用使用限制存在分歧。前者主张放松限制，后者支持降低使用比例。最终欧盟委员会获得了胜利。截至 2010 年，EU ETS 对国际碳信用的总需求约为 16 亿吨二氧化碳

---

① 王灿，张坤民．清洁发展机制（CDM）中的基准线问题．世界环境，2000（4）：9-13.

② Newell P. Varieties of CDM governance：some reflections. The journal of environment & development，2009，18（4）：425-435.

当量[①]。碳信用需求的另一个重要来源是各国政府，尤其是日本政府，它们被要求遵守《京都议定书》。事实上，对《京都议定书》第一承诺期内各国温室气体排放和碳单位交换的最终数据的分析表明，《京都议定书》附件B缔约方减排总量超过了承诺水平。在国内层面，全面参与《京都议定书》的36个国家中有9个国家的温室气体排放量高于承诺水平，因此不得不诉诸灵活机制；在国际层面，使用灵活机制后，所有附件B缔约方都实现了《京都议定书》的承诺[②]。

虽然需求侧萎靡不振，但供给侧依旧稳定地提供核证减排量。补偿的供应对价格的敏感性也很弱：一旦对一个项目进行了初始投资，只要碳收入超过边际运营和交易成本，就可以发放CER。据证明，CDM项目的交易成本从大型工业天然气项目的低于0.1美元/吨二氧化碳当量到小型项目的1.5美元/吨二氧化碳当量及以上不等[③]。在第一承诺期即将结束时，俄罗斯和乌克兰JI项目的碳信用额度大幅增加，这主要是因为在需求萎靡之前急于出售信用额度。在2012年之前，CER价格在很大程度上与EUA价格相关，后续由于经济衰退、其他政策（如可再生能源）导致排放减少以及国际补偿流入之后，EUA价格一直呈总体下降趋势。随着CER进口限额的增加，从2011年末开始，可以观察到EUA和CDM碳信用价格之间日益不相关，最终导致CER价格暴跌至1欧元/吨二氧化碳当量以下[④]。虽然CER价格下降，但由于项目开发商逐步用尽廉价的选择，CDM下的减缓行动成本也在随着时间的推移而上升。碳价格的下跌叠加2012年后气候制度对CDM未来的监管不确定性，导致CDM新项目注册数量大幅减少。

在2011年9月举行的第63次会议上，CDM执行委员会决定设立一个

---

① Haites E. Experience with linking greenhouse gas emissions trading systems. Wiley interdisciplinary reviews：energy and environment，2016，5（3）：246－260.

② Shishlov I，Morel R，Bellassen V. Compliance of the Parties to the Kyoto Protocol in the first commitment period. Climate policy，2016，16（6）：768－782.

③ Shishlov I，Bellassen V. Review of the experience with monitoring uncertainty requirements in the Clean Development Mechanism. Climate policy，2016，16（6）：703－731.

④ 金玉婷．后京都时代中国清洁发展机制项目的风险控制．可再生能源，2012，30（9）：124－128.

高级别专家小组，开展一次由民间社会、决策者和市场参与者参与的政策对话。其目的是审查 CDM 以往的经验，并为 2012 年后的机制做准备。该小组由 11 名未直接参与 CDM 的公司、非政府组织和政府机构的领导人组成。政策对话包括 58 份公众意见书、18 次与利益相关方的磋商和 17 次非正式会议。2012 年 9 月，在 CDM 执行委员会第 69 次会议上，专家小组发表了最后报告，其中包括 51 项建议，这些建议不仅涉及 CDM 执行委员会，还涉及其他利益相关方，包括各国政府、《公约》和项目参与者。CDM 政策对话讨论的主要问题有：（1）精简项目周期；（2）改变确定额外性的方法；（3）修改秘书处的职责；（4）改进验证和验证模型；（5）执行委员会专业化；（6）执行上诉机制；（7）加强目前的利益相关方协商制度①。

三、《巴黎协定》开启碳市场机制新模式

2015 年 12 月在巴黎举行的第 21 次缔约方会议（COP21）标志着应对气候变化的历史转折点：《巴黎协定》确立了雄心勃勃的全球减排目标，目标是将气温升幅控制在 2℃以内，努力将气温升幅控制在 1.5℃以内（第 2 条）。同时，到 21 世纪下半叶，将实现源排放和汇清除的平衡（第 4 条第 1 款）。《巴黎协定》是国际社会努力缔结气候变化全球多边协定的成果。虽然《巴黎协定》被认为是“联合国气候变化制度第三阶段的巅峰”②，但要实现这一目标还需要经历漫长的历程。

1. 气候治理范式的演变

由于《京都议定书》第一承诺期仅限于一定时期（2008—2012 年），到 2005 年，《京都议定书》缔约方感到有必要开始谈判确定 2012 年后的减排机制。鉴于美国和其他主要经济体不受《京都议定书》约束性承诺的约束，一些利益相关者提倡采取强有力的“全球方法”。其中，2009 年的哥本哈根协议、2010 年的坎昆协议、2013 年的华沙决定和 2014 年的利马

---

① Newell P. Dialogue of the deaf? The CDM's legitimation crisis// Stephan B, Lane R. The politics of carbon markets. London: Routledge, 2014: 212 - 236.

② Bodansky D. The Paris climate change agreement: a new hope? . American journal of international law, 2016, 110 (2): 288 - 319.

决定充当了理解和接受《巴黎协定》大纲的铺垫和基石。

2007年，在巴厘岛举行的第13次缔约方会议在很多方面都具有重要意义。后京都条约的谈判在本次缔约方会议上正式启动，确认了共同努力应对气候变化带来的挑战承诺，并认识到有必要就2012年之后的《京都议定书》制度通过一项国际协议①。会议通过了《巴厘岛行动计划》，开启了“新的包容性气候协议”的道路。该计划以四个关键主题为基础：缓解、适应、技术和金融。该计划敦促缔约方落实《公约》②，并迫切认识到在第15次缔约方会议上达成协议的必要性。在“长期合作共同愿景”的启发下，缔约方会议成立了长期合作特设工作组，以在《公约》框架下采取行动，这将非正式的“气候公约轨道”谈判转变为正式谈判进程。本次会议的另一项重大进展是，发展中国家同意采取适合本国的减缓行动，作为回报，发达国家同意通过提供技术转让、融资和能力建设等形式的支持来扩大合作。同时，《巴厘岛行动计划》引入了气候变化风险背景下的损失和损害的概念。《巴厘岛行动计划》的缔约方同意就国家适应规划、财务以及损失和损害问题开展工作。

在2009年哥本哈根第15次缔约方会议上，由于缺乏关于后京都减排机制的具体方向，谈判分两个平行方向进行：（1）通过修订《京都议定书》建立第二承诺期；（2）促进“长期承诺期”，在《公约》下促进国际应对气候变化长期行动的对话与合作。这两个议题都在2009年哥本哈根会议上得到了解决，会议还在最后一晚通过了《哥本哈根协议》③。尽管包括中国和巴西在内的一些主要发展中国家大力支持将《京都议定书》有效期延续至2015年，但各方都认为未来的气候协议将是适用于所有缔约方的单一协议④。虽然哥本哈根会议带来了巨大的希望，但它最终导致了

① Christoff P. The Bali roadmap: climate change, COP 13 and beyond. Environmental politics, 2008, 17 (3): 466-472.

② Clémençon R. The Bali road map: a first step on the difficult journey to a post-Kyoto Protocol agreement. The journal of environment & development, 2008, 17 (1): 70-94.

③ 吕江.《哥本哈根协议》: 软法在国际气候制度中的作用. 西部法学评论, 2010 (4): 109-115.

④ Christoff P. Cold climate in Copenhagen: China and the United States at COP 15. Environmental politics, 2010, 19 (4): 637-656.

挫败感和失望，特别是对于发展中国家，因为协议未能得到会议全体的一致接受。然而，《哥本哈根协议》为国际气候谈判制定了新的方法，即转向更加“自下而上”的全球方法，该协议至少在两个方面与《京都议定书》显著不同。首先，在《京都议定书》中，各方通过全球谈判来制定减排目标，而在《哥本哈根协议》下，各国确定了自己的行动和目标，建立了“自下而上”的框架①。其次，与《京都议定书》不同的是，该协议消除了发达国家和发展中国家缔约方之间的明显区别。

2010 年，第 16 次缔约方会议通过的《坎昆协议》将《哥本哈根协议》的关键要素，包括各国作出的减排承诺，纳入《公约》制度，首次正式宣布将全球平均气温上升控制在 2℃以内的目标②。然而，哥本哈根和坎昆达成的协议似乎正在从有利于发展中国家的差异化转向对所有国家的差异化或灵活性，以及发达国家和发展中国家之间日益平行的方向。同时，坎昆会议并未决定《京都议定书》是否会在 2012 年之后继续实施。《坎昆协议》的另一个局限是其只是缔约方会议决定的一部分，不具有任何约束力。

2011 年，第 17 次缔约方会议在南非德班举行。鉴于《哥本哈根协议》和《坎昆协议》不被视为巴厘行动计划进程的决定性成果，不具有任何约束力，美国、日本和澳大利亚等国家要求通过一项新的法律协议。在这一背景下，COP17 通过了建立“德班加强行动平台”（Durban Platform for Enhanced Action）的决定，各国同意在未来几年内开始谈判，以达成一个新的、普遍适用的法律协议，该协议将包括所有主要温室气体排放国，从 2020 年开始生效。德班平台通过《公约》进程中主要谈判集团之间的精细平衡妥协解决了这些问题，同时其重要成果是发达国家和发展中国家都承诺参与谈判③，且该决定中没有对国家进行发展中和发达等分类。

---

① Bodansky D. The Paris climate change agreement：a new hope? . American journal of international law，2016，110（2）：288－319.

② 马龙-杜波依斯，理查德，彭峰．国际气候变化制度的未来蓝图：从《哥本哈根协议》到《坎昆协议》．上海大学学报（社会科学版），2012，29（2）：1－14.

③ 马忠法．论应对气候变化的国际技术转让法律制度完善．法学家，2011（5）：122－133，179.

2012年，在多哈举行的第18次缔约方会议正式启动德班加强行动平台，目标是在2015年之前谈判建立一个覆盖所有国家的新的全球法律框架，以取代《京都议定书》。在这一背景下，德班平台特设了一个工作组，即德班平台特设工作组（ADP），负责协助和推动这些谈判进程。同时，多哈会议的另一个重要成果是各方通过了《京都议定书》第二承诺期（2013—2020年）的约束性文件。

2013年，第19次缔约方会议建立了有关气候变化影响相关损失和损害的华沙国际机制，该机制创造了一个制度化的政策空间来应对气候变化的不利后果①。同时，各方商定了各国提交对新的全球气候协议的预期贡献的时间计划，并商定了在2020年之前加快努力的方式。它还建立了一个机制来解决气候变化给脆弱的发展中国家造成的损失和损害。此时ADP的重点是《京都议定书》第二承诺期的形式和内容，以及在2015年巴黎第21次缔约方会议上商定后续文书的最后期限前的进程，在此过程中缔约方必须提交其国家贡献以纳入该文书。

2014年，第20次缔约方会议通过了《利马决定》，要求所有国家清晰、透明且易于理解地描述其对2015年协议的预期贡献②。各方还就协议草案要点以及加快2020年前行动达成一致，因此超过180个国家在巴黎会议开始前提交了国家自主贡献预期。此外，ADP于2015年2月提交了一份谈判文本草案。最后，ADP在巴黎会议第一周结束时结束了工作，将其谈判文本草案转交给了第二周到达的部长们，目的是指出需要他们解决的重要问题，这些问题对于《巴黎协定》的达成至关重要。

与仅涵盖发达国家的《京都议定书》不同，2015年通过的《巴黎协定》涉及全球参与，然而这是以增加复杂性为代价的。《巴黎协定》要求缔约方提交其国家自主贡献预案，明确每个缔约方根据《巴黎协定》在自愿基础上设定的减缓（在某些情况下是适应）气候变化的目标，以及实现

---

① Stabinsky D, Hoffmaister J P. Establishing institutional arrangements on loss and damage under the UNFCCC: the Warsaw International Mechanism for Loss and Damage. International journal of global warming, 2015, 8 (2): 295-318.

② Christoff P. The promissory note: COP 21 and the Paris Climate Agreement. Environmental politics, 2016, 25 (5): 765-787.

这些目标的具体措施①。不过，这一新制度也导致了显著的异质性，使减缓核算复杂化。至此，国际气候制度的特点已经从基于强制性排放承诺的“自上而下”的方法转变为“自下而上”的政府自愿承诺。

2021年11月13日，作为《巴黎协定》缔约方会议的《公约》缔约方会议（COP26/CMA3）在英国格拉斯哥最终为《巴黎协定》第6条确定了实施细则，包括关于“合作方法”的指南和6.4机制的规则、模式和程序。这为建立透明、负责任的碳市场机制提供了必要的规则，同时也促进了各个国家碳市场的发展和完善。值得注意的是，第6条经常被贴上“市场条款”的标签，其实全面正确理解第6条的话就会发现其可能远不止于此②。事实上，第6条涉及国际合作在实现《巴黎协定》目标和目的方面的作用，旨在帮助缔约方实现其自主贡献。因此第6条对于国际合作和《巴黎协定》下国际碳市场的框架至关重要。据模型测算，借助第6条的合作机制来实现自主贡献，到2030年每年将会节省2500亿美元的潜在成本③。换言之，第6条为缔约方实现其自主贡献提供了合作机制，帮助缔约方优化碳信用配置，以成本效益最优的方式实现碳减排，促进技术进步，进而实现总体减排目标。

第6条第1款为第6条的其他条款奠定了基调，并构想了一个机制，认为广泛的合作将在实施缔约方自主贡献中发挥重要作用。尽管合作并非实现自主贡献的唯一选择，但该款明确缔约方可以自愿选择通过合作机制，在实现自主贡献的减缓行动中提高雄心，进而促进可持续发展并确保环境完整性④。这表明引入合作机制主要是为提升缔约方的减排雄心，从经济效率的角度激励缔约方提高减排承诺。由于合作能在不增加全球排放

---

① 秦天宝．论《巴黎协定》中“自下而上”机制及启示．国际法研究，2016（3）：64-76.

② 高帅，李梦宇，段茂盛，等．《巴黎协定》下的国际碳市场机制：基本形式和前景展望．气候变化研究进展，2019，15（3）：222-231.

③ Edmonds J, Forrister D, Clarke L, et al. The economic potential of Article 6 of the Paris Agreement and implementation challenges. [2023-03-28]. https://openknowledge.worldbank.org/server/api/core/bitstreams/c4671aef-1ef7-5db0-8eb1-c1dc2739b3c0/content.

④ 潘晓滨．《巴黎协定》下碳市场实施环境完整性风险及其应对研究．贵州省党校学报，2022（1）：66-74.

量的前提下提升减排效率并降低成本，该款强调引入合作机制的初衷是为了提升减排雄心，推动实现《巴黎协定》长期减排目标。同时，促进可持续发展和确保环境完整性要求气候行动应具有“额外性”，真正削减温室气体排放，而不是人为地实现减排目标。

因此，该款是关于缔约方可以在自愿的基础上合作实施其自主贡献的一般概念。第 6 条规定涵盖了现有合作类型以及尚未出现的合作类型，这种合作不需要经过《巴黎协定》的批准，因为《公约》第 4 条第 2 款 a 项对此已有规定。但是，这种合作应该被注意、承认和认可，因为其贯彻了《巴黎协定》去中心化和“自下而上”的治理模式。该款设计上非常巧妙，仅提到一些缔约方，因为并非所有缔约方都会选择市场机制进行减排，同时“允许”（allow）带有“促进”的含义。

2. 第 6 条第 2 款“合作方法”分析

第 6 条第 2 款和第 3 款规定了“合作方法”，明确缔约方在自愿的基础上通过双边或多边合作“转让”减缓成果，转让标的是国际转让的减缓成果（ITMOs）[①]，且必须是“真实的、可核查的和额外的”。该机制需获得参与方授权，旨在让缔约方可以选择在很大程度上将责任下放给合作方，在其治理结构下使用 ITMOs，借助其他缔约方的减缓成果来实现自身自主贡献目标。该机制也可供其他实体实现其他减缓目的（如希望在国际航空碳抵消和减排机制下抵消排放的航空运营商，或寻求履行排放交易体系、碳税或强制性抵消计划下义务的公司）。该机制还鼓励缔约方自愿取消部分 ITMOs，以确保全球净减缓成果。这种减缓成果可能是减排方面的，也可能是其他类型，比如可再生能源或森林[②]。同时，该机制提供了一种“去中心化”以及缔约方驱动的合作模式，并在《公约》层面设定了保障措施确保减缓成果的整体性。

---

① 王云鹏．论《巴黎协定》下碳交易的全球协同．国际法研究，2022（3）：91－109.

② Hoch S，Michaelowa A，Espelage A，et al. Governing complexity：how can the interplay of multilateral environmental agreements be harnessed for effective international market-based climate policy instruments？．International environmental agreements：politics，law and economics，2019，19（6）：595－613.

因此，“合作方法”可能的结果是出现多个 ITMOs 作为缔约方实现自主贡献的工具。这些 ITMOs 的价值将由缔约方自己确定，但需要以签发参与方所确认的减缓成果为上限。同时，鉴于不同国家的自主贡献反映的努力水平不同，这些 ITMOs 的价值可能有所波动。值得一提的是，“合作方法”可能为各个国家国内排放交易体系的连接提供一个框架。虽然实施细则并未过多规定，但额外性是一项关键要求，这意味着在没有碳收益的情况下，所开展的活动应当是不具有可行性的。此外，还应确保计划的活动不属于东道国国家自主贡献或政策目标的一部分。实施细则也建立了透明、准确、完整和一致的相应调整（corrsponding adjustment）方法，这要求卖方国家必须从自己的排放目标中减去所交易的 ITMOs，而买方国家必须将这些 ITMOs 添加到自己的目标中，从而确保该减排量仅在减少温室气体排放的全球目标中计算一次。

为了确保核算的透明度，实施细则建议采用两层跟踪和记录保存。一是签订合作方法的缔约方必须建立并持续维护一个登记册，以跟踪 ITMOs的授权、首次转让、转让、获取、用于国家自主贡献、授权用于其他国际减缓目的（例如 CORSIA）和自愿取消[①]；二是实施细则指示《公约》秘书处开发一个新的会计和报告平台，以跟踪合作安排，并提供国际登记服务供缔约方选择使用。

缔约方必须在 ITMOs 授权之前提交一份初始报告，提供有关其国家自主贡献的量化水平、ITMOs 指标、环境完整性证明及其对可持续发展的贡献等信息。每一后续合作安排都要求缔约方更新各自的初始报告。此外，缔约方还应提交年度和两年期报告，详细说明其合作情况，并进行技术专家评审，以确保报告与 CMA 通过的指南的总体一致性。除了规范 ITMOs 的批准和转让外，实施细则还鼓励缔约方为可持续发展作出贡献。缔约方必须报告其在确保环境完整性、尽量减少环境和社会影响、实现可持续发展目标及《巴黎协定》序言部分总体贡献等方面

---

① Ahonen H M, Kessler J, Michaelowa A, et al. Governance of fragmented compliance and voluntary carbon markets under the Paris Agreement. (2022-03-17) [2023-03-28]. https://www.zora.uzh.ch/id/eprint/229905/1/ZORA_4759.pdf.

采取的措施。

实施细则“强烈鼓励”采用合作方法的缔约方以及其他利益相关方通过为适应努力作出贡献来分享其部分收益，并“鼓励”缔约方自愿取消部分 ITMOs 以确保全面减缓全球排放①。不过，文件所使用的语言纯粹是劝告性的，这与后面讨论的 6.4 机制措辞形成了鲜明的对比。

“合作方法”允许各国通过双边或多边协议相互交易减排量和清除量。这些交易信用被称为 ITMOs，可以用二氧化碳当量②或其他指标来衡量，例如可再生能源的千瓦时（KWh）。除了完全是自愿的，即由每个缔约方决定是否转让或使用 ITMOs 外，“合作方法”在连续统一体中的位置与碳信用机制的位置完全不同。“合作方法”包含三个具有法律约束力的要求：促进可持续发展，确保环境完整性和透明度，以及应用稳健的会计核算以确保避免双重核算。

尽管在条款中使用了“指导”（guidance）一词，听起来不具约束力，但第 6 条第 2 款明确授权 CMA 制定具有法律约束力的指南，要求缔约方“应”采用与 CMA 指南“一致”的稳健核算规则，并且 CMA 有权决定是否利用该授权。这意味着，CMA 可以决定采用具有法律约束力的指南、不具约束力的指南或两者兼而有之。值得注意的是，缺乏指南不会影响缔约方转让或使用 ITMOs 的能力，然而缔约方仍然有义务应用稳健的核算规则，并通过透明度框架报告它们的具体做法。

简言之，第 6 条第 2 款“合作方法”为双边或“小多边”（具有共同利益的小规模国家集团）合作提供了一个核算框架，由此实现两个或多个国家之间的碳信用转移（见图 2－1）。CMA 不能限制《巴黎协定》第 6 条“合作方法”下 ITMOs 的构成要素，比如不可以将转让限制为特定类型的国家自主贡献或全球可替代单位。因此，不同类型的减排系统或政策之间可能构建合作关系。每一缔约方将在全国范围内决定如何促进可持续

① UNFCCC. CMA. Guidance on cooperative approaches referred to in Article 6, paragraph 2, of the Paris Agreement. （2022－03－08）［2023－12－28］. https://unfccc.int/documents/460950.

② 二氧化碳当量是将任何温室气体的全球变暖潜能值转换为二氧化碳的参考温室气体潜能值的测量单位。周宏春．世界碳交易市场的发展与启示．中国软科学，2009（12）：39－48.

发展并确保环境完整性和透明度①。不过对于核算规则，缔约方的国家自由裁量权是有限的，其核算方法必须符合 CMA 指南。每个缔约方将在透明度框架下报告其如何执行所规定的各项要求，包括如何确保环境完整性和促进可持续发展等。

图 2-1　第 6 条第 2 款的市场机制

目前，“合作方法”已经可以在国家之间进行合作交易。日本和瑞士等国家已经制定了具体项目来购买这些碳信用额度，并将其计入所谓的国家自主贡献。然而，参与方签订合作协议通常是一个漫长的过程，因此 ITMOs 的广泛交易可能还需要一段时间。

3. 第 6 条第 4 款“碳信用机制”分析

第 6 条第 4 款到第 7 款规定的碳信用机制（也被称为“可持续发展机制”）② 是在联合国主导下以适格的减排成果跨国转让帮助缔约方实现各

---

① Biniaz S. Analyzing Articles 6. 2 and 6. 4 of the Paris Agreement along a “nationally” and “internationally” determined continuum. // Stavins R N, Stowe R C. Market mechanisms and the Paris Agreement. ［2023-03-28］. https：//www. belfercenter. org/sites/default/files/files/publication/2017-10_market-mechanisms-paris_v5. pdf.

② 值得注意的是，COP26 并未为第 6 条第 4 款提出一个合适的名称，考虑到条款中提到“促进可持续发展”，因此被称为“可持续发展机制”；由于涉及项目交易，也被称为“碳信用机制”。Espa I, Ahmad Z. Market-based climate mitigation, Article 6 of the Paris Agreement and international trade law：new rules, existing practices, and continued concerns. Trade, law and development, 2022, 14 (2)：1-36.

自的自主贡献，并支持可持续发展[①]，整个管理机制是由CMA掌控的，减缓成果都是经CMA首次发布后才能成为ITMOs，交易标的简称A6.4ERs。类似于《京都议定书》下的CDM机制，碳信用机制以中心化模式进行运作，为减排量开发、认证和交易等提供了指导与规范。同时，碳信用机制只能来源于减排或清除活动，范围上可来自自主贡献之外。虽然活动参与者可以制定各自的方法，但必须遵循实施细则中提供的基本原则和方法。在适当的活动设计之后，项目的注册需得到东道国的批准，经过独立的“指定运营实体”（DOE）的验证以及监管机构的验证。注册后，活动将由公正的DOE密切监测，完成并通过验证和认证后，机制登记处将颁发A6.4ERs，相关参与方都可以将其用于实现自主贡献。与CDM的CER和EU ETS的减排单位（ERU）类似，A6.4ERs可用于国内碳交易体系的间接连接合作。碳信用机制为《巴黎协定》向其他领域扩展合作提供了多个“窗口”，比如与CDM的接续、非《公约》机制的认证，以及向联合国绿色气候基金等机构提供服务等。

东道国可以授权其发出的A6.4ERs作为ITMOs转让。此时，有关相应调整的规则将被适用。此外，在满足申请和批准截止日期以及方法要求的情况下，目前的CDM项目可以过渡到碳信用机制。类似地，该机制也允许在2013年或之后注册的CDM项目的现有CER被纳入新机制注册。但是，这些信用额度的使用期限有限，因为它们只能用于满足第一轮国家自主贡献承诺。

对于碳信用机制，缔约方在是否使用方面享有完全的自主权，这意味着缔约方没有义务成为东道国。同样，缔约方没有义务使用碳信用机制来实现其自主贡献。缔约方可以选择完全在其领土内实现其自主贡献，或使用来自碳信用机制以外来源的国际转移单位[②]。当然，如果缔约方选择使

---

① Olsen K H, Bakhtiari F, Duggal V K, et al. Sustainability labelling as a tool for reporting the sustainable development impacts of climate actions relevant to Article 6 of the Paris Agreement. International environmental agreements: politics, law and economics, 2019, 19 (2): 225-252.

② 杨博文.《巴黎协定》后国际碳市场自愿减排标准的适用与规范完善. 国际经贸探索, 2021, 37 (6): 102-112.

用碳信用机制，在如何使用它方面几乎没有自由裁量权。《巴黎协定》缔约方会议（CMA）的决定以及附属科学与技术咨询机构（SBSTA）的决定规定了广泛的国际标准，包括实质性和程序性，比如第一次缔约方会议（CMA1）被授权制定具体的规则、模式和程序。同时，标准、规则等实施权限属于国际机构，而不是个别缔约方。由此可见，碳信用机制属于缔约方会议集中管理，该机制虽然会基于《巴黎协定》“自下而上”合作范式赋予缔约方一些自主权，但是，其交易单位必须是核准减排量之后才能发放的碳信用。

虽然碳信用机制与《京都议定书》CDM 非常相似，几乎全部沿用了 CDM 的架构，但是碳信用机制是对 CDM 的继承和发展，因为其交易管理所应遵守的规则是由 CMA 和 SBSTA 等国际机构确定，更加侧重促进可持续发展属性，旨在实现“全球排放总体减缓”（OMGE）。根据《京都议定书》，《公约》附件一所列缔约方设定了排放上限，所有交易/转让的单位都必须是可替代的。原因是如果 CDM 赋予缔约方很大的自由裁量权来制定自己的标准，甚至自己采用一些其他标准，那么不可替代的交易单位就会破坏整个交易体系。相比之下，《巴黎协定》下的自主贡献是异质的[①]，不是基于可替代单位，此外它们不具有法律约束力。“碳信用机制”设计更倾向于在框架机制下通过批准和授权获得交易的减排量，即项目开发商需要向监管机构注册其项目，且项目必须得到实施国和监管机构的批准，然后才能开始发放联合国认可的碳信用，因此这可能需要两到三年或更长时间才能发行和交易[②]。由于该系统将由联合国监管机构监督，在该监管机构和中央登记处到位之前，A6.4ERs 自然不能交易。由此可见，碳信用机制（见图 2－2）将创建一个由联合国实体监督的全球碳市场，该实体目前被称为监督机构（Supervisory Body），在 CMA 的决定和指导

① Ram Bhandary R. Trying to eat an elephant (again): opportunities and challenges in international cooperative approaches of the Paris Agreement. Carbon & climate law review, 2018 (3): 240－247.

② 曾文革，江莉．《巴黎协定》下我国碳市场机制的发展桎梏与纾困路径．东岳论丛，2022，43 (2)：105－114，192.

下开展具体工作，并对 CMA 负责①。项目产生的碳信用额度，即 A6. 4ERs，可以由国家、公司甚至个人购买。

图 2－2　第 6 条第 4 款的碳信用机制

《巴黎协定》的谈判在很大程度上是在缔约方决定权与多边决定权之间取得适当的平衡。谈判代表在《京都议定书》的“自上而下”方法和《哥本哈根协议》的“自下而上”方法之间寻找最佳平衡点②。相关协议反映了一种混合方法，核心要素（排放目标）由缔约方确定，其他要素在从缔约方到多边体系的连续统一体的不同点上确定③。第 6 条同样反映了一种混合方法，第 2 款和第 4 款采用了非常不同的方法，但它们有一些共同原则，包括环境完整性、透明度和防止双重核算。

四、《巴黎协定》碳市场机制面临的法律挑战

《巴黎协定》的结构要求对市场机制采取与《京都议定书》有所不同

① Schneider L，La Hoz Theuer S. Environmental integrity of international carbon market mechanisms under the Paris Agreement. Climate policy，2019，19（3）：386－400.

② 秦天宝．论《巴黎协定》中“自下而上”机制及启示．国际法研究，2016（3）：64－76.

③ “缔约方确定”和“多边体系确定”（以及“自下而上”和“自上而下”）的相关术语是为了论述方便的一种简写，但并不能充分表达谈判者在设计协议时可以借鉴的范围。相反，国家和国际确定的要素可以以许多不同的方式结合起来。即使此处使用“连续统一体”，其并未完全涵盖所有可能性，因为最终涉及不同路线的延伸，例如，内容的确定、精确性、约束力和执行。

的治理方式。与《京都议定书》的灵活机制不同，《巴黎协定》第6条的背景是所有缔约方（不仅仅是发达缔约方）在其国家自主贡献（NDCs）中说明所采取的减缓措施。值得一提的是，国家自主贡献目标的设定采用了一系列不同的指标和方法，没有像《京都议定书》那样对量化的排放限制和减排目标进行标准化。在这种情况下，缔约方的自主贡献是“自下而上”制定的①，并且在许多特征上彼此不同，例如不同的减排指标、可再生能源或重新造林目标，以及不同的目标年份和时间框架等，这种复杂性和多元性对实现合作减排协同和治理带来了重大法律挑战。

1. 交易标的：ITMOs 法律属性界定不明确

第6条第2款和第3款确定的“合作方法”为缔约方自愿交易减缓成果提供了一个合作基础和框架机制，但并未明确定义 ITMOs 的概念、产生方式以及具体交易条件。为确保通过“合作方法”进行合作时的质量和有效性，并确保减缓成果的真实性和可持续性，《巴黎协定》第6条第2款要求参与方在通过“合作方法”进行合作时必须满足“促进可持续发展，确保环境完整性和透明度，避免双重核算”的要求②。COP26进一步明确《巴黎协定》下的缔约方只要拥有温室气体核查和跟踪的机制和能力，就可以批准其境内的减排活动并授权 ITMOs 交易。一旦获得东道国授权，ITMOs 就可以进行跨境转移以便另一个国家可以实现其自主贡献目标，或者另一个实体可以满足其他减缓目的或寻求履行排放交易体系的义务等。

对 ITMOs 的内涵，COP26 决议并未明确给出界定，只是列举了一些描述性特征③，认为 ITMOs 应该是：（1）真实的、经过核证的和具有额外性；（2）排放量的减少（reduction）和清除（removals），包括来自适

① 张焕波.《巴黎协定》：全球应对气候变化的里程碑，北京：中国经济出版社，2017：5.

② Schneider L，La Hoz Theuer S. Environmental integrity of international carbon market mechanisms under the Paris Agreement. Climate policy，2019，19（3）：386－400.

③ UNFCCC. CMA. Guidance on cooperative approaches referred to in Article 6，paragraph 2，of the Paris Agreement.（2022－03－08）［2023－12－28］. https：//unfccc.int/documents/460950.

应行动和（或）经济多样化计划或实现减少和清除的方式在国际转让时的共同惠益；(3) 计量单位为吨二氧化碳当量，依照政府间气候变化专门委员会（IPCC）和《巴黎协定》缔约方会议（CMA）所评定的方法和指标，或者参与方认定的与其 NDCs 一致的其他非温室气体计量标准；(4) 基于第 6 条第 2 款规定的合作方法并且符合第 6 条第 3 款所规定的授权使用 ITMOs 来实现 NDCs；(5) 2021 年以来实现的减排；(6) 参与方授权用于实现 NDCs 减排以外的国际减缓目的，或授权用于第一转让方确定的其他目标的减缓成果；(7) 依据第 6 条第 4 款建立的机制发布的减排量，即经授权用于实现 NDCs 和（或）经授权用于其他国际减缓目的。

对于第 6 条第 2 款"合作方法"所转移的 ITMOs，COP26 决议虽然进行了描述性列举，但未穷尽所有情形，实质上任何减排方式的成果只要获得参与方同意都可以成为 ITMOs，例如，加拿大魁北克省和美国加利福尼亚州碳交易市场连接、气候俱乐部成员之间以及参与方之间签署双边协议都属于"合作方法"范畴①。因此，ITMOs 在内容上具有丰富性和多元化，而在流转方式上的灵活性赋予了参与方极大的自主权。缔约方对于高质量的 ITMOs、确保环境完整性的条件、促进可持续发展的含义以及建立合作方式的理解在某种程度上是主观的，并且可能受到各种因素的影响，由于这些概念的解释和理解可能因国家、文化、利益和政策而异，因此在不同背景下可能存在差异。此时，一些发达国家确实可能利用其在国际合作中的优势地位，以吸引力作为杠杆来推动其他国家采取符合其环境或社会标准的ITMOs，这种行为可能包括通过国际合作协议、贸易协定或发展援助等手段，来影响其他国家的气候政策或减排活动。

有所能就必然有所不能，这种范式在激励的同时也带来一定的抑制，从而增加缔约方发生冲突的可能性。赋予缔约方自主权意味着鼓励其发挥自主性和积极性去减排，并且这种鼓励能够实现的原因之一是同时为其提

① Michaelowa A, Hermwille L, Obergassel W, et al. Additionality revisited: guarding the integrity of market mechanisms under the Paris Agreement. Climate policy, 2019, 19 (10): 1211 - 1224.

供了拒绝参与多边合作的可能性和理由。同时，一些机制性和规范性平台培育和激化了冲突，这正是国际法中所说的冲突和合作相伴相生的现象①。这种现象反映了国际法中常见的现实，即在国际关系中，冲突和合作往往是相互交织的，有时候彼此并存。由此可见，在《巴黎协定》“自下而上”和缔约方“自主贡献”背景下，考虑到所涉及的金融、技术和环境问题以及对缔约方国内限制 ITMOs 准入合法性的分歧，ITMOs 法律属性不明必然会在一定程度上阻碍第 6 条碳市场机制的发展，加剧发达国家和发展中国家之间的紧张关系，并可能对气候国际治理产生负面影响。

2. 横向层面：东道国法律授权不明确

《巴黎协定》第 6 条的实施考虑了碳市场机制中各个角色的作用。缔约方在促进可持续发展和环境完整性的同时建立彼此之间自愿合作的结构，以此来应对气候行动雄心不足的挑战（第 6 条第 1 款）。在此框架下，第 3 款规定利用 ITMOs 实现国家自主贡献需要得到参与方的授权。这意味着参与第 6 条碳市场机制需要得到其相关国家的授权，尤其是涉及 ITMOs转让，因此授权是通往第 6 条碳市场机制的门户。同时，授权能够为碳市场机制提供清晰、稳定以及可预测性，因为其承担了东道国进行相应调整的义务，进而确保体系核算完整性。

根据 COP26 制定的关于第 6 条第 2 款“合作方法”的指南（以下简称“指南”）和 6.4 机制的规则、模式和程序（RMP），授权主要涉及以下三个层面：(1) 合作方法，指南明确规定授权是根据第 6 条进行报告的触发因素，要求每个参与方必须“不迟于 ITMOs 通过合作方法授权”提交初步报告（IR）；(2) 用于某种用途的 ITMOs，即实现国家自主贡献或其他国际减缓目的（OIMP）；(3) 参与第 6 条第 2 款规定的“合作方法”或第 4 款活动的实体。与京都三机制相比，《巴黎协定》第 6 条第 2 款的“合作方法”和第 6 条第 4 款的碳信用机制给予缔约方更多的自主性和灵

① Hakimi M. The work of international law. Harvard international law journal，2017，58 (1)：1-46.

活性①。诚如前述，指南明确规定了跨国合作中必须遵守的最低要求，但却将具体要求的制定权留给了参与者。同时，东道国政府有权授权减排或清除（即第6条所称的“减缓成果”）用于国家自主贡献，或由公共或私人实体用于其他国际减缓目的，这表明各国政府对在其管辖范围内进行的减排或清除具有一定的权利。

除了第6条之外，一些政府已经开始对其管辖范围内的碳市场活动施加新的权力，包括自愿碳市场活动。即使在较详细国际规则下运作的碳信用机制，相对于CDM也表现出某种程度的分散化，缔约方在与国际框架一致情形下可以自行规定活动的基线方法和其他方法要求，这种自主性和灵活性使得《巴黎协定》的减排机制更能适应各国的不同情况和需求。第6条碳市场机制参与方不仅仅是机制的执行者，而且是持续的共同创造者。

如上所述，经由授权才能参与“合作方法”，创设ITMOs，以及赋予实体进入系统的通行证。《巴黎协定》下各国自主贡献的机制使得政府现在更加关注跟踪碳市场活动（在某些情况下是激励和管理）②，因为这些活动产生的减排或消除可以计入该国国家自主贡献。在此框架下，第6条实施细则为政府提供了一个框架，以“授权”其他实体使用在其管辖范围内实现的减排或清除，从而赋予政府控制碳信用额使用的固有权利。随着碳市场活动的增加，主办碳市场活动的国家政府可能采取多种措施，包括：加强跟踪和监测，通过要求在国家登记处进行登记和监测来确保活动的透明度和合规性；引入审批程序，要求企业或组织获得政府批准或“不反对声明”方可进行碳市场活动；构建实施第6条的具体程序和法律基础，以确保减排或清除的使用得到授权。同时，为激励碳市场活动的发展，一些国家可能采取激励措施，如通过税收制度提供奖励、赞助建立地方市场架构，或澄清碳信用额的法律分类。这些措施旨

---

① Olsen K H, Arens C, Mersmann F. Learning from CDM SD tool experience for Article 6.4 of the Paris Agreement. Climate policy, 2018, 18 (4): 383-395.

② Schneider L, La Hoz Theuer S, Howard A, et al. Outside in? Using international carbon markets for mitigation not covered by nationally determined contributions (NDCs) under the Paris Agreement. Climate policy, 2020, 20 (1): 18-29.

在支持碳市场的健康发展，同时政府可能会根据市场发展和政策目标进行调整和完善。

目前，COP26 对第 6 条碳市场机制实施规则达成了一致，制定了关于“合作方法”的指南以及 6.4 机制的规则、模式和程序，但并未具体说明授权的含义及运行规则①。因此，在此背景下，如何从法律上明确东道国政府的授权机制，对交易标的的产生、与其所有权和使用权相关的市场主体以及整个减排目标的实现具有重要影响。

3. 纵向层面：单边主义措施与国际贸易法的冲突

《巴黎协定》第 6 条碳市场机制为缔约方在实现国家自主贡献时参与自愿合作提供了框架。尽管该条款没有明确提及市场，但它被认为是《巴黎协定》中市场机制的坚实基础，为采取能够降低实现环境政策目标成本的承诺创造了空间。根据第 6 条第 2 款，缔约方可以在自愿的基础上采取“合作方法”，进口在另一国领土上产生的减缓成果，并将其用于实现自身的国家自主贡献。

由于《巴黎协定》没有具体界定“合作方法”及 ITMOs 产生途径等问题，所以“合作方法”仅是创建一个总体框架（而不是市场机制本身），使各方能够灵活地决定与谁以及如何跨境转移减缓成果，包括政府之间的直接转让、不同排放交易体系连接（例如加拿大魁北克省和美国加利福尼亚州签订的连接协议）以及减排活动信用抵消机制（如日本建立的机制）等，这些灵活的合作方式为各国提供了实现减排目标的多样性和可持续性途径。相比之下，6.4 机制可能看起来更像是《京都议定书》CDM 机制下发生的减排合作，在缔约方建立的规则和机构体系内进行。

虽然 ITMOs 是根据第 6 条第 2 款创建的遵约工具，但一旦发放，第 6 条第 4 款下 A6.4ERs 将被视为符合《巴黎协定》规则的 ITMOs。因此，基于 ITMOs 可用于遵守购买国的减排承诺，第 6 条第 2 款和第 4 款都将

---

① Olsen K H, Arens C, Mersmann F. Learning from CDM SD tool experience for Article 6.4 of the Paris Agreement. Climate policy, 2018, 18 (4): 383 - 395.

涉及ITMOs跨国贸易。鉴于第2款和第4款均涉及有助于实现《巴黎协定》目标的碳信用额贸易，第6条与WTO之间似乎存在天然联系。作为WTO的核心原则之一，非歧视原则旨在确保成员方在国际贸易中平等对待其他成员方，避免歧视性待遇。在WTO框架下，非歧视原则主要体现在两个方面：最惠国待遇（most-favored-nation treatment）和国民待遇（national treatment）①。最惠国待遇要求一个成员方将其对一个成员方的最有利待遇扩展给所有其他成员方，而国民待遇则要求一个成员方将其对本国（地区）企业和产品的待遇扩展给其他成员方的企业和产品，即在贸易中平等对待所有企业。这些原则的确立旨在促进形成更加公平、透明和无歧视的国际贸易体系。

当前，COP26明确了第6条第2款“合作方法”的一些交易规则，为有意通过减缓成果转让进行合作的缔约方提供了指导，在东道国管辖范围内取得的减缓成果可供另一缔约方用于其国家自主贡献，或供其他实体用于其他目标或义务，条件是东道国已“授权”将该减缓成果用于预定用途。减缓成果可以是经核实的减排或消除的二氧化碳当量吨数，以碳信用额为代表，也可以是相关排放交易体系内的配额流量，或者（如果这与参与缔约方的国家自主贡献相一致）以二氧化碳当量以外的指标衡量的其他与气候相关的影响，如可再生能源容量②。那么ITMOs是否可被视为WTO框架下的商品或服务呢？如果ITMOs贸易得到WTO保护，缔约方的自主性和单边性做法可能涉嫌违反WTO最惠国待遇原则，毕竟经济学理论认为歧视会导致不合理的市场分割，不利于市场流动性和《巴黎协定》目标的实现。不过基于上诉机构在美国禁止进口某些虾和虾产品案中的裁决，如果有关措施符合GATT第20条“一般例外”的规定，那么此时的单边性做法并不违反WTO规则。

目前，国际社会对气候变化和可持续发展的重视程度越来越高，但与此同时，不同的国际法律制度之间可能存在一些不一致和不确定性。《巴

---

① 任际.《政府采购协议》的非歧视原则及其适用例外.法学研究，2005（6）：136-144.

② 梁晓菲.论《巴黎协定》遵约机制：透明度框架与全球盘点.西安交通大学学报（社会科学版），2018，38（2）：109-116.

黎协定》和 COP26 的决议重视缔约方的自主权，这意味着各国在履行自己的减排承诺时有一定的灵活性和自主权。这种自主权可能会导致不同国家在参与第 6 条碳市场机制时采取不同的做法，从而可能触发与 WTO 规范之间的冲突和法律不确定性，如何推动实现第 6 条碳市场机制和 WTO 体系的协同是一项必要且重要的法律问题。

第三章 《巴黎协定》下碳市场机制的理论因应

温室气体是为数不多的全球均匀混合污染物的例子之一，全世界的温室气体无论在哪里排放都会产生相同的后果。换言之，与颗粒物和一氧化碳等传统的局部污染物不同，温室气体的影响不是仅局限于排放源附近区域，而是可以在全球范围内造成气候变化，因此控制特定来源或地区的温室气体排放量不足以降低该地区的风险。气候问题的这一特点要求最终必须采取国际协调的方法来应对气候变化。长期以来，国际环境条约的实施面临重重困难①，即使条款设计科学合理，如果缺乏实施机制，也将毫无意义。同时，传统贸易制裁和国际司法介入等应对违反国际义务的手段并不符合环境领域的需求，反制措施也不适合多边环境条约，因为各国义务并非对等，而且环境利益具有共同性。某种意义上，促进遵约比惩罚不遵约更重要，毕竟制裁措施可能会降低参与积极性，进而鼓励“搭便车”。因此，防止争端并创新监督程序成为全球气候条约发展的重要方向。

考虑到气候变化的全球属性，凝聚共识是应对气候变化挑战的关键，需要国际社会共同努力。《巴黎协定》“自上而下”定期盘点和透明度框架机制＋“自下而上”自主贡献的双轨制开启了国际气候治理的新阶段②，改变了《京都议定书》“自上而下”的强制减排模式，同时缔约方同意对

① Rajamani L，Peel J. The Oxford handbook of international environmental law. 2nd ed. Oxford：Oxford University Press，2021：6－7.

② Falkner R. The Paris Agreement and the new logic of international climate politics. International affairs，2016，92（5）：1107－1125.

那些遵约有困难的缔约方在资金、技术和能力建设方面提供支持，这种“自下而上”的范式在第6条碳市场机制上自然有所投射。

一、碳市场机制及其法律监管

在环境经济学中，碳市场被视为一种经济工具，用于内部化碳排放的外部成本，从而激励减排行为并促进气候变化的应对，具体涉及碳定价机制、碳交易和碳市场的经济效应等方面。而在环境法律领域，碳市场的实施需要遵守相关的法律框架和规定，包括国际、国家和地方层面的法律规定，涵盖了碳排放监管、碳交易规则、合规要求、法律责任等方面，以确保碳市场的合法性、公平性和有效性。因此，环境经济学和环境法律为碳市场机制及其法律监管提供了理论基础和实践指导，促进了碳市场的发展和运行。

同时，气候问题有许多与碳市场设计相关的显著特征，如气候问题的全球性、温室气体长期存在性、类型多元性、在经济中遍布性，并且存在抵消温室气体排放的不同选择。这些属性或特征需要在碳市场设计中予以考虑。

1. 市场失灵需要政府纠正干预

市场失灵是经济学中的一个重要概念，指的是市场机制无法有效配置资源，导致经济资源配置偏离理想状态，产生了不利的经济或社会后果。市场失灵常常是由于环境外部性、公共品性质、信息不对称、市场势力失衡等原因引起的①。对经济学家来说，这种市场失灵意味着市场对商品和服务的低效分配，从而证明以公共政策的形式进行干预具有合理性。从经济学上讲，气候变化是世界上规模最大的市场失灵②，由于气候变化的特点，市场机制单独无法解决其带来的问题，需要政府干预和全球合作来制定有效的政策和措施，以减缓气候变化的影响并适应其影响。

---

① Marchand J R, Russell K P. Externalities, liability, separability, and resource allocation. The American economic review, 1973, 63 (4): 611-620.

② Stern N. A time for action on climate change and a time for change in economics. The economic journal, 2022, 132 (644): 1259-1289.

为了纠正市场失灵并实现更有效的资源分配，政府通常会采取指挥和控制措施以及税收等干预措施，主要包括行政措施和市场措施。行政措施主要是法规和指令，即政府通过制定法规和指令来规范市场行为，例如对环境保护、劳工权益、产品质量和安全等方面进行监管，以确保市场参与者遵守规定，减少外部性的发生。传统上，环境法严重依赖于统一的行政措施标准作为实现环境目标的手段，通常要求各行业的所有部门实现指定的减排目标。对此，经济学家批评这与追求经济效率的自由市场理念不一致，因为不同设施控制成本差异很大。从经济学角度看，如果控制成本相对较低的设施比控制成本高的设施实现更多减排量，此时会比统一标准模式下实现总体目标更经济。市场措施主要包括庇古税和总量交易机制，借助经济学原理来解决市场失灵和外部性问题。庇古税是英国经济学家亚瑟·庇古提出的概念①，主要通过对市场参与者征税，数额相当于所产生的外部性的成本（收益）②，从而实现外部成本内部化。例如对于污染排放，庇古税可以通过向排放者征收一定金额的税来内部化污染造成的社会成本，从而鼓励他们减少污染。

罗纳德·科斯通过对福利理论的批判，指出在存在完全权利确权和没有交易成本的情况下，资源将通过私人协商在各方之间进行有效的分配，而不会发生市场失灵。科斯定理强调了财产权和交易成本对资源配置的重要性，提倡通过私人协商解决外部性问题。根据科斯定理，温室气体排放权应被视为财产权，这些权利可以通过市场工具进行转让③。产权制度旨在当内部化的收益超过成本时将外部性内部化，通过明确定义和保护排放权和碳排放许可证等产权，可以为企业提供一种经济激励，鼓励其采取减排措施以避免额外成本，这一逻辑催生了“新制度经济学”的理论路线，其提出国家应通过产权的定义，为经济主体自由谈判减少空气污染等所谓

① Barnett A H. The Pigouvian tax rule under monopoly. The American economic review, 1980, 70 (5): 1037 - 1041.

② Atkinson A B, Stern N H. Pigou, taxation and public goods. The review of economic studies, 1974, 41 (1): 119 - 128.

③ Bithas K. Sustainability and externalities: is the internalization of externalities a sufficient condition for sustainability? . Ecological economics, 2011, 70 (10): 1703 - 1706.

“环境商品”创造条件。碳交易的本质遵循了科斯所倡导的逻辑，即在不存在交易成本和资源完全私有化的情况下，市场参与者可以通过协商达成最有效的资源配置。总的来说，产权制度在环境经济学中的应用可以为解决环境问题提供一个有效的框架，通过促进市场交易和优化资源配置来实现外部性内部化。然而，需要注意的是，产权制度本身并不是解决所有环境问题的万灵药，因为环境问题往往涉及复杂的社会、政治和制度因素，需要我们综合考虑并运用多种手段来应对。

温室气体排放市场的概念可以追溯到可交易排放许可（cap and trade）的理念，最初由加拿大经济学家戴尔斯在他于 1968 年发表的一篇论文中提出①。在这篇论文中，戴尔斯提出了一种解决空气和水污染的新方法，即通过向企业发放有限数量的排放许可证，允许它们在这一范围内排放一定数量的污染物，并可以根据自己的排放需求自由交易这些排放许可证。随着时间的推移，可交易排放许可制度的概念得到了不断的完善和发展，蒙哥马利②、蒂滕贝格③、鲍莫尔和奥茨④等学者和政策制定者在这一领域作出了重要贡献，并进一步推动了碳市场机制的发展和应用。其中，蒙哥马利在新制度经济学基础上进一步探讨了如何使用排放许可制度来解决空气和水污染问题；蒂滕贝格也是可交易排放许可制度领域的重要学者之一，在环境经济学和政策领域作出了杰出的贡献；鲍莫尔和奥茨则在他们的著作中详细探讨了环境经济学的理论和政策，包括排放许可制度等环境管理工具的设计和实施。这些学者和政策制定者的工作为碳市场机制的发展奠定了坚实的理论基础，他们的研究和思想对于理解和应对气候变化等环境挑战具有重要意义，并为后续的实践和政策制定提供了重要的参考和指导。

---

① Dales J H. Land, water, and ownership. The Canadian journal of economics, 1968, 1 (4): 791 - 804.

② Montgomery W D. Markets in licenses and efficient pollution control programs. Journal of economic theory, 1972, 5 (3): 395 - 418.

③ Tietenberg T H. Emissions trading, an exercise in reforming pollution policy. Washington: Resources for the Future, 1985: 202 - 209.

④ Baumol W J, Oates W E. The theory of environmental policy. 2nd ed. Cambridge: Cambridge University Press, 1988: 177 - 185.

此外，克罗克对排放交易（emissions trading）概念的形成起到了关键作用①。他于1966年提出了利用排放许可证制度来解决空气污染问题的想法，这被认为是排放交易概念的雏形。蒙哥马利在此基础上进一步发展了排放交易制度的理论框架②，并提出了更为完善的排放许可证制度设计，尤其是在交易成本和经济效率的考量方面作出了贡献，从而推动了排放交易制度的发展和实践。20世纪80年代初，美国环境保护署（EPA）引入了所谓的“泡泡政策”，这一政策的目标是作为一种灵活的监管方法来控制工业排放源造成的空气污染。泡泡政策允许企业在其生产设施内部之间进行排放的重新分配，而不增加总排放量。据此，企业可以在其工厂内的不同生产设施之间自由分配排放量，只要总排放量不超过其获得的排放许可证数量即可。这一政策的灵活性使得企业可以更好地管理和优化其生产过程，同时实现减少空气污染的目标。由此可见，泡泡政策被视为一种在环境保护目标与经济考虑之间寻找平衡的方法，为行业在满足减排目标时提供了灵活性，同时确保了总体空气质量的改善③。总的来说，EPA泡泡政策代表了一种试图在严格监管和行业灵活性之间寻找平衡的尝试。

由此可见，市场机制巧妙地纠正了传统政府监管的一个问题，即不能产生理想自由市场所假设的那种具有成本效益的结果④。与依靠传统监管不同，碳市场中的监管者允许减排主体从其他主体购买减排信用来代替其自身减排，这个机会将鼓励拥有低成本污染控制选项的所有者提供额外的减排，因为他们可以将超额减排的信用额度出售给面临较高减排成本的减排主体。因此，碳市场鼓励以具有成本效益的方式将部门减排从高成本减

① Crocker T D. The structuring of atmospheric pollution control systems// Wolozin H, The economics of air pollution. New York: W. W. Norton, 1966 (1): 81-84.

② Montgomery W D. Markets in licenses and efficient pollution control programs. Journal of economic theory, 1972, 5 (3): 395-418.

③ 然而，泡泡政策的有效性和实施多年来一直备受争议和批评。批评人士认为，泡泡政策可能会导致泡泡内部的局部污染点，从而对工业设施附近社区的环境和居民健康造成潜在风险。Brady G L, Morrison R E. Emissions trading: an overview of the EPA policy statement. International journal of environmental studies, 1984, 23 (1): 19-40.

④ 魏庆坡．碳交易与碳税兼容性分析：兼论中国减排路径选择．中国人口·资源与环境，2015，25（5）：35-43.

排主体转向低成本减排主体。

从逻辑上讲，基于市场的方法非常适合应对气候变化，因为温室气体本身没有毒性，而且在短期内其在大气中积累的破坏作用相对较小，这使得政策应对具有空间和时间灵活性。同时，气候变化的独特之处在于其根本原因是分散的、广泛的异质性和几乎无处不在的排放活动，因此需要具有可扩展性和成本效益的政策解决方案。而且减排成本随着时间的推移而上升，低成本的减排选择会最先被利用完，市场工具的成本效益对于长期维持政策雄心将变得越来越重要，这突显了《巴黎协定》第 6 条碳市场机制在国家自主贡献的连续发展中的潜在作用。

2. 碳市场机制及对其治理的必要性

制定科学合理的制度（包括财产权）并确保其有效实施是实现市场机制预期效果的必要条件①，尤其是在涉及公共产品和公共资源的情况下，更应建立有效的市场监管机构和规则，对市场交易和参与者进行规范、监督和审查②。尽管碳市场机制为应对气候变化提供了强有力的工具，通过限制排放单位的供应创造一种人为的稀缺性，促使排放主体减少排放并寻找更清洁的生产方式，但这同时也对市场体制和监管架构提出了很高的要求③，包括透明度、合规性、市场参与者的合作、碳定价机制等④。因此，只有在强有力的治理框架和可信的政策授权的支持下，碳市场才能够有效地发挥作用，促进减排，推动各方积极应对气候变化，并为市场参与者提供稳定和可预测的经济环境。

在经济学中，信息不对称理论认为市场参与者之间存在信息差异，可

---

① Acemoglu D. Why not a political Coase theorem? Social conflict, commitment, and politics. Journal of comparative economics, 2003, 31 (4): 620 - 652.

② MacKenzie D. Making things the same: gases, emission rights and the politics of carbon markets. Accounting, organizations and society, 2009, 34 (3): 440 - 455.

③ Pattberg P, Stripple J. Beyond the public and private divide: remapping transnational climate governance in the 21st century. International environmental agreements: politics, law and economics, 2008, 8 (4): 367 - 388.

④ Calel R, Dechezleprêtre A. Environmental policy and directed technological change: evidence from the European carbon market. Review of economics and statistics, 2016, 98 (1): 173 - 191.

能导致市场失灵。环境经济学认为透明度是一种关键的市场机制，可以促进市场的有效性和稳定性，有助于解决市场失灵问题，提高市场的效率和公平性。因此确保碳市场透明度至关重要，这包括建立监管框架，涵盖测量、报告和核查，并提供基础设施以跟踪交易单位的分配和所有权等①。然而，由于技术和行政资源的限制，比如人力和资金不足，建立这样的机制经常面临挑战。同时，不同的司法管辖区在法律、行政制度、监管文化、透明度、问责制和信息获取方面存在巨大差异②，这同样影响着碳市场的运行。有鉴于此，解决碳市场透明度问题需要政府和监管机构采取一系列综合措施，包括加强技术和行政能力、促进国际合作和知识共享、建立跨境合作机制、制定统一的监管标准和流程，以及加强国内监管和问责制度③，从而确保市场的有效运行和信任度。

国际政治经济学强调了国际合作在解决全球性问题，尤其是气候变化方面的重要性。碳市场机制作为一种全球性的减排工具，正是在这种国际合作的框架下发展起来的。各国可以通过碳市场机制共同实现减排目标，这体现了国际社会共同努力应对气候变化的愿望。这种全球性的合作和协调对于应对气候变化这样的全球性挑战至关重要，因为气候变化对整个地球生态系统和人类社会都具有深远的影响，而国际合作是解决这一问题的关键。但是在国际政治经济学的框架下，国家间的利益驱动是国际合作面临的现实挑战之一，特别是在处理全球性问题，如气候变化这样的复杂议题时，不同国家追求自身利益最大化可能导致合作困难和摩擦。在碳市场机制的实施过程中，不同国家之间存在的利益分歧和竞争可能会妨碍合作的顺利进行。因此，了解各国的利益驱动因素，寻找并建立实现共赢的合作机制，是解决全球性挑战，特别是气候变化所带来的影响的关键。在这个过程中，国际政治经济学提供了重要的分析工具，帮助理解国家之间的

---

① 董亮．透明度原则的制度化及其影响：以全球气候治理为例．外交评论（外交学院学报），2018，35（4）：106－131.

② Goron C，Cassisa C. Regulatory institutions and market-based climate policy in China. Global environmental politics，2017，17（1）：99－120.

③ 魏庆坡．碳排放权益的法律保护：以配额控制为视角．政法论丛，2023（6）：123－134.

合作动态，并为应对这些挑战提供了理论指导。

市场完整性衡量的是市场是否能够有效、公平地运行，并防止欺诈、操纵和其他不当行为的发生。考虑到碳市场的独特性质，如其激励结构和市场规模，市场完整性的风险变得更加突出，因此，确保碳市场的完整性成为一个重要的治理挑战①。一方面，碳市场交易的核心是减排成果和碳排放权，而这些减排成果和排放权的真实性和有效性需要得到监管机构的验证。与其他市场不同，碳市场买家和卖家对交易单位是否真实反映实际减排可能漠不关心，这使得一些市场参与者可能通过欺诈手段获取碳排放权，从而威胁市场的完整性。另一方面，由于碳市场的排放单位供应相对有限，且缺乏弹性，这使得碳市场容易受到价格波动和战略行为的影响②。缺乏弹性的供应意味着市场更容易受到投机性行为、大宗交易者的操纵以及其他战略行为的影响，从而导致价格的不稳定性。基于碳市场的特殊性，构建和完善对碳市场完整性的治理机制需要综合考虑规范标准、监管机制、国际合作和信息共享以及投诉处理等方面，从而减少操纵、欺诈和其他不当行为的风险，提高市场的完整性。

动态（跨期）抵消问题是碳市场面临的一个重要挑战，特别是在涉及排放交易和碳抵消信用时③。与《京都议定书》不同，《巴黎协定》要求所有缔约方都要参与温室气体减排活动④，在这样的背景下，动态抵消问题指的是缔约方可能会倾向于通过购买碳抵消信用等手段来抵消其实际的减排行为，而不是通过真正的减排活动来达到减排目标。这种行为可能会导致在长期内无法实现实际的减排目标，而只是通过抵消行为来满足表面上的减排义务，这可能会削弱各国在未来气候承诺上的雄心，因为它们可能更倾向于依赖抵消手段，而不是采取真正的减排行动。解决这一问题

① 潘晓滨．《巴黎协定》下碳市场实施环境完整性风险及其应对研究．贵州省党校学报，2022（1）：66－74.

② Hintermann B. Allowance price drivers in the first phase of the EU ETS. Journal of environmental economics and management，2010，59（1）：43－56.

③ Calel R. Carbon markets：a historical overview. Wiley interdisciplinary reviews：climate change，2013，4（2）：107－119.

④ Falkner R. The Paris Agreement and the new logic of international climate politics. International affairs，2016，92（5）：1107－1125.

的关键是要建立一个严格的监管和审计机制，以确保碳抵消信用的真实性和可持续性，包括加强对碳抵消项目的审计和认证，以及对抵消信用的使用进行严格的限制和监管。同时，还需要加强国际合作，共同努力制定更为严格和透明的碳市场规则，以鼓励真实的减排行动，防止滥用抵消手段来规避责任。

《巴黎协定》的自主贡献周期旨在确保各缔约方的减排目标能够不断提高，以反映缔约方更高的减排雄心①。然而，第 6 条碳市场机制可能会对这一目标产生影响，因为缔约方可能会采取保守的减排目标，以便在市场机制下有更多的灵活性和减排机会，最终导致市场机制的实施与《巴黎协定》其他方面的减排目标之间出现矛盾，甚至可能削弱全球温室气体减排的总体效果②。因此，确保市场机制与《巴黎协定》其他条款的协调和一致性是至关重要的。为了解决这一问题，需要建立有效的监管和审计机制，包括确保市场机制的灵活性不会成为逃避减排义务的借口，同时加强对市场机制的监管和审计，以确保减排目标的实现以及市场机制的透明和公平③，避免市场机制的实施削弱《巴黎协定》其他方面的减排努力。

3. 监管机制失灵及其局限性

监管失灵指的是监管机构未能有效履行其监督和管理职责，导致市场出现问题或者无法实现预期的目标。导致这种情况的原因是多方面的，比如监管机构的能力不足、监管政策的缺陷、监管机构与市场参与者之间的利益冲突等。

监管不足可能导致市场不公平，使得一些市场参与者能够通过操纵市场规则或利用信息不对称等手段获取不当优势，扭曲市场的竞争环境。监管不足还可能导致市场激励失调，即市场参与者没有足够的动力采取环保

---

① Röser F，Widerberg O，Höhne N，et al. Ambition in the making：analysing the preparation and implementation process of the Nationally Determined Contributions under the Paris Agreement. Climate policy，2020，20（4）：415－429.

② Michaelowa A，Shishlov I，Brescia D. Evolution of international carbon markets：lessons for the Paris Agreement. Wiley interdisciplinary reviews：climate change，2019，10（6）：e613.

③ 王际杰．《巴黎协定》下国际碳排放权交易机制建设进展与挑战及对我国的启示．环境保护，2021，49（13）：58－62.

行为或减少排放，因为他们没有受到足够的监管约束或激励[①]。但是，正如市场失灵需要监管干预以确保资源有效分配所需的条件一样，超过纠正市场失灵所需水平的监管将抵消纠正措施实现的配置效率，这也无助于实现减排目标[②]。如果监管过度，可能会导致效率的损失，抵消通过纠正市场失灵所实现的效果。因此，在设计碳市场机制的监管框架时，需要权衡监管的程度，精心制定监管政策，确保既能够防范潜在的监管权力滥用和不当行为，又不至于对市场的正常运作和参与者的积极性造成过多的干扰。

政府在碳市场中的角色确实至关重要，但政府干预碳市场运行也可能面临一系列挑战，包括干预的水平、质量和目标的确定[③]。实践中，政府干预往往受到多种因素的影响，包括认知、组织和政治障碍，这可能导致干预措施的不适当或无效。首先，政府可能面临信息不对称和能力限制的挑战。政府需要深入了解碳市场的运作机制、市场参与者的行为以及市场发展的趋势，但由于信息不对称或能力限制，政府可能无法充分掌握市场的运作情况，从而影响其制定有效的监管政策[④]。其次，政治压力和利益相关者的影响也可能对政府的监管干预产生影响。政府可能受到来自不同利益相关者的压力，如产业界、环保组织和公众舆论等，这可能会影响政府的决策和政策制定过程，使其难以实现最佳平衡。因此，政策制定者在确定碳市场监管干预的适当水平时必须谨慎考虑各种因素，努力实现信息的透明化，确保政府能够准确了解碳市场的运行情况；制定有效的监管框架，以确保市场的公平、公正和透明；与利益相关者进行广泛的合作和沟通，以获得他们的支持和参与，从而确保政策有效实施并最大限度地实现减排目标。

---

① 黄以天．国际碳交易机制的演进与前景．上海交通大学学报（哲学社会科学版），2016，24（1）：28－37.

② Paterson M. Who and what are carbon markets for? Politics and the development of climate policy. Climate policy，2012，12（1）：82－97.

③ Meckling J. The globalization of carbon trading：transnational business coalitions in climate politics. Global environmental politics，2011，11（2）：26－50.

④ 王璟珉，窦晓铭，季芮虹．碳排放权交易机制对全球气候治理有效性研究：低碳经济学术前沿进展．山东大学学报（哲学社会科学版），2019（2）：174－184.

政府在碳市场监管中的介入可能受到特殊利益团体的影响或政治因素的驱动，而不是单纯出于公共利益的考虑①，这可能导致监管政策的扭曲。例如，政府可能会受到利益相关者的压力，在减排目标的执行上降低严格程度，或者在设计碳市场政策时偏袒某些市场参与者②。同时，政策制定者也可能因为过于谨慎而选择过度监管，导致高昂的交易成本③，这些交易成本的增加会降低市场的流动性和价格发现效率，因为过度的限制机制可能会阻止市场参与者充分参与市场，从而影响交易的进行。由此可知，尽管政府可能努力克服认知、组织和政治障碍，但其行为仍可能受到其他动机的影响，从而对碳市场产生负面影响。

国际碳市场通常涉及跨国界的交易和合作，由于不同国家的碳市场监管存在差异，缺乏国际协调可能导致碳泄漏和不公平竞争。碳泄漏是指，当某些地区或国家实施了严格的减排政策，导致碳成本升高时，企业可能会选择将生产转移到碳成本较低的地区或国家，从而降低企业的生产成本，同时绕过原先地区或国家的减排要求，保持竞争优势。然而，这种转移生产的行为可能会导致全球碳排放总量并未减少，甚至有所增加，因此整体的减排效果减弱④。当一些国家或地区实施严格的减排政策，使得企业需要承担更高的碳成本时，这些企业就会面临更高的生产成本。与此同时，在其他国家或地区，如果缺乏类似的减排规定或者减排政策实施较为宽松，企业则可以规避这些额外的碳成本。这样一来，实施严格减排政策地区的企业将处于不利地位，因为它们的产品价格可能会相对较高，与其他地区的产品相比面临不公平竞争。

除了碳泄漏和不公平竞争外，市场参与者可能会受到来自其他地区政策变化的影响，导致市场价格波动和不确定性增加，进而影响企业的投资

---

① Tullock G, Seldon A, Brady G L. Government failure: a primer in public choice. Washington: Cato Institute, 2002: 117 - 125.

② Markussen P, Svendsen G T. Industry lobbying and the political economy of GHG trade in the European Union. Energy policy, 2005, 33 (2): 245 - 255.

③ Stavins R N. Transaction costs and tradeable permits. Journal of environmental economics and management, 1995, 29 (2): 133 - 148.

④ Babiker M H. Climate change policy, market structure, and carbon leakage. Journal of international economics, 2005, 65 (2): 421 - 445.

和决策，从而影响市场的稳定性和可预测性①。解决上述问题需要国际社会加强合作和协调，建立统一的碳市场规则和标准，通过国际谈判机制促进国际碳市场合作，制定跨国界碳市场规则和准则，并提供技术和财政支持，帮助发展中国家建立和发展自己的碳市场，确保在全球范围内实现减排目标的公平性和有效性。

综上所述，确保规范性与灵活性的平衡至关重要，因为环境政策一方面需要明确的规则和标准来推动实现减排目标，另一方面也需要灵活性来应对不同国家、地区和经济条件的差异，以降低实施成本，提高政策的接受度和可持续性。因此，实现《巴黎协定》减排目标与降低成本的适当平衡需要综合考虑各国能力、减排技术、市场设计、政策等多方面因素，并通过合理的政策设计和有效的实施来实现经济和环境的双赢。理论研究提供的指导虽然有限，但能够为政策制定提供有用的思考框架，使决策者更全面地理解各种因素的相互关系，有助于作出更为明智的政策选择。在实践中，政策制定者还需要结合实际情况，综合考虑规范性、灵活性和各方利益，确保碳市场的顺利运作、减排目标的实现以及经济可持续发展的推动，从而建立健康、公平和高效的碳市场监管体系。

二、自由主义国际法下碳市场机制

自由主义国际关系理论认为，每个国家都根植于一个相互依存的国内和国际体系中，这个体系直接决定了国家的政策选择、与其他国家的互动方式以及国际冲突和秩序的基本目的或利益②。在这种理论框架下，国家的政策制定受到国内因素和国际环境的影响，前者包括政府决策、民意和利益集团的影响，后者则包括其他国家的行为、国际组织的作用、国际法律框架等。自由主义国际关系理论强调国际合作和相互依存的重要性，认为通过国际合作和规则制定可以解决国际争端和矛盾③。个体在这个过程

---

① Feng Z H, Zou L L, Wei Y M. Carbon price volatility: evidence from EU ETS. Applied energy, 2011, 88 (3): 590 - 598.

② 高鸿钧. 美国法全球化：典型例证与法理反思. 中国法学，2011 (1)：5 - 45.

③ Lake D A, Martin L L, Risse T. Challenges to the liberal order: reflections on international organization. International organization, 2021, 75 (2): 225 - 257.

中扮演着重要角色，通过政府、非政府组织、跨国公司等渠道参与国际事务，并推动国际合作和对话。

诚然，自由主义理论通常比大多数替代理论更好地容纳和解释了国内分配和政治冲突，但是自由主义理论的独特性也并非源于对“国内政治”的独特关注，而在于它们是对国家行为的“自下而上”的解释①，重点关注全球化和跨国相互依存背景下国家与社会关系的变化对国家偏好的影响。在这样的逻辑基础上，自由主义国际关系理论“自下而上”的关注对理解国际法的形成和实施方式具有独特的意义，因为个体的行为和偏好不仅影响着国家政策和国际关系，也在很大程度上影响着国际法的内容和适用。1993 年，时任芝加哥大学法律与国际关系助理教授安妮-玛丽·斯劳特在《美国国际法杂志》发表了题为《国际法与国际关系理论：一项双重议程》的文章②，关注国际法在全球化时代的角色以及国际法与国内法之间的相互关系，并强调国际法的实际运作需要考虑到各种非国家行为主体的作用，包括非政府组织、跨国公司、个人等，这标志着以自由主义理论来改造和推进国际法与国际关系交叉研究新路径的开启。

自由主义国际法学强调个体国家的行为和利益是国际法的基础，国际法应该更加注重国家的自主性和自由度，同时应该适应国际社会中不同国家的需求和利益，反映国家间的相互依存性，并通过国家之间的合作和协商来促进国际法的制定和实践。因此，自由主义国际法学关注个体国家对国际法体系的影响，强调国际法应该更加符合国家的利益和偏好，以实现国际社会的和平、安全和发展。自由主义国际法学强调“自下而上”的研究路径③，弥补了国际法长期以来过度依赖“自上而下”研究范式的不足，这与《巴黎协定》采用的“自下而上”合作模式相契合，同时也对第 6 条碳市场机制具有重要的指导意义，促进了国际法和国际关系的交叉研

① Slaughter A M. A liberal theory of international law//Proceedings of the ASIL Annual Meeting. Cambridge：Cambridge University Press，2000：240 - 249.

② Slaughter Burley A M. International law and international relations theory：a dual agenda. American journal of international law，1993，87 (2)：205 - 239.

③ Burley A M. Law among liberal states：liberal internationalism and the act of state doctrine. Columbia law review，1992，92 (8)：1907 - 1996.

究，推动了以自由主义理论为基础的国际法发展。

1. 对单位层次合作法律治理的供给

自由主义国际法学对国家与社会关系、相互依存和偏好形成有着“自下而上”的关注，这对理解国际互动具有独特的意义。在这种理论框架下，国家的行为受到其内部社会需求和国内利益的影响，这些需求和利益在一定程度上塑造了国家的外交政策行动。因此自由主义国际法学认为，国家的行为不仅受到国际体系和国际法的影响①，还受到其内部社会需求和国内利益的驱动，强调了国家作为国际行为主体的复杂性和多样性，以及国家间相互作用的动态性和互动性。与此同时，国家可以通过塑造和规范相互依存关系来追求符合其国内利益和社会需求的国际合作模式，这可能会对其他国家产生积极或消极的外部性，从而影响其他国家的决策者。

自由主义国际法与传统国际法的一个主要区别在于其基于自由主义假设，旨在通过法律手段实现诸如减少冲突和增加合作等目标。首先，自由主义国际法认为，国家间冲突的主要根源不是单纯的权力斗争，而是国家利益之间的冲突，这一假设强调了国家间利益和偏好的多样性，认为冲突的解决可以通过促进共同利益的发现和协商来实现。同时，自由主义国际法假设国家内部存在不同的偏好和利益分布，这导致了国家间的利益冲突②。因此，解决国际冲突需要考虑到国内政治和社会因素对国家政策的影响，以及政府在代表国家利益时所面临的挑战。在气候治理领域，自由主义国际关系理论家试图通过确保那些不代表全体民众的特殊利益集团不掌握决策过程，来避免气候治理僵局，这意味着气候政策应该更加公正和平衡，确保各方利益得到合理代表，并且避免由于特殊利益而导致的气候紧张局势。

其次，自由主义国际法强调国家是个人和群体利益的代理人，这意味着国际法所追求的特定国际结果不仅仅以国家为主体，而且要更加关注国

---

① 刘志云．全球化背景下自由主义国际关系理论的创新与国际法．江西社会科学，2010（5）：165－173.

② Slaughter Burley A M. International law and international relations theory: a dual agenda. American journal of international law, 1993, 87（2）: 205－239.

家所代表的个人和群体的利益。换句话说，自由主义国际法强调，政府签订具有约束力的国际法规范并遵守这些规范的原因在于，相较于最佳的单边或联盟替代方案，国内决策中支持该项决策并从中直接或间接获益的代表占据多数①，这意味着在国内政治层面，支持国家参与国际法律体系的代表能够更容易地争取支持，因为这有助于他们在国内政治中取得利益。在这种情况下，通过分析国家的偏好和谈判结果，可以更好地预测国际关系中可能出现的合作和冲突，并制定相应的外交政策和策略。然而，这并不意味着国际法完全放弃了以国家为主体的传统。国际法仍然确立了国家必须遵守的义务，并且要求各国进行必要的国内法律修改以履行国际法所规定的义务②。由此可见，自由主义国际法既关注国家作为个人和群体利益的代理人，又保留了以国家为主体的传统立场。在气候治理实践中，国家可能会选择采取各种方式来实现国际气候治理目标，包括通过国内立法、《公约》和《巴黎协定》规定机制和路径方式等来约束国家行为，同时也可能通过教育、激励措施和社会改变来影响个人和群体的行为。因此，气候国际法往往是国家和个人、群体之间相互作用的结果，需要综合考虑不同层面的因素来制定和实施有效的政策解决方案。

最后，自由主义国际法认为，跨国相互依存程度的增加通常会导致国家间合作的增加。有鉴于此，国家参与国际事务的决定受到社会和次国家行为者的跨国依存程度的影响，如果没有跨国相互依存的社会和次国家行为者的需求，一个理性的国家可能没有充分的理由参与世界政治，而可能更倾向于将资源投入到自给自足和孤立的生活中③。在自由主义国际法的框架下，自愿的合作非常重要，包括建立、遵守并动态发展可持续国际法律秩序，这种合作必须以共同或兼容的社会目的为基础，因为一些共同的社会目的对于建立一个可行的世界秩序至关重要。因此，自由主义国际

① Slaughter A M. A liberal theory of international law//Proceedings of the ASIL Annual Meeting. Cambridge：Cambridge University Press，2000：240－249.

② 苏长和．自由主义与世界政治：自由主义国际关系理论的启示．世界经济与政治，2004（7）：15－20，4.

③ Reus-Smit C. The strange death of liberal international theory. European journal of international law，2001，12（3）：573－594.

法认为，国家在国际舞台上的行为受到共同利益和相互依存的驱动，这有助于维护和发展国际法律秩序。

如上所述，《巴黎协定》第 6 条碳市场合作机制与自由主义国际法理论有一些契合之处，特别是在涉及国家利益、跨国相互依存以及合作与冲突的问题上。第一，第 6 条碳市场机制合作符合缔约方国家利益。自由主义国际法关注国家利益作为驱动国际合作的重要因素，《巴黎协定》第 6 条中的碳市场合作机制涉及各国根据自身利益参与合作，这种基于各国利益的合作契合了自由主义国际法的理论。第二，个体偏好和利益代表。自由主义国际法理论强调国家代表个人和群体利益的角色，各国在碳市场合作协商过程中代表着各自国内利益相关者的利益，体现出缔约方的偏好，这体现了自由主义国际法理论中的核心理念，即国家代表个人和群体利益。第三，跨国相互依存与合作机制契合。自由主义国际法强调国家间的相互依存关系，各国在应对气候变化问题上相互依存，彼此的减排举措与合作措施直接影响到彼此的利益和行为。同时，自由主义国际法认为合作和冲突是国际关系中的两个主要因素，《巴黎协定》第 6 条中的碳市场合作机制通过促进合作来解决气候变化问题，但在合作机制的设计上也需要考虑到各国的利益差异，并通过协商和谈判来达成平衡。综上，《巴黎协定》第 6 条碳市场合作机制在某种程度上契合了自由主义国际法理论，特别是在涉及国家利益、跨国相互依存和合作与冲突方面。

不过在全球气候治理中，各国的监管异质性可能会破坏国际气候治理的实效性，并增加“逐底竞争”的风险。其中一个主要关注点是减排交易的监管，当投资者和实体可以从减排项目中获利时，他们可能寻求最低水平的监管，从而威胁到减排项目的监管有效性。监管竞争的存在意味着不同国家或地区之间进行监管标准的竞争，这可能导致降低标准的压力，从而增加破坏环境完整性的风险①。同时，在监管异质性的背景下，协调政策和应对任何标准下处于不利地位的个体政治反对是一个挑战，这需要国际社会寻求在全球范围内制定更加一致和有效的监管标准，以确保减排行

---

① Schneider L，La Hoz Theuer S. Environmental integrity of international carbon market mechanisms under the Paris Agreement. Climate policy，2019，19（3）：386 - 400.

动的合理性和一致性。由于这一问题领域的高度异质性以及减排对国内经济的广泛影响①，国际社会应重视碳市场机制法律规范的制定和执行，强调国际合作和多边主义来协调各国的减排政策，并加强国际监管机构的职能和影响力，从而确保减排行动的合理性和有效性。

2. 对体系合作缺位的反思完善

自由主义国际法学强调对国际法的“自下而上”解释，即关注国家偏好在全球化和跨国相互依存下对国际社会关系变化的影响，这种方法聚焦于单位层次的合作，拓展了国际法研究的方法论，但也存在一些弊端。首先，导致研究者忽视行为的背景问题。虽然关注国家内部因素对国际法的影响很重要，但过于聚焦于单位层次的合作可能会忽视国际法形成和实践中其他因素的影响，如国际制度、权力关系、国际经济和地缘政治因素等②。其次，在实践中，国家参与国际合作确实是一种“复杂的相互依存关系”，不仅需要与其他国家进行谈判和协商，还需要与国内的各种利益相关者和政治行为者进行协调和讨价还价，这意味着国际合作不仅受到国际因素的影响，还受到国内政治、经济和社会因素的影响，而这些因素可能比国际因素更加复杂和多样化。因此，尽管自由主义国际法学的“自下而上”解释提供了一种重要的视角，但在研究国际法和国际合作时，仍需要综合考虑单位层次和系统层次的因素，以及国内和国际因素之间的相互作用，以更全面、准确地理解国际法的形成和实践。

本质上，国际法律制度的建立旨在规范和约束当前国际社会的行为和互动，在塑造国际关系、应对不确定性和降低交易成本方面都起着至关重要的作用。通过制定法律、条约和准则为国际社会建立一种共同的框架，以规范国家之间的行为和相互关系。这些规则和准则反映了国际社会对于合理行为的共识，并提供了一种共同的框架和机制，有助于促进合作、解

---

① Tingley D, Tomz M. International commitments and domestic opinion: the effect of the Paris Agreement on public support for policies to address climate change. Environmental politics, 2020, 29 (7): 1135-1156.

② Allan J I, Roger C B, Hale T N, et al. Making the Paris Agreement: historical processes and the drivers of institutional design. Political studies, 2023, 71 (3): 914-934.

决争端，并提高国际关系的稳定性和可预测性。在分析或评估国际法律制度的过程中，需要考虑到多个因素，而不仅仅是国家间政治的层面①。第一，需要考虑社会群体当前和未来的需求，包括了解不同社会群体的需求方向、强度、风险和不确定性等因素，这些需求会影响到国家对国际法的态度和行为，因此在制定和评估国际法律制度时，需要充分考虑这些因素。第二，充分了解代表性机构性质的信息，包括了解这些机构如何代表和反映社会群体的需求和利益，以及它们在制定和执行国际法律制度方面的作用和影响，这些机构的性质将直接影响到国际法律制度的设计和遵约性。第三，注重在未来改变和引导社会偏好，这意味着国际法律制度的设计应该能够适应未来社会群体的需求变化，并且能够引导这些偏好朝着符合决策者的偏好方向发展。

在国际法律协议的制定中，特别是在设计遵约机制时，必须考虑到未来偏好的变化，并在体制设计中保持刚性和灵活性的平衡，因为过度刚性可能导致制度无法适应变化，而过度灵活性可能导致滥用。在此过程中，需要关注当前的不确定性水平和对未来外部冲击的担忧②，因为这些因素可能影响国家对机制的偏好。社会偏好模式的变化被认为是定义国家间互动形式的关键因素，并对制度形式产生影响。同时，体制设计需要综合考虑刚性、灵活性、不确定性、外部冲击和社会偏好变化等因素③，以建立更具适应性和有效性的国际法律体系。在考虑未来外部冲击的担忧和社会偏好的变化时，需要特别关注如何处理潜在的争议，以及如何吸引各国继续参与体系，以确保其持续性和吸引力。

基于对个体的重视和尊重，《巴黎协定》第 6 条第 2 款赋予了缔约方在履行国家自主贡献方面的自主性，允许它们自愿参与“合作方法”。该方法允许缔约方进口在另一个国家领土上产生的减缓成果，并将这些国际

① Simmons B A. Compliance with international agreements. Annual review of political science, 1998, 1 (1): 75 - 93.

② Bodansky D. The legal character of the Paris Agreement. Review of European, comparative & international environmental law, 2016, 25 (2): 142 - 150.

③ Goldstein J L, Rivers D, Tomz M. Institutions in international relations: understanding the effects of the GATT and the WTO on world trade. International organization, 2007, 61 (1): 37 - 67.

转让的减缓成果用于自身的减排履约目的。然而这种自主性的增加也带来了一些问题，其中最主要的是破坏了合作的体系性①，并可能对全球减排目标的实现产生负面影响，因为国家更倾向于追求自身独立的减排目标或“搭便车”，而不是通过国际合作共同努力。同时，如果缺乏必要的保障措施，“合作方法”的使用可能会破坏而不是加强整体减缓努力②。理论和经验都强调了治理框架的重要性，只有确保环境政策的市场工具发挥应有的作用，才能维护市场参与者和利益相关者的权利，确保市场透明度并防止滥用行为，从而实现气候治理目标。

碳市场中交易的商品（如碳排放配额）本身就是一种监管手段，其价值取决于政治决策对温室气体排放的限制程度③。没有强有力的减排目标，碳市场容易受到众多挑战的影响，包括价格波动、市场参与者信心的削弱等，这突显了政治决策对于塑造市场环境和市场参与者信心的关键作用。同时，政治决策不仅是创造市场的起点，而且需要持续地进行治理和监管④，以确保市场的健康发展和环境绩效。由此可见，《巴黎协定》第6条第2款似乎在表面上为国家之间新形式的合作铺平了道路，但事实上却可能因为缺乏体系层次上的标准在未来引发国家之间的争端，因为双方可能在确立“合作方法”的协议的法律或事实观点上存在分歧，合作的方式越多，出现这种分歧的概率就越大。因此，在坚持单位层次合作的同时，我们可以对《巴黎协定》第6条碳市场机制加强体系化研究，包括国际法的理论基础、国家间合作与竞争的动态、国际法对国内法律体系的影响等。通过深入研究这些方面，可以更好地分析和解决碳市场机制在当今全球化时代面临的问题。通过分析和解决理论挑战和局限，可以为自由主义

---

① Schneider L，La Hoz Theuer S. Environmental integrity of international carbon market mechanisms under the Paris Agreement. Climate policy，2019，19（3）：386－400.

② Michaelowa A，Hermwille L，Obergassel W，et al. Additionality revisited：guarding the integrity of market mechanisms under the Paris Agreement. Climate policy，2019，19（10）：1211－1224.

③ Lederer M. Market making via regulation：the role of the state in carbon markets. Regulation & governance，2012，6（4）：524－544.

④ Newell R G，Pizer W A，Raimi D. Carbon markets 15 years after Kyoto：lessons learned，new challenges. Journal of economic perspectives，2013，27（1）：123－146.

国际法的理论基础和实践应用提供更坚实和可持续的基础，从而更好地适应不断变化的国际环境和需求。

三、跨国法律秩序理论

跨国法律秩序（transnational legal order，TLO）是指一组正式的法律规范以及相关组织和行为者，它们能够指导不同国家司法管辖区对法律的理解和实践①。跨国法律秩序必须同时是“跨国的，合法的，寻求产生秩序的”，其中“跨国”是指以某种方式影响超越民族国家的社会关系；“合法”要求其具有法律形式，由跨国机构或网络产生或与之有关，并指向或间接涉及国家法律机构；“寻求产生秩序”表明其目的是在社会活动领域或被相关行为者视为“问题”的领域内创造秩序②。因此，跨国法律秩序的理论研究通常涉及国际法、国际组织和跨国合作等领域。

《巴黎协定》碳市场机制建设涉及多个层面的考量，包括如何协调各国在碳市场中的行为，如何处理不同国家法律体系之间的差异，以及如何制定具有全球性影响的规则和标准。第 6 条第 2 款“合作方法”和第 4 款碳信用机制都预期在一定程度的国际监督下就减缓活动开展跨境合作。第 6 条规则不仅创造了新的国际实体和程序，还要求非缔约方的公共和私人行为者（如活动参与者或核查者）的参与，以确保其有效性③。当缔约方试图通过法律手段解决跨越国界的问题时，就会涉及跨国法律秩序的构建和发展。在《巴黎协定》中，各国通过签署和批准协定、参与相关机构和议定书、共同商讨和制定实施细则等方式，建立了一种跨国合作的法律秩序，以应对全球气候变化挑战。因此，跨国法律秩序理论提供了一个适当的分析框架④，有助于更好地理解《巴黎协定》第 6 条和相关 CMA 决定，

① Shaffer G. Transnational legal process and state change. Law & social inquiry, 2012, 37 (2): 229 - 264.

② Halliday T C, Shaffer G. Transnational legal orders. Cambridge: Cambridge University Press, 2015: 7 - 8.

③ Kreibich N, Hermwille L. Caught in between: credibility and feasibility of the voluntary carbon market post - 2020. Climate policy, 2021, 21 (7): 939 - 957.

④ Shaffer G. Theorizing transnational legal ordering. Annual review of law and social science, 2016, 12 (1): 231 - 253.

揭示其背后的国际法律原则和跨国合作机制，为解决全球气候变化问题提供指导和框架。

跨国法律秩序理论是从明确的社会法律视角发展起来的，强调了跨国法律秩序的形成和演变，以及各种法律实践在跨国范围内的互动和影响。在这一理论框架下，仅拥有法律文件而不加以适用和实践，并不能构成跨国法律秩序的充分体现。真正的跨国法律秩序需要法律文件得到实际适用和实践，这意味着国际法律的效力必须通过各国行为者的规范方向和行为得以实现①。换句话说，法律文件的内容必须通过行为者的实践来体现，这样才能形成对跨国法律秩序的认可和遵守。

因此，跨国法律秩序的识别不仅仅取决于法律文件的存在，还取决于这些法律文件在实践中的适用和影响。只有当法律文件得到广泛认可，并且在跨国范围内得到实际遵守和执行时，才能识别为跨国法律秩序。跨国法律秩序成功制度化的最终标准相当高，它需要行动者在特定情况下根据一套法律规范行事，并认为这是理所当然的②。值得注意的是，跨国法律秩序只是“部分的”或“初期的”，这意味着它可能并不像国家法律秩序那样完善或全面。在跨国法律秩序的框架内，国家法律规范确实受到其影响，但并不完全由其决定。

1. 气候治理是跨国法律秩序建设的一个领域

个人、国家或非国家行为者创建跨国法律秩序的努力涉及多个领域，包括国际商贸、金融、健康、环境退化（如气候变化）以及因政治和法律机构失败而导致的问题等。这些参与方旨在有效地将社会、经济或政治问题界定为“问题”，并通过法律手段来全部或部分地解决它们③。在环境领域，跨国法律秩序的建设努力旨在应对气候变化、生物多样性丧失、土壤和水资源污染等全球性环境挑战，包括制定国际环境条约、制定国际环

---

① Shaffer G. Transnational legal process and state change. Law & social inquiry，2012，37（2）：229－264.

② Shaffer G，Nedumpara J，Sinha A. State transformation and the role of lawyers：the WTO，India，and transnational legal ordering. Law & society review，2015，49（3）：595－629.

③ Cotterrell R. What is transnational law？. Law & social inquiry，2012，37（2）：500－524.

境法律规范等，以促进全球环境保护和可持续发展。

跨国法律秩序认为国家和国家官员是跨国规范制定的核心，因为其在跨国规范的发展、制定和实施过程中起着至关重要的作用。国家作为中介，规范往往直接成为国家法律的一部分，或以其他方式由国家法律机构间接支持或容纳①，从而确保了跨国规范在国内的有效性和可行性。由此可见，跨国法律秩序的存在和发展既涉及国际公法规范的形成和共识，也依赖于这些规范在国家法律中的整合和通过国内惯例的法律化处理。国家法律在跨国法律秩序中扮演着重要角色，既是国际公法规范的落实和适用渠道，也反过来影响和塑造国际公法规范的具体效果②。因此，虽然多边谈判可以达成《巴黎协定》第 6 条碳市场机制的共识，但要确保这些制度规则产生实际效果，需要在国内层面采取一系列措施，包括将国际协议纳入国内法律体系、建立相关机构和程序、制定具体的实施计划和政策等，从而确保《巴黎协定》第 6 条碳市场机制的有效实施。

一个基础性的问题是，全球气候治理的不同要素是否构成了一个跨国法律秩序。在《巴黎协定》通过前，博丹斯基提出观点，在整个气候变化问题上，存在“跨国法律混乱而非秩序”，并指出了几个与气候问题有关的“微型跨国法律秩序”③，其中一个与碳市场有关。全球碳市场确实反映了秩序的要素，尽管在一些重要方面仍然存在高度分散性，例如各个国家和地区的碳市场设计和规则存在一些差异，拥有不同的排放权配额分配方式、市场规则、价格设定机制等，全球碳市场的建立和运作仍然表明了国际社会对于减缓气候变化的共同关注。值得一提的是，碳信用标准在一

① Schultz T. The concept of law in transnational arbitral legal orders and some of its consequences. Journal of international dispute settlement，2011，2（1）：59－85.

② Genschel P，Rixen T. Settling and unsettling the transnational legal order of international taxation//Shaffer G C，Halliday T C. Transnational legal orders. Cambridge：Cambridge University Press，2015：154－156.

③ 微型跨国法律秩序指的是在特定领域内，由各种公共和私人行为者共同遵守的法律规范和标准，其涵盖范围较窄，影响力相对较小。Bodansky D. A tale of two architectures：the once and future UN climate change regime// Koch H J，König D，Sanden J，et al. Climate change and environmental hazards related to shipping：an international legal framework：proceedings of the Hamburg International Environmental Law Conference 2011. Leiden：Martinus Nijhoff Publishers，2012：35－51.

定程度上显示出更高程度的秩序，特别是《京都议定书》标准具有高度的声望，已嵌入私人标准体系。这意味着碳市场中的参与者在制定和遵守碳信用标准时，更多地倾向于遵循国际公认的标准和规定，这有助于确保市场的稳定和有效运作。在这种情况下，由于排放交易涉及多个层面和多个利益相关者，微型跨国法律秩序在这个领域内可能不够健全和具有约束力。

承认包括《京都议定书》在内的跨国碳市场安排体现了跨国法律秩序的一些要素，将引发一个重要问题：《巴黎协定》第6条碳市场机制规则会进一步发展还是破坏这种秩序。首先，需要认识到《巴黎协定》第6条的目的是推动各方采取市场机制来实现其减排目标，这意味着该条款可能会影响到全球碳市场的发展和运作。如果这一条款能够为各国提供一个适当的框架和激励措施来建立和运行碳市场，那么它有可能促进形成和进一步发展全球碳市场。然而，《巴黎协定》第6条的碳市场机制规则的具体执行方式，以及这些规则与现有的碳市场安排之间的关系，将决定其对跨国法律秩序的影响。如果实施得当，这些规则可能有助于加强现有碳市场的一致性、互认性和可操作性，从而促进全球碳市场的有序和稳定发展。相反，如果实施不当，可能会导致碳市场规则的混乱和不一致，从而破坏现有的跨国法律秩序。因此，关键在于如何在《巴黎协定》框架下制定和实施碳市场机制规则，并确保其与现有的跨国碳市场安排相协调。这需要各方共同努力，通过国际合作和协调，确保碳市场机制规则的实施能够促进全球碳市场的有序发展，并维护跨国法律秩序的稳定和持续性。

2. 参与国是《巴黎协定》碳市场机制的建设者

参与国在《巴黎协定》第6条的实施过程中将不仅仅是法律秩序的实施者，而且是持续的共同制定者。与《京都议定书》机制相比，第6条第2款的“合作方法”和第4款的碳市场机制都具有很大的灵活性，其中第6条第2款的指南规定了跨国“合作方法”中必须遵守的最低要求，而具体细节则留给了参与者自行决定，反映了参与国对于保留更多灵活性和自主性的意愿，这也是COP26大多数代表团的意图。这种灵活性和自主性的安排使得参与国有机会根据自身国家情况和政策优先事项来制定和实施碳市场机制，同时也将有助于各国更好地适应本国的环境、经济和社会条件，并更有效地实现减排目标，促进更广泛的参与和合作，推动国际社会共同应对气候变化的努力。即使是将根据详细的国际规则运作的6.4机制与CDM相比，在治理方面也表现出“一定程度的权力下放”①：东道国可以自己规定活动的基线方法和其他方法要求，但这些方法必须与国际框架一致。因此，参与国在《巴黎协定》第6条的实施过程中将扮演重要角色，通过协商、合作和协调，共同制定并推动碳市场机制的发展，从而推动全球气候治理的进步。

《巴黎协定》第6条框架的灵活性为缔约方提供了重要的作用空间，缔约方可以通过它们之间的协议以及国内政策和法律来自主决定这些机制的运作方式，也可以采用更为严格的标准。比如在格拉斯哥会议结束后，32个签署《圣何塞原则》的国家承诺“超越在格拉斯哥达成的协议”，即不交易2020年前的碳信用单位。这表明各方在实现《巴黎协定》目标的过程中，愿意采取更加积极的措施，超越原有的协议要求，以更加有效地应对气候变化挑战。这种积极的行动表明了各国对于气候变化问题的认识和承诺，愿意在国际合作的框架下采取更具有雄心和远见的行动来实现《巴黎协定》的目标，为全球气候治理作出更大贡献。

各种形式的跨国协议为第6条第2款的各种“合作方法”提供了框架基础。在CMA通过“合作方法”指南之前，瑞士就采用了缔约方间协议和关于交付ITMOs的商业合同来购买ITMOs并将其计入国家自主贡献，开启了“合作方法”的市场活动。具体而言，首先，瑞士与ITMOs转让国达成双边协议，明确了合作的框架和基础。其次，国内实体（如瑞士KliK基金会）与国内减排活动支持者签订ITMOs购买协议，确保ITMOs的交易符合国内政策和法规。这一模式首先应用于瑞士在秘鲁资助的项目，这些项目受到2020年签署的双边协议管辖，双方都认为这是《巴黎协定》第6条框架下“第一个这一类型的协议”②。该协议以条约的形式指定了负责执行的国家当局，并规定了国际转让授权、监测、核查和

① Streck C, Keenlyside P, Von Unger M. The Paris Agreement: a new beginning. Journal for European environmental & planning law, 2016, 13 (1): 3-29.

② Gershinkova D. Unresolved issues of Article 6 of the Paris Agreement: is a compromise possible in Glasgow? . International organizations research journal, 2021, 16 (3).

审查、相应调整和其他事项的要求。作为《圣何塞原则》的签署国，秘鲁和瑞士以双边方式接受了《圣何塞原则》规定的义务①，这些义务超出了当时 CMA 准则的要求。除了关于“环境完整性”的广泛条款，该双边协议还规定减缓活动应符合可持续发展及相关战略和政策，防止其他与环境和社会相关的负面影响，遵守国家和国际环境法规，防止社会冲突和尊重人权②。由此可见，通过制定授权程序和资格要求，该双边协议间接规范了瑞士 ITMOs 承购人和项目发起人之间根据国内法达成的私人合同。

除了国际协议外，国内规则在《巴黎协定》第 6 条碳市场机制的法律秩序方面发挥着重要作用。不可否认，“国内驱动型”模式下国家内部的立法和监管措施对于确保国际市场机制的有效运作至关重要，这些规则可以包括对碳市场交易的监管、ITMOs 的认证和跟踪制度、碳定价机制的设计和管理等方面。国家通过这些规则来管理和监督国际市场机制的运作，以确保其符合国家的政策目标和法律要求。第 6 条第 2 款“合作方法”和第 4 款碳信用机制都依赖于参与缔约方的授权和批准，因此国内规则的构建和完善有助于确保国际市场机制的参与者在遵守国家法律和法规的同时，有效地参与并贡献于全球碳市场的发展。

然而，由于不同国家的法律和政治背景不同，各国在国际市场机制方面的规则存在一定的差异性③，甚至存在冲突。因此，国际协议的制定需要考虑到国家内部规则的差异性，以确保国际市场机制的协调和一致性，从而促进全球碳市场的发展和运作。

除了《公约》和《巴黎协定》这两部法律规范以及缔约方立法之外，

---

① Corzo A，Gamboa N. Environmental impact of mining liabilities in water resources of Parac micro－watershed，San Mateo Huanchor district，Peru. Environment，development and sustainability，2018，20（2）：939－961.

② Implementing Agreement to the Paris Agreement between the Swiss Confederation and the Republic of Peru.（2020－10－20）［2024－04－23］. https：//www. bafu. admin. ch/bafu/en/home/topics/climate/info-specialists/climate-international-affairs/staatsvertraege-umsetzung-klimauebereinkommen-von-paris-artikel6. html.

③ Mehling M A. Governing cooperative approaches under the Paris Agreement. Ecology law quarterly，2019，46（3）：765－828.

第6条碳市场机制还涉及其他各种规范的制定①，包括地方政府层面的规则与立法、商业和市场交易的规则及标准制定，以及国际组织规则制定和规划等。首先，地方政府在碳市场中扮演着重要角色，因为它们可能会制定和实施关于碳排放的地方政策，影响碳市场的运作和发展方向，比如西方气候倡议就是美国各州和加拿大各省合作发展各自排放交易体系的一个例子。其次，商业和市场交易也是碳市场跨国法律秩序的重要组成部分。商业实体通过碳交易和碳市场参与碳减排活动，影响了全球碳市场的发展和运作，市场交易的规则和标准制定也会影响到碳市场的运作，为碳市场提供一种规范框架，比如为 ITMOs 制定新的合同模板（减缓成果购买协议）和验证减排要求。最后，国际组织也在碳市场的跨国法律秩序中发挥着作用，通过制定和规划碳市场的相关规则和标准来施加影响，比如国际机构可以通过对直接贷款活动提出要求以及提供有利于环境发展和交易结构的咨询意见来影响第6条的活动②，同时，国际民用航空组织和国际海事组织也在塑造国际碳市场法律秩序中占据着重要的地位，因为缔约方有权为国际减缓目的批准 ITMOs③，这些制度规则都会推动第6条碳市场机制跨国法律秩序的形成和发展。

3. 第6条正在影响碳市场机制的跨国法律秩序

《巴黎协定》第6条框架正在影响碳市场的跨国法律秩序，这些框架源于并正在通过国际、国家和私人之间的递归交互得以发展④。对框架的授权审查为碳市场参与者提供了一个机制，帮助他们理解并适应《巴黎协定》第6条规则的变化，同时各参与方的反馈和参与使得规则的制定更具包容性和合法性，进而促进了碳市场规范的发展和完善。

---

① Streck C, Keenlyside P, Von Unger M. The Paris Agreement: a new beginning. Journal for European environmental & planning law, 2016, 13 (1): 3-29.

② Keohane N, Petsonk A, Hanafi A. Toward a club of carbon markets. Climatic change, 2017, 144 (1): 81-95.

③ Minas S. Market making for the planet: the Paris Agreement Article 6 decisions and transnational carbon markets. Transnational legal theory, 2022, 13 (2-3): 287-320.

④ 高帅，李梦宇，段茂盛，等.《巴黎协定》下的国际碳市场机制：基本形式和前景展望.气候变化研究进展，2019，15（3）：222-231.

某种程度上，《巴黎协定》第6条的相关规范可以看作是在碳市场实践中产生的新的“权威秩序”，这与先前存在的碳市场治理规则和程序产生冲突，因为第6条引入了一种新的方法和框架①。《京都议定书》和《巴黎协定》在减排模式上存在明显差异，两者的碳市场机制设计也随之不同，《巴黎协定》第6条规则预设了一个更加全面的跨国碳市场，但同时也更加雄心勃勃和复杂，因此在实践中实现起来可能更为困难。首先，《京都议定书》采用了一种分层次的方法，对发达国家和发展中国家进行了区分，对它们的减排目标和行动提出了不同的要求。而《巴黎协定》则要求所有缔约方都根据自身情况制定国家自主贡献，并共同努力实现全球温室气体排放的减少，这导致了两个协定在参与国范围和责任分配上的差异。其次，《巴黎协定》第6条旨在通过碳市场机制促进减排目标的实现，并为各国提供了更大的灵活性和自主性。与《京都议定书》不同，《巴黎协定》第6条碳市场机制不对各国设定硬性的减排目标②，而是鼓励各国根据自身情况和能力自主确定国家自主贡献，并通过自愿合作的方式来实现这些贡献。

第6条碳市场机制在多个方面扩大了《巴黎协定》下碳信用的治理范围，并与其他国际减缓机制建立了正式联系，比如碳信用可以用于支持其他国际减缓目的，如国际民航组织的CORSIA（碳抵消与减排机制）和未来可能出台的海事组织计划。这为碳市场提供了更多的灵活性和适用范围，使得碳信用可以在更广泛的国际减缓机制中得到应用。同时，第6条碳市场机制扩大了制定碳信用时所考虑的因素范围，不仅仅包括碳排放减缓，还应该考虑人权、环境和社会标准③，这意味着在制定和交易碳信用时，需要考虑到更广泛的社会和环境影响。与《京都议定书》机制不同，第6条没有为包括碳市场机制在内的条款设定结束日期，碳市场机制可以

---

① 陶玉洁，李梦宇，段茂盛．《巴黎协定》下市场机制建设中的风险与对策．气候变化研究进展，2020，16（1）：117－125.

② Minas S. Market making for the planet：the Paris Agreement Article 6 decisions and transnational carbon markets. Transnational legal theory，2022，13（2－3）：287－320.

③ 同②.

在更长的时间范围内持续存在①，并根据需要进行调整和更新，以适应不断变化的国际环境和政策需求。因此，《巴黎协定》第6条碳市场机制通过扩大碳信用的治理范围、包含更广泛的标准和考虑因素，以及适用灵活性的实施条款，对碳市场的跨国法律秩序产生了深远的影响。

综上所述，《巴黎协定》第6条碳市场机制可以看作是一种试图促成更大、更互联、更可信的跨国碳市场的尝试，它提供了更广泛的国际参与和合作的框架，鼓励各国通过自愿合作来实现减排目标。通过为碳信用的治理提供更多的灵活性和适用范围，同时将其他国际减缓机制纳入考虑，第6条的碳市场机制旨在创造一个更加包容和综合的碳市场框架，为各国提供更多的机会来交易碳信用，促进全球气候减缓行动。然而，尽管这是一种有前途的尝试，其成功与否还需要在实践中进行观察②，因为碳市场的建设和运作涉及众多复杂的因素，包括国家政策、市场参与者的行为以及国际协调等。

跨国法律秩序的理论强调了规范的重要性，并认为这些规范应该由参与方通过实践和争端解决达成共识。在第6条的情境下，关注领域一致性以及规范的解决程度是理解法律秩序如何形成和发展的关键，这涉及参与方对于碳市场机制的共同理解，以及在具体实践中对于规范的共识程度。通过实际操作和可能的争端解决，国家和其他参与方可以逐渐形成对这些规范的共同认知，并在碳市场的运作中建立更具体的法律秩序。在未来，随着实践的发展，我们将能够更清晰地了解第6条法律秩序对跨国碳市场的实际影响，并看到国家和参与方是否能够就碳市场机制的规范形成更加统一的共识。

---

① Shishlov I, Morel R, Bellassen V. Compliance of the Parties to the Kyoto Protocol in the first commitment period. Climate policy, 2016, 16 (6): 768-782.

② 孙永平，张欣宇，施训鹏．全球气候治理的自愿合作机制及中国参与策略：以《巴黎协定》第六条为例．天津社会科学，2022，245 (4)：93-99.

第四章　碳市场机制镜鉴与法律制度分析

《巴黎协定》至少在两个重要方面体现了气候治理范式的转变：引入了21世纪中叶左右净零排放的长期目标，并要求所有国家制定和实施减缓目标（国家自主贡献），以共同实现这一目标。同时，越来越多的国家和非国家行为者制定了净零甚至净负排放目标，并将其纳入国家立法和企业战略①。这些集体性的全球目标意味着以有无减排目标来区分国家的时代已经结束，并模糊了自愿和遵约驱动之间的区别，以及国家和非国家的减缓行动。在《巴黎协定》时代，所有减缓成果通常都将计入东道国国家自主贡献目标，除非由于特定规定而被排除在国家核算之外。随着国家自主贡献的雄心和范围不断扩大，碳市场将成为资金调动和成本控制的重要驱动力。

在全球层面，《巴黎协定》第6条碳市场机制旨在实现更多、更早或更快的温室气体排放减缓，其中第2款"合作方法"法律框架明确为每个参与合作的国家创建一个授权框架以处理ITMOs，比如瑞士、秘鲁、加纳和塞内加尔等国家签署了双边气候合作协议，明确承认在各合作缔约方领土内注册的私人实体在ITMOs转让方面的授权。

一、《京都议定书》下碳市场机制

1994年生效的《公约》没有对温室气体排放设定有约束力的限制，

---

① Van Asselt H. The role of non-state actors in reviewing ambition, implementation, and compliance under the Paris Agreement. Climate law, 2016, 6 (1-2): 91-108.

不过其为后续的全球气候治理奠定了基础。1997 年 12 月在日本京都举行的第 3 次《公约》缔约方会议上通过了《京都议定书》，为温室气体排放设定了具有法律约束力的限制[①]。2001 年第 7 次缔约方会议通过了《马拉喀什协议》，其中载有关于执行《京都议定书》的详细规则。《京都议定书》的目标是将《公约》附件一所列缔约方的人为排放量减少到比 1990 年水平低 5.2%的水平。每个附件一所列缔约方都获得了承诺期内温室气体排放的分配量，比如在谈判中德国同意将其 2008 年至 2012 年的年平均排放量限制在其 1990 年排放量水平以下 8%。《京都议定书》规定，附件一所列缔约方在承诺期内的人为温室气体排放量不得超过该缔约方在承诺期内的分配量。因此，《京都议定书》规定了实现这些量化目标和报告主要类型温室气体排放的义务，首次大规模推动了温室气体减排。

根据《京都议定书》，承诺限制或减少温室气体排放的国家（“发达国家”或“附件一所列缔约方”）必须主要通过国家措施来实现其目标。作为实现这些目标的手段，《京都议定书》引入了三种基于市场的机制来推动减排活动，旨在促进更灵活、具有成本效益和全球性的减排努力。

1. 排放交易（ET）

《京都议定书》第 17 条允许附件 B 缔约方为履行承诺而参与排放交易，前提是交易是对该缔约方国内减排行动的补充[②]，交易的主体是那些排放量低于其允许排放量的国家与那些在特定承诺期内未履行其义务并因此超过其允许排放水平的国家。ET 涉及“未使用”的温室气体排放额度，《京都议定书》第 3 条为排放量设定了限制或“上限”。任何排放量低于该上限（或计划低于该上限）的国家都可以出售其差额，相应的“分配数量单位”从卖方国家的允许排放量中扣除，并添加到买方国家的允许排

① 何晶晶．从《京都议定书》到《巴黎协定》：开启新的气候变化治理时代．国际法研究，2016（3）：77－88.

② 《京都议定书》第 17 条：《公约》缔约方会议应就排放贸易，特别是其核查、报告和责任确定相关的原则、方式、规则和指南。为履行其依第三条规定的承诺的目的，附件 B 所列缔约方可以参与排放贸易。任何此种贸易应是对为实现该条规定的量化的限制和减少排放的承诺之目的而采取的本国行动的补充。

放量中。同时，依据第17条，《京都议定书》下不承担强制减排和限制目标的缔约方被排除在参与贸易之外，包括发展中国家以及那些未批准《京都议定书》或未列入附件B的工业化国家（如白俄罗斯）。

ET下可供交易的单位主要包括四类：（1）分配数量单位（AAU），主要是指《京都议定书》第3条第7款和附件B分配给缔约方的六种温室气体（CO_2、CH_4、N_2O、HFCs、PFCs、SF_6）的排放"预算"（分配量）；（2）CDM下的核证减排量（CER），根据《京都议定书》第12条和CDM模式和程序向CDM项目的参与者颁发；（3）来自联合履约项目的减排单位（ERU），由分配数量单位（AAU）或清除单位（RMU）转换而来的单位，并在联合履约项目活动中发放给项目参与者，在《京都议定书》缔约方会议第1次会议决议附件第1条（a）款中定义；（4）清除单位（RMU），由《京都议定书》缔约方通过《京都议定书》第3条第3款和第3条第4款所涵盖活动实现的汇净清除量，比如基于土地利用、土地利用变化和林业（LULUCF）活动达成的排放量净减少。根据该机制，《公约》附件一所列缔约方可购买、出售或交易根据其他两个灵活机制发行的配额和其他类型的减排单位以满足《京都议定书》第3条的减排要求①。不过，《京都议定书》并未规定缔约方可以在多大程度上出售其分配的部分排放量或通过获得"排放权"来增加排放量。对此，欧盟在谈判中曾提出对交易数量加以限制，但最终文本仅保留了"排放交易应是为了履行减排承诺且是对减排行动的补充"这一要求。

为了有资格参与国际排放交易，附件一所列缔约方必须满足其温室气体排放量估算、清单编制和报告的要求，除非在此之前，遵约委员会执行处发现该缔约方不符合要求②。为了防止超额销售减排单位，附件一所列缔约方必须在其国家登记册中保留一定数量的ERU、CER、AAU或

① Schlamadinger B, Bird N, Johns T, et al. A synopsis of land use, land-use change and forestry (LULUCF) under the Kyoto Protocol and Marrakech Accords. Environmental science & policy, 2007, 10 (4): 271-282.

② Böhringer C, Löschel A. Market power and hot air in international emissions trading: the impacts of US withdrawal from the Kyoto Protocol. Applied economics, 2003, 35 (6): 651-663.

RMU 储备，储备数量不应低于按照《京都议定书》第 3 条第 7 款和第 8 款所计算该缔约方分配数量的 90%，或是该缔约方最近年度经审评温室气体排放清单数量的 5 倍，以两者中较低者为准①。这一规定的目的是确保即使某些减排单位被过度销售，缔约方仍具备足够的储备来履行其减排承诺。缔约方必须在收到不足通知后 30 天内将其持有的数量提高到规定的标准，因此大多数国家只能交易其转让数量的 10%。

基于《京都议定书》ET 的国际法律框架，由欧盟 25 个国家于 2005 年发起的欧盟排放交易体系（EU ETS）旨在为欧盟成员国提供灵活性减排选择，使其能够以较低的成本实现减排目标。在 2005 年至 2019 年期间，EU ETS 涵盖的装置减少了约 35%的排放量。2019 年引入市场稳定储备导致碳价格更高、更稳健，这有助于确保 2019 年总排放量同比减少 9%，电力和热力生产相关排放量减少 14.9%。目前，EU ETS 进入第四个交易阶段（2021—2030 年），其法律框架经过多次修订，以保持与欧盟总体气候政策目标的一致性②。最近一次修订是 2018 年，以确保减排成果能够支持欧盟的 2030 年减排目标（相对于 1990 年的水平至少削减 40%），并作为欧盟在《巴黎协定》下自主贡献的一部分③。同时，欧盟还通过一系列的外交和合作努力支持其他国家和地区的碳市场，与其他国家和地区探讨碳市场合作的可能性，以及可能的排放交易系统连接。2017 年，欧盟和瑞士签署了一项协议，旨在连接它们的排放交易体系，该协议已经在 2020 年 1 月 1 日生效④。欧盟和瑞士之间可以进行碳排放配额的

① UNFCCC. COP. Report of the Conference of the Parties on its seventh session, held at Marrakesh from 29 October to 10 November 2001. Addendum. Part two: action taken by the Conference of the Parties.（2001-10-29）[2024-04-23]. https://unfccc.int/decisions?f%5B0%5D=session%3A3615&search2=&page=1.

② The EU Emissions Trading System in 2020: trends and projections.（2022-01-05）[2023-05-16]. https://www.eea.europa.eu/themes/climate/the-eu-emissions-trading-system/the-eu-emissions-trading-system.

③ Directive 2018/410-Amendment of Directive 2003/87/EC to enhance cost-effective emission reductions and low-carbon investments, and Decision (EU) 2015/1814.（2018-03-14）[2023-05-16]. https://www.eumonitor.eu/9353000/1/j9vvik7m1c3gyxp/vkmt6uqpauy7.

④ Verde S F, Borghesi S. The international dimension of the EU emissions trading system: bringing the pieces together. Environmental and resource economics, 2022, 83 (1): 23-46.

交易，两个体系能够更紧密地合作，共同应对气候变化挑战。这种国际合作有助于建立全球性的碳市场框架，推动全球范围内的减排努力，促进全球气候变化治理的进展。

实践中，ET 也遭受到了一些批评和诟病。在第一承诺期（2008—2012 年），由于《京都议定书》规定的减排目标是以 1990 年的排放水平为基线，苏联解体后的经济衰退使俄罗斯和乌克兰拥有大量的 AAU①，在数量上已经超过其他国家对于 AAU 的净需求，这种盈余被广泛称为“热空气”②。因此，奥地利、德国和荷兰等国家后来都表示不会购买俄罗斯或东欧的热空气③，除非可以产生其他环境效益。但是，ET 推动了碳信用体系标准和基础设施的建立，并为《巴黎协定》第 6 条碳市场机制提供了诸多借鉴。首先，它强调了建立严格的监管和报告机制，确保碳市场机制公平、透明和可靠。其次，它强调了碳市场机制在设计和实施过程中要充分考虑各国之间的差异和需求，建立更广泛的技术合作网络，共享经验和最佳实践。

2. 联合履约（JI）

联合履约（JI）④ 的概念源于经典经济理论：最好在成本最低甚至有利可图的地方采取限制温室气体排放的措施。《京都议定书》第 6 条规定的 JI 为发达国家与其他发达国家合作开展减排项目提供了框架⑤，通过允许各国参与此类项目获得减排单位（ERU）来鼓励合作和具有成本

---

① Victor D G，Nakićenović N，Victor N. The Kyoto Protocol emission allocations：windfall surpluses for Russia and Ukraine. Climatic change，2001，49（3）：263－277.

② Böhringer C，Löschel A. Market power and hot air in international emissions trading：the impacts of US withdrawal from the Kyoto Protocol. Applied economics，2003，35（6）：651－663.

③ Zhang Y J. Research on carbon emission trading mechanisms：current status and future possibilities. International journal of global energy issues，2016，39（1－2）：89－107.

④ 值得注意的是，《京都议定书》中未使用“联合履约”一词，考虑到第 6 条的实质内容，结合第 12 条关于 CDM 的规定，人们普遍将第 6 条称为《京都议定书》中的“联合履约”条款。

⑤ 《京都议定书》第 6 条第 1 款：为履行第 3 条的承诺的目的，附件一所列任一缔约方可以向任何其它此类缔约方转让或从它们获得由任何经济部门旨在减少温室气体的各种源的人为排放或增强各种汇的人为清除的项目所产生的减少排放单位。

效益的减排，从而实现各自的减排目标。简言之，在JI下，一个有减排目标的国家（投资国）可以投资另一个有类似目标的国家（东道国）的减排或清除项目，双方都属于《公约》附件一所列缔约方（发达国家）①。JI为缔约方提供了一种灵活且具有成本效益的方式来履行其承诺的一部分，而东道国则从外国投资和技术转让中受益。

联合履约委员会（JISC）负责监督JI项目，包括维护和改进其规则和程序、实施该机制、认可独立实体以及对项目决定和验证进行审查。参与JI机制的所有缔约方必须满足《马拉喀什协议》规定的一系列资格要求，并应向《公约》秘书处通报其指定JI项目的批准联络人以及JI项目批准的国家指南和程序②。缔约方可授权法人实体参与JI项目，授权法人实体只有在授权方有资格的情况下才可以转让或获取ERU。除总体遵守《公约》外，还应确保这些排放量的减少是对缔约方国内行动中本应发生的减少量的补充，并且是对旨在履行各自减排承诺的国内行动的补充。

JI项目必须满足三个标准：（1）必须得到有关缔约方的批准；（2）排放减少或清除增加必须是对原本会发生情况的补充；（3）获得减排单位必须是《公约》附件一所列缔约方为履行《京都议定书》第3条承诺而采取的国内行动的补充。对于项目开发，JI项目主要通过两种轨道：轨道1（Track 1）和轨道2（Track 2）。只有当东道国满足以下六个资格标准③（基本上证明其能够对其温室气体排放和分配数量负责）时，才可以使用JI轨道1。具体而言，六个标准包括：（1）属于《京都议定书》的缔约方；（2）其分配数量已被适当计算和记录；（3）有适当的国家登记处；（4）拥有适当的国家系统来估算温室气体源排放量和汇清除量；（5）每年提交最新的温室气体排放和汇清单；（6）适当提交有关分配数量的补充信息（并对其进行适当调整）。轨道2适用于不符合轨道1资格标准的东道

① Wirl F，Huber C，Walker I O. Joint implementation：strategic reactions and possible remedies. Environmental and resource economics，1998，12（2）：203－224.

② Fankhauser S，Lavric L. The investment climate for climate investment：Joint Implementation in transition countries. Climate policy，2003，3（4）：417－434.

③ Dessai S，Schipper E L. The Marrakech Accords to the Kyoto Protocol：analysis and future prospects. Global environmental change，2003，13（2）：149－153.

国项目，或自愿选择使用轨道 2 下国际认可系统的项目，此时需要在 JISC 的监督下运作。值得注意的是，尽管轨道 2 先于轨道 1 投入运营，超过九成的 JI 项目最终是在轨道 1 中完成的，且近乎所有的 ERU 已被发放①，这可能是因为东道国希望对 JI 项目保持更大自主权。

JI 轨道 2 要求第三方独立实体（IE）评估项目设计是否满足所有 JI 项目要求以及报告的温室气体减排量或增加的清除量是否确实实现。为了履行此类职能，这些独立实体必须获得 JISC 的认可，然后被授予经认可的独立实体（AIE）的地位。由此可见，AIE 获得 JISC 认可，根据其专业知识负责独立评估潜在的 JI 项目是否满足所有资格要求以及该项目实施后是否实现温室气体减排②。为获得 JISC 认可，成为 AIE，独立实体必须成功完成严格的认证流程，接受各种评估以证明其符合所有 JI 认证要求，包括能力、公正性、保密性以及承担法律和财务责任等。在任期内，AIE 必须持续满足 JI 认证要求，否则将导致 JISC 暂停或撤销认证。认可的有效期为五年，之后 AIE 可能会经历重新认证过程。在项目实施和温室气体排放监测工作开始后，项目参与者必须向 AIE 提交一份报告，详细说明该项目导致的温室气体排放量的减少或清除量的增加。AIE 将审查该报告，并确定适当的排放量减少和清除量增加值，以便发布 ERU，一方可就 AIE 的决定向 JISC 提出上诉。

不可否认，JI 在京都三机制中受到的关注最少，部分原因是关于 JI 的讨论由来已久，而 CDM 和 ET 则是通过《京都议定书》才被引入国际气候政策领域，并且可能具有更大的潜力。但对《巴黎协定》碳市场机制构建而言，JI 赋予了缔约方极大自主权，可能成为吸引政府利益并鼓励

① Schneider L，Warnecke C，Day T，et al. Operationalising an "overall mitigation in global emissions" under Article 6 of the Paris Agreement. （2018 - 11 - 21） [2023 - 04 - 16]. https：//www. researchgate. net/profile/Lambert-Schneider/publication/330634343 _ Operationalising _ an _ overall _ mitigation _ in _ global _ emissions _ under _ the _ Paris _ Agreement/links/5c4b0b46299bf12be3e2cd18/Operationalising-an-overall-mitigation-in-global-emissions-under-the-Paris-Agreement. pdf.

② Breidenich C，Magraw D，Rowley A，et al. The Kyoto Protocol to the United Nations Framework Convention on Climate Change. American journal of international law，1998，92 (2)：315 -331.

其创新的有效手段，当然需要注意维持共同或集中的职能，以保证机制的整体运作或可信度。同时，轨道1和轨道2的差异表明，至少对于一些国家来说，建立和维持自己对项目的自主权超过了其对国际公认标准和程序的便利性和价值的需要。此外，需要科学设计国际监督机制来确保碳信用体系的可信度。JI轨道1的经验表明，如果一个国家的《京都议定书》目标高于其预计的正常运营（BAU）排放水平，系统中的剩余单位可以允许ERU进行转移，而无须通过JI项目实现相同水平的减排。对于《巴黎协定》框架下的自愿合作市场机制，在当前无法正式评估目标严格程度的情况下，非常有必要对各国的碳信用进行某种程度的国际监督。

3. 清洁发展机制（CDM）

《京都议定书》第12条规定了清洁发展机制（CDM）①，其允许发展中国家的减排项目获得核证减排量（CER）信用额，每个信用额相当于一吨二氧化碳，这些核证减排量可以进行交易和销售，并被发达国家用来实现《京都议定书》规定的部分减排目标，从而促进可持续发展和减排，同时赋予各国实现减排限制目标的一定灵活性②。因此，CDM设计体现了一种双赢策略，促进发达国家对发展中国家的投资，特别是在提高能源效率和使用可再生能源领域，同时协助附件一所列缔约方履行其量化的排放限制和减排承诺。

执行理事会（EB）是CDM的监督机构，在《公约》缔约方会议（COP）和《京都议定书》缔约方会议（CMP）的授权下进行运作，并对CMP全面负责。它由来自非附件一所列缔约方的6名代表和来自附件一所列缔约方的4名代表组成。执行理事会的主要任务首先是对运营实体进行认证，验证项目并验证监测情况，其次是为小规模项目活动制定简化的方法，再次是批准或拒绝拟议的新基线和监测方法。执行理事会认为如果

---

① 《京都议定书》第12条第2款：清洁发展机制的目的是协助未列入附件一的缔约方实现可持续发展和有益于《公约》的最终目标，并协助附件一所列缔约方实现遵守第3条规定的其量化的限制和减少排放的承诺。

② Lööf H, Mairesse J, Mohnen P. CDM 20 years after. Economics of innovation and new technology, 2017, 26 (1-2): 1-5.

项目活动满足可持续发展标准，最合适的选择是将批准该项目的决定权交给东道国。不过此举遭到许多非政府组织的批评，它们认为东道国政府往往可能会选择经济利益而忽视生态环境保护。因此，世界自然基金会（WWF）为项目开发商制定了一个“黄金标准”[①]，这是CDM温室气体抵消项目的第一个独立最佳实践基准，为项目开发商提供了一个工具，以确保CDM能够交付具有真正环境效益的可信项目，从而让东道国和公众相信项目代表了对可持续能源服务的新的和额外的投资。所有希望参与CDM的国家都必须指定一个国家主管机构（Designated National Authority，DNA）来评估和批准项目，并作为联络点。尽管国际层面给出了关于基线和额外性的一般准则，但每个发展中国家都有责任确定项目批准的国家标准。CDM项目需要经历以下流程：

首先，识别和制定CDM项目。CDM项目必须通过严格的程序流程要求来获得资格，确保真实、可测量和可验证的减排量，以及确保这些减排量具有额外性[②]。同时，还必须满足以下资格标准[③]：（1）CDM项目必须在属于《京都议定书》缔约方的非附件一所列缔约方进行；（2）所有参与者的参与必须是自愿的，并经其东道国和参与项目的其他国家授权批准；（3）项目必须带来与减缓气候变化相关的真实、可衡量和长期的效益；（4）附件一所列缔约方或实体对项目的投资不得导致官方发展援助的挪用。同时，经核证的CDM项目活动的收益份额必须用于支付行政费用，并帮助发展中国家实现一些经济、社会、环境和可持续发展目标，例如净化空气和水、改善土地利用以及减少对进口化石燃料的依赖。

其次，验证和注册。当项目符合CDM标准、完成执行理事会要求的项目设计文件并获得东道国的批准时，所有文件都必须提交给指定经营实

---

① Nikolaeva A S，Kelly M，O'Hara K L. Differences in forest management practices in Primorsky Krai：case study of certified and non-certified by Forest Stewardship Council forest concessions. Journal of sustainable forestry，2019，38（5）：471-485.

② 根据《京都议定书》第12条第5款，额外性是清洁发展机制下接受项目活动的核心标准之一。缔约方会议将“额外性”定义如下：如果源头的人为温室气体排放量减少到低于没有注册的清洁发展机制项目活动时可能发生的排放量，则清洁发展机制项目活动是额外的。

③ Winkelman A G，Moore M R. Explaining the differential distribution of Clean Development Mechanism projects across host countries. Energy policy，2011，39（3）：1132-1143.

体（DOE）进行验证①。项目设计文件内容包括温室气体排放的真实数据，以及有关项目活动的技术、社会、政治、监管和经济影响的数据和假设等。经营实体通常是私营公司，例如能够对减排进行可信、独立评估的审计和会计师事务所、咨询公司和律师事务所。如果项目通过验证，经营实体将转发给执行理事会进行最终审查和正式注册。审查应涉及与 CDM 项目验证要求相关的问题，审查完成后才能对项目进行注册。同时，CDM 项目除了必须向执行理事会注册外，东道国也可能要求项目进行注册。

再次，实施和监督。项目一旦注册，就可以实施。从实施开始，项目开发商需要根据项目设计文件中经过验证的监测程序开始监测项目绩效，并将监测结果提交指定经营实体审核认证，由经营实体对 CDM 项目所监测到的温室气体减排量进行定期审查和事后确定，确保 CER 的结果符合项目初始验证中商定的指南和条件②。经过详细审查后，指定经营实体将出具核查报告，证明 CDM 项目产生的 CER 数量。指定经营实体根据监测计划对开发商收集的数据进行验证，确认特定时期内 CDM 项目产生的核证减排量总数。

最后，认证。认证是对项目实现核证减排量的书面保证，证明在指定时间段内，项目活动按照规定实现了温室气体排放量的减少，符合所有相关标准。同时，认证报告还构成了颁发 CER 的请求，除非有项目参与者或至少三名执行理事会成员提出进一步审查的要求，执行理事会将指示 CDM 登记册发放 CER 至相应账户。其中，项目 CER 的 2%需要缴入适应基金，其余 CER 和收益份额及管理费用转入项目开发商账户③。

作为一个市场，CDM 为发展中国家参与减缓气候变化提供了一个平台，与欧盟排放交易体系共同为激发私营部门对减排项目的兴趣发挥了重

---

① Cormier A, Bellassen V. The risks of CDM projects: how did only 30% of expected credits come through? . Energy policy, 2013, 54: 173-183.

② Shishlov I, Bellassen V. Review of the experience with monitoring uncertainty requirements in the Clean Development Mechanism. Climate policy, 2016, 16 (6): 703-731.

③ Persson A, Remling E. Equity and efficiency in adaptation finance: initial experiences of the Adaptation Fund. Climate policy, 2014, 14 (4): 488-506.

要作用。从启动到2018年，111个国家的8000多个项目和活动计划已减少或避免了20亿吨二氧化碳当量，并带动了3000多亿美元的气候和可持续发展项目投资①。不过，随着更多CER的签发以及欧盟排放交易体系数量限制的实施，2012年之后注册的项目对CDM抵消的需求大幅下降，只剩下少数公共买家，与供应规模相比显得微不足道，CER价格也开始逐渐下降，一度跌至每吨0.5欧元，最终核证减排信用市场陷入“碳恐慌”，定价机制彻底崩溃②。每个CDM项目都需要论证额外性，即可以实现在“一切照旧”或基线情景之外减少排放，这种论证是非常微妙和复杂的事情，有时候很难建立方法论来证明项目在能源效率方面的额外性③。在确保环境完整性方面，CDM也受到了批评，有强有力的证据表明HFC-23销毁项目为设施的战略行为提供了不正当的激励，因为HFC-23全球升温潜势（GWP），即减少1吨HFC-23排放对大气的影响，与减少11700吨二氧化碳排放量相同④，因此很容易从HFC捕获和销毁中产生大量CER。投资此类CDM的企业成本很低，获得利润却非常高，项目规模也普遍比较大。这就导致CDM在二氧化碳排放以外的其他减排方面存在明显不足⑤。此外，CDM对最不发达国家的可持续发展贡献很少，这与该机制的“初心”相悖，比如非洲项目只占很少的一部分，一些大型可再生能源项目主要集中在中国和印度⑥。当然，关于CDM在

① UNFCCC secretariat. Achievements of the Clean Development Mechanism: harnessing incentive for climate action (2001-2018). (2018-08-31) [2023-05-03]. https://unfccc.int/sites/default/files/resource/UNFCCC_CDM_report_2018.pdf.

② Indriyadi W. The Great China carbon trading: political economy of climate change governance. Journal of government and political issues, 2022, 2 (1): 55-67.

③ Stern N H. The economics of climate change: the Stern review. Cambridge, UK: Cambridge University Press, 2007: 509-525.

④ Popp D. International technology transfer, climate change, and the Clean Development Mechanism. Review of environmental economics and policy. 2011, 5 (1): 131-152.

⑤ Kallbekken S. Why the CDM will reduce carbon leakage. Climate policy, 2007, 7 (3): 197-211.

⑥ Michaelowa A, Shishlov I, Brescia D. Evolution of international carbon markets: lessons for the Paris Agreement. Wiley interdisciplinary reviews: climate change, 2019, 10 (6): e613.

多大程度上推动了减排和可持续发展①，根据不同的假设可以得出不同的结论。不过当前发展中国家的低碳需求与CDM的规模存在明显的不匹配，这也是CDM面临的主要问题与挑战。

作为国际碳市场的先驱，CDM开辟了新天地，为提高人们对气候变化的认识、促进全球减排活动以及构建第6条碳市场机制作出了巨大贡献，特别是在动员发展中国家的政府以及私营部门方面。首先，CDM已经证明了碳减排方法的成本效益。比如CER现货价格在2009年到2011年基本上稳定在10美元左右，随后随着欧盟需求下降而大幅下跌。随着时间推移，通过工作流程的标准化和简化，交易成本不断降低。这些多年来积累的丰富经验为第6条碳市场机制提供了思路和借鉴。其次，CDM帮助许多发展中国家更好地了解并以适合本国的方式发挥其减排潜力，帮助这些国家建立了技术和机构能力，在政府和私营部门培养了数千名专业人员，这为第6条碳市场机制提供了基础和支撑。最后，CDM作为世界上最大的基线和监测方法库，为全球其他基线和信用机制奠定了基础。第6条碳市场机制构建要更加关注减排额外性、基线设定标准化以及程序简化，并为代表性不足的国家和部门提供更多机会。

综上，京都三机制在全球应对气候变化方面扮演着重要角色②。ET通过设定排放限额和允许企业交易的方式，为企业提供了减少温室气体排放的经济激励，但存在排放权集中和市场不稳定性的问题。JI允许发达国家在其他发达国家实施减排项目，促进国际合作，但也可能引发减排责任的转移。CDM通过在发展中国家实施减排项目，鼓励发达国家参与全球减排努力，但监管问题和项目真实性验证仍然是其争议之处。这三个机制为减缓气候变化提供了多样化的途径，但需要有效监管措施以确保其公平性、透明度和减排效果，以实现全球应对气候变化的长期目标。

---

① Karakosta C, Marinakis V, Letsou P, et al. Does the CDM offer sustainable development benefits or not? . International journal of sustainable development & world ecology, 2013, 20 (1): 1-8.

② Shishlov I, Morel R, Bellassen V. Compliance of the Parties to the Kyoto Protocol in the first commitment period. Climate policy, 2016, 16 (6): 768-782.

二、国家层面第 6 条碳市场机制实践

《巴黎协定》第 6 条为缔约方通过碳市场合作实现国家自主贡献提供了框架，总体目标是增强气候雄心、促进可持续发展并维护环境完整性。在此基础上，COP26 为市场机制提供了具体指导，有助于促进各国在碳市场合作方面开展行动。虽然第 6 条的实施细则是在 2021 年底才完成的，但迄今为止已经启动了多个第 6 条碳市场机制试点项目①。截至 2024 年 2 月 1 日，根据《巴黎协定》第 6 条第 2 款“合作方法”签署的合作双边协议（BA）有 78 个，涉及 7 个不同的买家和 46 个东道国，总共有 138 个试点项目②。截至 2024 年 2 月 9 日，72 个缔约方向《公约》秘书处通报了其 6.4 机制的指定国家主管部门（DNA），43% 的 DNA 提交来自非洲国家，其次是亚洲（26%）和美洲（17%）③。这对于未来第 6 条碳市场机制规则的构建和完善有着重要的推动意义。

1. 瑞士国际碳市场机制分析

瑞士于 2017 年 10 月 6 日批准了《巴黎协定》，承诺到 2030 年将其排放量从 1990 年的水平减少一半，到 2050 年实现碳中和。实现这些目标除了依托国内减排，还需要通过与其他缔约方开展减排合作。基于《巴黎协定》第 6 条第 2 款“合作方法”，瑞士与多个国家签订了双边条约，确立了合作框架，并对条约缔约方承认和转让国际减排量的要求进行了规定，为减排交易双方之间的商业合同奠定了法律基础。

（1）平行合同结构。

瑞士采用的是平行合同结构：第一层次合同是由瑞士联邦环境办公室（FOEN）与东道国签订的政府间协议，该协议定义了项目的总体框架与

---

① Greiner S，Michaelowa A，De Lorenzo F，et al. Article 6 piloting：state of play and stakeholder experiences.（2023-05-25）［2023-06-16］. https：//www.zora.uzh.ch/id/eprint/233855/1/Climate_Finance_Innovators_Article_6_piloting_State_of_play_and_stakeholder_experiences_December_2020.pdf.

② UN Environment Programme. Article 6 Pipeline.（2024-03-01）［2024-03-10］. https：//unepccc.org/article-6-pipeline/.

③ 同②.

合作机制，截至 2024 年 2 月，瑞士已经与秘鲁、加纳和塞内加尔等 13 个国家签署了合作协议①，建立了双边合作框架。第二层次合同由瑞士气候保护和碳抵消基金会（KliK）作为碳的私营部门买家进行谈判，与项目开发商签订购买协议。

其中，第一层次合同规定了减缓成果的最低质量标准，以确保环境完整性、促进可持续发展和尊重人权；同时规定了转让模式、项目周期和结构以及授权活动、交易核算和应用相应调整的流程概述②。对于东道国而言，其有权根据本国优先事项为减缓活动制定额外规则，例如在与少数民族的包容性方面。值得注意的是，第一层次合同一般并不明确预设瑞士与合作国家的买卖身份，两国都将为可转让的减缓成果发行国内交易单位，如双方合作完成，则卖方将取消东道国国内登记系统中的国内交易单位，同时，瑞士将在其登记处重新签发被取消的单位作为“国际证明”。根据《巴黎协定》规定的 2030 年国家自主贡献目标的报告义务，项目东道国将对所有已发放的国内碳信用进行相应调整③，而不受其最终使用方式的影响。

主要由 KliK 主导的第二层次合同属于私人行为者之间的商业协议，不涉及瑞士或项目东道国政府，除非减缓项目由东道国政府拥有或出售减缓成果。该合同为特定减缓活动的减缓成果交易提供了协议，包括合作的部门、东道国处理减缓成果的数量、实施特定技术产生减缓成果、支付结构以及价格等④。根据《巴黎协定》第 6 条第 3 款，参与第二层次合同需

---

① Switzerland's partner countrieswith a bilateral climate agreement. Cooperative climate action under the Paris Agreement.（2023-09-28）[2024-02-05]. https://www. klik. ch/en/international/partner-countries/.

② Implementing Agreement to the Paris Agreement between the Swiss Confederation and the Republic of Peru.（2020-10-20）[2024-02-05]. https://z7r689. n3cdn1. secureserver. net/wp-content/uploads/2021/05/20201020-Implementing-Agreement-to-the-Paris-Agreemen _ PE _ CH _ Signed. pdf.

③ Michaelowa A，Hermwille L，Obergassel W，et al. Additionality revisited：guarding the integrity of market mechanisms under the Paris Agreement. Climate policy，2019，19（10）：1211-1224.

④ Michaelowa A，Espelage A，Gilde L，et al. Article 6 readiness in updated and second NDCs.（2021-10-27）[2024-02-05]. https://perspectives. cc/wp-content/uploads/2023/10/PCG-CF _ Art6 _ Readiness-NDCs _ 27. 10. 21. pdf.

要两国的批准，瑞士和项目东道国都有权单方面决定批准，但会以协调方式进行。

（2）支付结构。

以 KliK 与 Climate Cent Foundation（CCF）在秘鲁参与的节能炉灶项目 Tuki Wasi 为例，该项目旨在帮助缓解人为温室气体排放造成的全球平均气温升高。CCF 是瑞士商业界创建的一个自愿项目，旨在为保护环境和气候作出贡献。Tuki Wasi 由 CCF 资助，用于测试和建立秘鲁和瑞士之间的 ITMOs 机制。Microsol 是一家社会公司，致力于改善拉丁美洲农村地区受贫困和气候变化影响的人们的生活质量。在 Tuki Wasi 计划的框架中，Microsol 扮演管理实体的角色，负责项目的运营，包括实施减排量的监测、报告和验证系统。在瑞士和秘鲁政府之间的合作框架协议背景下，CCF 与 Microsol 签署了商业协议，KliK 与 Microsol 签署了减缓成果购买协议（MOPA）。

其中，商业协议采用了混合支付形式，一部分根据预先确定的节点触发，另一部分则由提供国际证明进行触发。根据预先节点触发的付款金额占据合同总金额一半以上，且与实现开发和扩大炉灶计划的具体目标相绑定，因为这些付款与国际交易或相应调整无关，CCF 能够为 Tuki Wasi 计划提供预付资金。但是，基于减缓成果的付款的触发因素是由瑞士政府向 CCF 提供国际证明，这需要秘鲁和瑞士"承认"减缓成果的转让才能实现，这种"承认"规定了两国在相应调整方面的义务，这些调整要体现在两国的自主贡献年度目标报告中。MOPA 确立了第 6 条减缓成果的购买协议，并与相应调整相关联，包括谈判价格等商业交易条款①。在 CCF 和 Microsol 之间的商业协议下，基于减缓成果的支付意味着 KliK 的付款将在收到瑞士政府在瑞士注册处的国际证明后触发。同时，向 KliK 提供国际证明由瑞士和秘鲁对转让的"承认"所触发，这与相应调整相互独立。因此，参与交易的各方承担着不同的风险：CCF 和 KliK 即使根据瑞

① Mehling M A. Advancing international cooperation under the Paris Agreement：issues and options for Article 6.（2021－10－14）［2023－06－07］. https：//www.belfercenter.org/sites/default/files/files/publication/harvard _ project _ enel _ foundation _ mehling _ article _ 6 _ oct _ 2021.pdf.

士和秘鲁之间的双边协议条款免受相应调整未实现的风险，但如果缺乏相应调整，CCF 和 KliK 将面临减缓成果单位的不确定性；Microsol 面临着可能中断付款或终止双边协议的政治风险，这可能是因为秘鲁政府没有进行相应调整。

由此可见，这种平行合同结构的出现似乎是政府和非政府实体之间共同责任的自然结果，事实上这种合同结构将促进政府之间更深入的交流，同时能够防止减缓成果的重复计算。不过正如上述案例，如果东道国不采取相应调整，违反双边协议，瑞士政府可能终止与东道国政府的协议，从而导致商业协议项下的交易和付款被中断。此外，繁杂的程序也可能会消耗时间和资源，甚至在多个协议之间产生意想不到的后果。

2. 瑞典国际碳市场机制分析

2017 年，瑞典议会批准了气候政策框架，决定在瑞典法律中实施《巴黎协定》。该框架基于三个支柱：气候法案、减排目标以及气候政策监督机构——气候政策委员会。作为欧盟成员国，瑞典除了要承担欧盟国家自主贡献（NDCs）的责任，还提出了 2045 年实现温室气体净零排放的长期目标，同时也制定了中期目标，包括承诺 2030 年比 1990 年减排 63%，2040 年比 1990 年减排 75%①。因此，使用 ITMOs 来实现 NDCs 已几乎成为一个必然选择。瑞典能源署（SEA）代表瑞典政府在《巴黎协定》第 6 条框架下通过收购减排单位开展国际气候合作。基于 COP26 完成的《巴黎协定》第 6 条实施细则，SEA 积极参与第 6 条市场机制试点项目，探索支持可能产生 ITMOs 的减缓活动发展，支持根据《巴黎协定》合作机制减少全球排放。

为了评估根据第 6 条第 2 款“合作方法”与伙伴国家合作的潜力，并探讨如何设计减缓活动，瑞典能源署与 7 个不同的国家（智利、哥伦比亚、肯尼亚、蒙古、尼日利亚、菲律宾和印度尼西亚）开展试点合作，

---

① Pareliussen J, Purwin A. Climate policies and Sweden's green industrial revolution. (2023-12-05)［2024-01-07］. https://www.oecd-ilibrary.org/sites/fb75b5d7-en/index.html? itemId=/content/component/fb75b5d7-en.

旨在通过合作行动减少碳排放，采取其他减缓气候变化的措施，同时尊重各国的国家自主贡献。值得一提的是，这些试点都强调要确保项目的额外性[①]，且不属于东道国无条件国家自主贡献的一部分。这些试点表明了第6条碳市场机制合作的复杂性和挑战，以及机遇和可能性。尽管每个试点都有其特点和特定要求，但还是可以得出一些关于《巴黎协定》第6条碳市场机制合作一般性的结论。

首先，由于ITMOs跨境合作的不确定性来源较多，比如数据质量、减排基线设定和技术标准等，用于碳信用阈值的基线应该是动态和保守的。基线可以在事后进行更新，并且可以通过改进数据质量和考虑各种因素进行完善。其次，第6条下的合作需要可靠的数据，这就需要运作良好的监测、报告和核查系统，以确保排放数据的准确性和基线设定的合理性。尤其在数据质量低下的情况下，应采取措施确保环境完整性，比如减少排放量并设定更保守的基线。再次，第6条的合作机制应立足长期参与，因为探索确保环境完整性的方法、建立政府基础设施和职能部门、制定相关政策法规和行动计划以及建立监测系统都需要时间。同时，这种合作需要各国的共同努力，共享信息、技术和最佳实践，以加强对气候变化的应对措施，这是确保全球气候目标实现的关键要素。最后，根据《巴黎协定》第6条的市场合作机制，各国可能会采取一系列减排行动来加强对气候变化的应对，这可能会导致减排水平超出各国原有的无条件国家自主贡献目标。为了有效地管理和推动这种超出目标的减排，需要制定国家自主贡献实施的路线图和长期发展计划。

除了探讨第6条的技术潜力，瑞典能源署还与加纳、尼泊尔、多米尼加和瑞士签署了《巴黎协定》第6条下合作的双边协议，并正在与其他国家就建立双边协定进行讨论[②]，这些合作协议目的是为缔约方在与实施《巴黎协定》第6条相关的共同利益领域开展合作奠定基础，包括开

---

① Scott D，Gössling S. Destination net-zero：what does the international energy agency roadmap mean for tourism? . Journal of sustainable tourism，2021，30（1）：14－31.

② Swedish Energy Agency. Partnerships under the Paris Agreement.（2024－01－30）［2024－02－13］. https：//www. energimyndigheten. se/en/cooperation/swedens-program-for-international-climate-initiatives/paris-agreement/partnerships-under-the-paris-agreement/.

发和评估产生减缓成果的机会，这些成果可作为 ITMOs。具体而言，这些协议为未来双方达成有约束力的双边框架协议的谈判拉开了序幕，也为瑞典与项目开发商之间转让减缓成果奠定了基础。这些合作协议为双方实施《巴黎协定》第 6 条的共同利益合作奠定了基础，推进了双方在项目开发和评估以及进行 ITMOs 交易的合作①。

目前，瑞典在国际合作中的谈判对象除了东道国外，还包括与减缓成果采购协议中的活动支持者进行合作，这些活动支持者可能是私人部门、非政府组织、国际组织或其他利益相关者，它们可能通过提供技术支持、资金支持、经验分享等方式参与到减缓气候变化的活动中。这两类合作谈判都要考虑的一个重要问题是如何分享减缓惠益。瑞典主张采用一些可以缩短计入期的方法，即通过在早期实施减排措施来获得更多的减排额度，从而加速减排进程，帮助瑞典更快地实现减排目标。但活动支持者希望将剩余减排量出售给第三方，通过减排项目获得收益以实现经济效益最大化，而不是为东道国的国家自主贡献作出贡献。这种分歧表明了在减缓成果的共享方面存在着不同利益和优先考虑的观点，需要在合作谈判中进行妥善协调和解决。

3. 日本国际碳市场机制分析

日本提出 2030 年温室气体排放量比 2013 年减少 46%的目标，其中约 1 亿吨二氧化碳的减排量和清除量是通过与其他国家、组织和企业合作实现②。日本于 2010 年建立了联合信贷机制（JCM），旨在与发展中国家合作减少温室气体排放，以促进和加强日本与各发展中国家的双边合作，推动日本和伙伴国家实现国家自主贡献。截至 2024 年 1 月，日本已与 29 个伙伴国家（包括蒙古、孟加拉国、埃塞俄比亚、肯尼亚等）建立了

---

① Oh C. Exploring the way to harmonize sustainable development assessment methods in Article 6.2 cooperative approaches of the Paris Agreement. Green and low-carbon economy, 2023, 1 (3): 121－129.

② Kuramochi T, Nascimento L, Moisio M, et al. Greenhouse gas emission scenarios in nine key non－G20 countries: an assessment of progress toward 2030 climate targets. Environmental science & policy, 2021, 123: 67－81.

JCM 合作机制①。

具体而言，为了参与 JCM 合作，伙伴国家与日本政府签署协议。每项双边合作都有一个联合委员会（JC），由日本和相应伙伴国的代表组成，负责制定规则、指导方针和方法以及发放碳信用的通知②。JC 充当 JCM 的秘书处，提供有关监测、报告和验证（MRV）以及会计规则的指导，并批准方法和项目。在 JC 批准的第三方实体提交项目验证报告后，项目参与者确定信用额度的分配，并请求 JC 通知碳信用的发放③。如果 JC 协商一致决定发放碳信用数量，根据 JC 的通知，参与 JCM 的各政府向其登记机构发放相应的碳信用数量。在 JC 实施的最新国家具体规则中，伙伴国必须证明避免双重核算的措施④。

参与 JCM 的角色包括主要负责可行性与 MRV 相关研究的日本经济产业省（METI）下辖的新能源和产业技术综合开发组织（NEDO），以及主要支持示范项目的日本环境省（MOE）⑤。2022 年初，日本环境省发布了关于在通过第 6 条实施细则后继续实施 JCM 的进展情况，确定了如何将新指南纳入国内规则和程序。这包括一个国家安排程序，用于在第 6 条的背景下授权和应用相应调整，以转移 JCM 的减缓成果。同时，日本还成立了一个 JCM 促进和利用理事会，代表五个相关部门（环境省、经济产业省、外务省、农林水产省和国土交通省）负责 JCM 碳信用的授权、

---

① Mizuno Y，Takahashi K，Rocamora A R. The Joint Crediting Mechanism（JCM）at a glance.（2017－07－24）［2024－02－13］. https：//www.iges.or.jp/en/system/files/publication_documents/pub/discussionpaper/6031/Discussion%20paper_TT6_final.pdf；Joint Crediting Mechanism（JCM）.（2024－02－22）［2024－04－26］. https：//www.mofa.go.jp/ic/ch/page1we_000105.html.

② Dabner J. Should Australia introduce a Japanese style joint crediting mechanism?. Environmental and planning law journal，2018，35（6）：659－669.

③ Czechowska L. Joint bodies and the regularization of strategic interaction：a comparison of the European Union's strategic partnerships with Japan and India. JCMS：Journal of common market studies，2022，60（4）：1144－1164.

④ Chotimah H C，Arisanto P T，and Pratiwi T S. Bilateral agreement of Indonesia-Japan for low carbon growth cooperation：an analysis of the effectiveness and the compliance level. Nation State：Journal of international studies. 2020，3（2）：98－113.

⑤ Sugiyama M，Fujimori S，Wada K，et al. Japan's long-term climate mitigation policy：multi-model assessment and sectoral challenges. Energy，2019，167：1120－1131.

确定应用相应调整的方法，以及定期修订 JCM 实施指南。JCM 参与者还包括开展减排活动的东道国政府以及参与项目活动设计、实施和运营的项目业主、开发商和技术提供商等。JCM 碳信用框架实现了在发展中国家推广领先的脱碳技术和基础设施来减少温室气体排放。作为对这些项目财政支持的回报，日本政府获得了项目产生的碳信用。碳信用的分配需要项目参与者之间根据 JCM 实施规则进行协商，一般至少 50%的已发放碳信用应转入日本政府账户①，其余则依据各方对项目实施的贡献，由政府和项目参与者共同决定。

JCM 背景下，付款大多数是在投资阶段进行，以弥补初始投资的不足，解决启动减缓活动的前期费用问题。换言之，投资价值和产生的减缓成果之间的分配主要由合作伙伴之间预先商定，付款既不是由发放减排信用引发的，也与相应调整没有任何关系。在实施方面，日本要求合作伙伴国授权 JCM 碳信用，对 2021 年后向日方发放的 JCM 碳信用进行相应调整并公开相关文件②，从而降低伙伴国过度销售减缓成果的风险。然而，对于不遵守相应调整要求的做法，JCM 交易结构并没有正式的应对机制，如果由此引起纠纷，则可能会通过 JC 解决。

三、欧盟排放交易体系实践分析

欧盟排放交易体系（EU ETS）是欧盟应对气候变化政策的基石，涵盖了欧盟约 40%的温室气体排放和全球约 5%的排放③。作为世界上第一个主要碳市场，EU ETS 适用于所有欧盟成员国、欧洲自由贸易联盟国家中的冰岛、列支敦士登和挪威，也适用于北爱尔兰的发电活动（根据爱尔

---

① Greiner S，Michaelowa A，De Lorenzo F，et al. Article 6 piloting：state of play and stakeholder experiences.（2023-05-25）[2023-07-10]. https：//www.zora.uzh.ch/id/eprint/233855/1/Climate_Finance_Innovators_Article_6_piloting_State_of_play_and_stakeholder_experiences_December_2020.pdf.

② Sawamura N. How Japan's international cooperation contributes to climate change//Asif M. Handbook of energy and environmental security. London：Academic Press，2022：263-276.

③ Bailey I. The EU emissions trading scheme. Wiley interdisciplinary reviews：climate change，2010，1（1）：144-153.

兰和北爱尔兰议定书)。该体系覆盖了能源部门和制造业中约10000个设施，还包括在欧盟境内飞行以及飞往瑞士和英国的飞机运营商的温室气体排放。

EU ETS遵循“总量控制与交易”原则。“一顶帽子”(cap)是对系统覆盖的设施和飞机运营商可排放的温室气体总量设定的限制。根据欧盟的气候目标，每年都会降低上限以确保排放量随着时间的推移而减少。自2005年以来，欧盟排放交易体系已帮助发电厂和工业工厂减少了37%的排放量。上限的下降使配额长期具有稀缺性，确保配额具有市场价值。配额价格可以激励企业寻找成本最低的减排方式和地点，从而实现减排目标。EU ETS自2013年以来已产生超过1520亿欧元的收入①。这些收入大部分进入国家财政体系，成员国利用这些收入支持对可再生能源、提高能源效率和有助于进一步减少排放的低碳技术的投资。

EU ETS涵盖一系列特定活动中产生的温室气体排放②。其中包括二氧化碳的排放，主要来自以下活动：(1) 发电和供热；(2) 能源密集型工业部门，包括炼油厂、钢铁厂以及铁、铝、金属、水泥、石灰、玻璃、陶瓷、纸浆、纸张、纸板、酸和大宗有机化学品的生产；(3) 航空，包括欧洲经济区内以及飞往瑞士和英国的航班；(4) 海上运输，包括在欧盟以外出发或结束的航程排放量的50%，两个欧盟港口之间的航程以及船舶在欧盟港口内航行时排放量的100%。此外，EU ETS还覆盖硝酸、己二酸、乙醛酸和乙二醛生产中产生的一氧化二氮以及铝生产过程中产生的全氟化碳(PFCs)。总体上，上述行业的公司必须参与EU ETS，但是也有一些例外：在某些行业，只有超过一定规模的运营商才需要参与EU ETS；如果政府采取替代措施来减少排放，某些小型设施也可能会被排除在EU ETS之外。从2024年起，超过一定阈值的城市垃圾焚烧装置也需要在EU ETS中监测和报告其排放量。

---

① European Commission. What is the EU ETS?.［2023-06-19］. https://climate.ec.europa.eu/eu-action/eu-emissions-trading-system-eu-ets/what-eu-ets_en.

② European Commission. Scope of the EU Emissions Trading System.［2023-06-19］. https://climate.ec.europa.eu/eu-action/eu-emissions-trading-system-eu-ets/scope-eu-emissions-trading-system_en#sectors-gases.

1. 欧盟排放交易体系的发展脉络

1997 年《京都议定书》首次为 37 个发达国家设定了具有法律约束力的减排目标或上限，实现这些目标需要政策工具的支持。2000 年 3 月，欧盟委员会提出了关于 EU ETS 设计的一些初步想法，这在很大程度上成为众多利益相关者讨论的基础，并进一步帮助塑造了该体系。2003 年 10 月，欧洲议会颁布了一项建立 EU ETS 并规范其第一和第二阶段运行的法律，成员国可以通过制定国家分配计划（NAP）来确定要分配的欧盟碳排放配额（EUA）总数以及分配给其领土上每个设施的数量①。

（1）第一阶段（2005—2007 年）。

这是一个为期三年的“边做边学”试点，旨在为第二阶段做准备，届时欧盟排放交易体系需要有效运作，帮助欧盟实现京都目标。在第一阶段，几乎所有 EUA 都是基于历史排放量免费授予的，这一做法通常被称为“祖父授予”（grandfathering）。本阶段涵盖了发电和供热装置以及钢铁、水泥和炼油等能源密集型工业部门的二氧化碳排放②，违规行为的罚款为每吨二氧化碳 40 欧元。这一阶段为碳市场运行构建了基础，包括确定了 EUA 的价格、实现了欧盟范围内排放配额的自由贸易以及建立了监测、报告和核实企业排放的基础设施。EU ETS 在第一阶段减少了约 2 亿吨二氧化碳排放，占确认排放总量的 3%，并在交易成本上实现了最小化③。

然而，由于缺乏可靠的历史排放数据，第一阶段的上限是根据估计设定的。在运营第一年之后，真实世界的排放数据开始发布，显示出企业被分配的 EUA 数量过多这一实际情况，EUA 供过于求引发价格下跌。由于第一阶段的配额无法存入第二阶段使用，2007 年配额价格跌至零。

---

① Alberola E, Chevallier J, Chèze B. Emissions compliances and carbon prices under the EU ETS: a country specific analysis of industrial sectors. Journal of policy modeling, 2009, 31 (3): 446 - 462.

② 李布．欧盟碳排放交易体系的特征、绩效与启示．重庆理工大学学报（社会科学），2010，24（3）：1 - 5.

③ Perino G, Willner M. EU-ETS Phase IV: allowance prices, design choices and the market stability reserve. Climate policy, 2017, 17 (7): 936 - 946.

(2) 第二阶段 (2008—2012 年)。

由于第二阶段恰逢《京都议定书》第一承诺期，欧盟设定了更严格的排放上限，将 EUA 总量相比 2005 年水平削减了 6.5%①。在此阶段，冰岛、挪威和列支敦士登加入了 EU ETS，许多国家将硝酸生产过程中的氧化亚氮排放量纳入 EU ETS 的范围。多个国家引入拍卖机制，免费分配比例小幅下降至 90%左右。违规行为将被处以每吨二氧化碳 100 欧元的罚款。这一阶段开始允许企业使用通过《京都议定书》清洁发展机制 (CDM) 和联合履约 (JI) 获得的碳信用额，总计约 14 亿吨二氧化碳当量②，但核设施的信用额除外。这一行动旨在为企业提供具有成本效益的减排选择，并将 EU ETS 确立为国际碳市场的主要驱动力。然而，额外的碳信用和 2008 年的经济危机致使 EUA 大量过剩，对整个第二阶段的 EUA 价格造成了沉重压力。

(3) 第三阶段 (2013—2020 年)。

由于 EUA 价格在第二阶段的崩溃，没有带来重大改革或向可再生能源业务或低碳技术发展以及出现了大量欺诈和骗局，EU ETS 在第三阶段从框架上对体系进行了很大的改变，包括欧盟范围内设置统一的排放上限，这将有助于欧盟更有效地实现其温室气体减排目标。所有成员国每年的碳排放总量下降率不低于 1.74%，从而达成《京都议定书》约定的减排 20%的目标 (以 1990 年为基准)③。

具体而言，首先，欧盟范围内的单一排放上限取代了之前的国家上限制度，这有助于更一致地管理整个欧洲范围内的碳排放，并促使各成员国更紧密地合作以实现共同的减排目标。其次，拍卖作为分配配额的默认方法，减少了免费分配的比例。2013 年，超过 40%的认证排放配额进行了

① Daskalakis G. Temporal restrictions on emissions trading and the implications for the carbon futures market: lessons from the EU emissions trading scheme. Energy policy, 2018, 115: 88 - 91.

② Jepma C J. The EU emissions trading scheme (ETS): how linked to JI/CDM? . Climate policy, 2003, 3 (1): 89 - 94.

③ Bayer P, Aklin M. The European Union emissions trading system reduced CO_2 emissions despite low prices. Proceedings of the National Academy of Sciences of the United States of America, 2020, 117 (16): 8804 - 8812.

拍卖，拍卖是在国家层面进行的，拍卖平台对所有参与 EU ETS 的国家开放[①]。根据修改后的 EU ETS 指令，拍卖必须满足可预测性、成本效益、公平参与拍卖以及所有运营商同时访问基本信息等要求。最后，新进入者储备金中预留了 3 亿份配额，用于通过“新能源技术融资计划”(NER 300)[②] 资助创新、可再生能源技术以及碳捕集和封存的部署。不过，该阶段面临的主要问题是第二阶段 EUA 价格降低带来的影响，作为一项短期措施，欧盟同意将 9 亿份 EUA 的拍卖推迟到 2019—2020 年，此举可以在短期内重新平衡供需，减少价格波动，而不会对竞争力产生任何重大影响。

(4) 第四阶段 (2021—2030 年)。

2021 年 7 月 14 日，欧盟委员会通过了一系列立法提案，阐述如何到 2050 年在欧盟实现气候中和，包括到 2030 年温室气体净排放量相对 1990 年水平减少至少 55%的中期目标[③]，到 2050 年实现净零排放。为了有助于实现这些目标，EU ETS 框架实施了多项改革。

首先，EU ETS 范围扩大到海运，这意味着海运领域的排放也将受到管制，并需要相应的排放许可证。其次，排放上限收紧，欧盟设定到 2030 年排放上限将比 2005 年水平减少 62%，这表示欧盟对温室气体减排目标的承诺进一步加强。再次，市场稳定储备调整，通过调整供给来帮助稳定碳市场，防止价格波动过大。最后，为了更有效地应对市场波动，欧盟对价格波动机制进行了强化，引入了更灵活的定价机制，以确保碳价格的稳定性，为企业提供更强有力的市场信号，鼓励更多的碳减排投资。同时，为了帮助推进部门脱碳，EU ETS 调整了免费分配规则，包括对工业设施获得免费

---

① 齐绍洲，王薇．欧盟碳排放权交易体系第三阶段改革对碳价格的影响．环境经济研究，2020，5 (1)：1-20.

② NER 300 代表“新能源技术融资计划”(New Entrants' Reserve 300)，它是 EU ETS 的一项重要措施。NER 300 计划于 2010 年推出，其目标是通过拍卖碳排放配额所筹集的收入，为在欧洲实施低碳技术项目提供资金支持。Lavidas G. Developments of energy in EU: unlocking the wave energy potential. International journal of sustainable energy，2019，38 (3)：208-226.

③ 陈星星．全球成熟碳排放权交易市场运行机制的经验启示．江汉学术，2022，41 (6)：24-32.

分配的条件提出了更高要求以及逐步取消航空业的免费分配。此外，由于碳边界调整机制（CBAM）的引入，某些行业（水泥、铝、化肥、电能生产、氢能、钢铁以及部分前驱体和有限数量的下游产品）的免费配额将逐步取消。

2. 欧盟排放交易体系的法律机制

EU ETS是欧盟环境立法的重要组成部分。1986 年的《单一欧洲法案》（SEA）为欧洲一体化和内部市场的完善增添了新的动力，并扩大了共同体的权力①。欧洲议会和理事会 2003 年 10 月 13 日颁布的指令 2003/87/EC，建立了温室气体排放配额交易制度，旨在以具有成本效益和经济效率的方式促进减少温室气体排放。多年来，这一制度体系经历了多次修改，以确保其与欧盟总体气候目标保持一致。本质上，EU ETS 是一项环境法，有关欧盟排放交易的决定是在欧盟层面而不是成员国层面作出的，涉及的主要机构是欧洲议会（欧洲公民的民选代表）、欧盟委员会（欧盟的行政机构）和欧洲理事会（代表成员国政府参与欧洲决策的机构）。

一般而言，在欧盟层面，欧盟委员会是唯一有权发起立法提案的机构，负责规划、准备和提出新的立法，如 EU ETS 新法规或欧盟排放交易指令的修正案。根据《里斯本条约》，欧洲理事会和欧洲议会共享立法权，欧盟委员会关于新的或修订的框架立法提案同时提交给欧洲理事会和欧洲议会，这两个机构可以对立法提案提出修正案②。最终，只有经过欧洲理事会和欧洲议会批准，拟议的立法才能获得通过。除了这三个部门外，欧洲议会环境公共健康和食品安全委员会（Committee on the Environment，Public Health and Food Safely，ENVI）和工业、研究和能源委员会（Committee on Industry，Research and Energy，ITRE）③ 等对 EU

① Damro C D，Hardie I，MacKenzie D. The EU and climate change policy：law，politics and prominence at different levels. Journal of contemporary European research，2008，4（3）：179－192.

② 沈阳．欧盟碳交易市场的发展与现实思考．金融经济，2017（22）：73－75.

③ Šefčovič M，Cañete M A. Written answers to the questions from the European Parliament's Committee on Industry，Research and Energy and from the Committee on the Environment，Public Health and Food Safety. European energy journal，2014，4（4）：23－33.

ETS的立法也发挥着重要作用。

一旦欧盟通过了法律，成员国就必须予以实施。法规和决定自实施之日起在整个欧盟自动具有约束力，成员国可能需要改变国内立法，并由相应的国家机构或监管机构实施。同时，欧盟国家必须将指令纳入其国家立法，并在每项指令规定的截止日期之前完成这一过程，同时将这一情况通知欧盟委员会。

在实施过程中，成员国在确保欧盟法律得到正确、及时实施方面发挥着关键作用，这对于个人和企业从共同商定的规则中获得最佳利益至关重要。欧盟委员会被称为“条约的守护者”，负责确保法律得到适当的转换和实施，特别是在涉及需要统一实施条件的领域，例如EU ETS①。在这些情况下，欧盟委员会通过与成员国的气候变化委员会进行磋商来确保统一的方法，比如在EU ETS中，气候变化委员会审查了与免费分配、监测或报告等相关的决定和规定。

欧盟委员会负责确保EU ETS的立法得到正确实施。在某些情况下，如果欧盟委员会发现可能存在违反EU ETS法律的行为，它可能会启动侵权前程序。这是一个比正式侵权程序更快地实现遵约的工具，适用于技术性问题或当欧盟委员会希望收集事实或法律信息以进行评估时。侵权前程序不用于有充分证据、明显或自我承认的违反欧盟法律的情况，也不用于那些技术层面讨论不太可能取得成功结果的敏感问题。

如果成员国未能正确执行欧盟法律，欧盟委员会可能会针对相关国家启动正式的侵权程序②。如果问题仍未得到解决，欧盟委员会最终可能会将案件提交欧盟法院。在某些情况下，欧盟委员会可能会要求法院对有关成员国实施经济制裁。如果法院认定该成员国违反了欧盟法律，可以依据欧盟委员会建议的金额向该成员国处以罚款。

---

① Venmans F. A literature-based multi-criteria evaluation of the EU ETS. Renewable and sustainable energy reviews, 2012, 16 (8): 5493 - 5510.

② Flachsland C, Pahle M, Burtraw D, et al. How to avoid history repeating itself: the case for an EU Emissions Trading System (EU ETS) price floor revisited. Climate policy, 2020, 20 (1): 133 - 142.

3. 国际合作机制路径分析

自成立以来，EU ETS 的设计初衷就是成为新兴国际碳市场的一部分，从而为其发展作出贡献。自 2020 年后，EU ETS 不再接受国际碳信用额，但其作为曾经的国际碳信用最大需求来源，是国际碳市场的主要推动者，也是发展中国家和转型经济体清洁能源投资的主要提供者。

2003 年 7 月，欧盟委员会提出了一项旨在将 CDM 和 JI 机制与 EU ETS 联系起来的提案①，其形式是对 ETS 指令的修正案，允许减排主体自 2008 年 1 月 1 日起使用 CDM 和 JI 产生的国际排放信用来履行其在 EU ETS 中的减排义务，但明确排除了来自土地利用、土地利用变化和林业（LULUCF）项目以及核设施产生的碳信用额。此举通过扩大其他成员国或欧盟以外国家以较低成本减少排放的机会范围，降低了 EU ETS 所涵盖部门的减排成本，同时允许 EU ETS 指令未涵盖的来源参与实施具有成本效益的减排方案，也有助于启动国际碳市场。当然也有非政府组织对此持批评态度，认为这将降低 EUA 的市场价格并对域内减排形成负面影响，同时对基于项目产生的碳信用的环境质量表示怀疑。

在 EU ETS 第一、第二阶段，欧盟委员会于 2005 年底表示，成员国在确定 EU ETS 内使用的 CDM 和 JI 碳减排量的占比时，该百分比必须符合《马拉喀什协议》中规定的成员国“补充”义务，但对如何解释“补充”原则并没有提供任何信息。直到 2006 年底，欧盟委员会一改以前的谨慎表态，开始对成员国使用 JI 或 CDM 碳信用进行限制②。受监管实体被允许使用 CDM 和 JI 碳信用额度，但有一定的上限要求，该百分比由每

---

① European Parliament and Council. Directive 2004/101/EC of the European Parliament and of the Council of 27 October 2004 amending Directive 2003/87/EC establishing a scheme for greenhouse gas emission allowance trading within the Community, in respect of the Kyoto Protocol's project mechanisms. (2004-10-27) [2023-06-21]. https://eur-lex.europa.eu/legal-content/EN/TXT/?uri=celex%3A32004L0101.

② European Commission. Communication from the Commission to the Council and the European Parliament on the assessment of national allocation plans for the allocation of greenhouse gas emission allowances in the second period of the EU Emissions Trading Scheme. (2006-11-29) [2023-06-21]. https://eur-lex.europa.eu/LexUriServ/LexUriServ.do?uri=COM:2006:0725:FIN:EN:PDF.

个欧盟成员国确定，同时欧盟也明确成员国在确定使用CDM和JI碳信用限额时必须遵守的一些规则。具体而言，成员国在2008年至2012年期间可以使用的JI或CDM碳信用的最高额要根据1990年、2004年和2010年温室气体排放水平与《负担分担协定》(Burden-sharing Agreement)① 和《京都议定书》规定的减排目标之间的最大差异来确定，由此确定了成员国最多50%的“减排努力”是使用JI或CDM碳信用来实现的②。

自第三阶段以来，EU ETS的参与者可以使用CDM和JI的国际碳信用，在2020年之前履行其在EU ETS下的部分减排义务，但须遵守质量和数量限制③。首先是质量限制。所有类型的项目的碳信用都可被接受，除了核能项目、造林或再造林活动以及涉及销毁工业气体（HFC-23和N_2O）的项目。此外，只有在特定条件下，EU ETS才会接受装机容量超过20兆瓦的水电项目的碳信用。同时，禁止使用2012年之后的新项目碳信用，除非该项目是在某个最不发达国家（LDC）注册的。其次是数量限制。欧盟立法规定了可在EU ETS下用于第三阶段遵约的合格国际碳信用的最高限额。EU ETS第二阶段和第三阶段的每个参与者的初始国际碳信用资格由成员国确定，然后由欧盟委员会根据相关立法批准。最后是对碳信用转化的数量和时间限制。CDM和JI碳信用额不再是EU ETS内的遵约单位，必须兑换为EU ETS排放配额，此类交换的数量是有限的，比如德国运营商可以使用的JI和CDM碳信用额，相当于2008年至2012年期间其个人分配金额的22%。同时，2013年之前注册的项目和减排量（CER和ERU）必须在2015年3月31日之前转换为EU ETS配额，以便用于第三阶段交易；对于2012年底前注册的CDM项目，2013年开始的减排量获得的CER可在2013至2020年期间使用，但必须在2020年12

① Petroula T, Swart R, Gugele B, et al. Implementing the Kyoto Protocol in the European Community. International review for environmental strategies, 2004, 5 (1): 83-108.

② Nazifi F. The price impacts of linking the European Union Emissions Trading Scheme to the Clean Development Mechanism. Environmental economics and policy studies, 2010, 12 (4): 164-186.

③ Verde S F, Borghesi S. The international dimension of the EU Emissions Trading System: bringing the pieces together. Environmental and resource economics, 2022, 83 (1): 23-46.

月31日之前兑换为EUA。此外，自2020年之后，EU ETS将不再允许使用国际碳信用来实现EU ETS的减排要求。

《巴黎协定》背景下，欧盟提出的自主贡献目标是到2030年将温室气体排放量较1990年水平减少55%，这一目标将通过欧洲绿色协议下实施的各种政策来实现。欧盟在其提交的自主贡献目标文件中明确表示，不会使用国际碳信用额来实现其自主贡献。《巴黎协定》第6条仅用于与非欧盟国家（如挪威、列支敦士登和瑞士）交换排放交易体系配额。

某种意义上，不同国家或地区碳交易市场的连接也属于《巴黎协定》第6条碳市场合作机制。目前，欧盟积极通过立法将EU ETS与世界上其他国家或地区层面的排放交易体系连接起来，使EU ETS的参与者能够使用另一个交易体系中的履约单位来实现减排目的。连接有几个潜在的优势，包括降低减排成本、增加市场流动性、使碳价更加稳定、通过协调各司法管辖区的碳价格来创造公平的国际竞争环境，以及支持应对气候变化的全球合作。连接条件包括：系统兼容性（系统具有相同的基本环境完整性，一个系统中的一吨CO_2等同于另一个系统中的一吨CO_2）、交易体系的强制性性质以及存在绝对排放上限。2017年，欧盟和瑞士签署了一项连接系统的协议①，该协议于2020年1月1日生效。故从2020年1月开始，欧盟和瑞士的排放配额得到相互承认。

此外，《巴黎协定》启动了“国内驱动型”的合作方式，碳价格的国际差异可能导致碳泄漏。欧盟宣称这将导致其高排放行业的部分生产转移到气候政策不太严格的国家，同时用进口产品来替代国内生产。为了应对《巴黎协定》执行机制的缺失，欧盟于2021年7月推出“Fit for 55”计划，作为欧洲绿色新政的升级版，在保持原有政策框架的同时增加了实施措施，包括碳边界调整机制（CBAM）②。该机制对进入欧盟的碳密集型产品生产过程中排放的碳进行公平定价，并鼓励非欧盟国家进行清洁工业

---

① Verde S F，Borghesi S. The international dimension of the EU Emissions Trading System：bringing the pieces together. Environmental and resource economics，2022，83（1）：23-46.

② Magacho G，Espagne E，Godin A. Impacts of the CBAM on EU trade partners：consequences for developing countries. Climate policy，2024，24（2），243-259.

生产。CBAM最初适用于某些商品和特定前驱体的进口，包括水泥、钢铁、铝、化肥、电力和氢气，这些商品和特定前驱体的生产属于碳密集型且碳泄漏风险最大。随着范围的扩大，CBAM在全面实施后最终将捕获EU ETS覆盖行业50%以上的排放量①。过渡期的目标是作为所有利益相关者（进口商、生产商和当局）的试点和学习期，并收集有关嵌入排放的有用信息，以完善最终实施方法。2023年10月1日，CBAM进入过渡阶段，进口商的第一个报告期于2024年1月31日结束。CBAM的逐步引入与欧盟排放交易体系下免费配额的逐步取消相一致，以支持欧盟工业脱碳。但是，这种将单边主义措施与国际贸易绑定的做法引起了包括中国在内多个国家的批评和反对②，这也不符合《巴黎协定》多边主义治理的理念和范式。

---

① Sato S Y. EU's Carbon Border Adjustment Mechanism: will it achieve its objective(s)? . Journal of world trade, 2022, 56 (3): 383 - 404.

② Pirlot A. Carbon border adjustment measures: a straightforward multi - purpose climate change instrument? . Journal of environmental law, 2022, 34 (1): 25 - 52.

第五章　碳市场机制交易标的法律属性分析

《巴黎协定》第6条第2款允许使用“合作方法”，例如国际转让的减缓成果（ITMOs），以增强减排雄心并促进可持续发展。目前有将近一半的缔约方宣布将使用或考虑使用排放交易系统来实现其减排目标①。ITMOs是2021年以后产生的减排量和清除量，其单位是吨二氧化碳当量或其他非温室气体指标。ITMOs由参与“合作方法”的缔约方授权，用于实现国家自主贡献、国际减缓目的以及其他目的。由此可见，通过实施第6条第4款授权用于上述三个目的的活动（A6. 4ERs）产生的减排量也是ITMOs。因此，当A6. 4ERs被授权用于实现国家自主贡献和/或其他国际减缓目的时，它就成了ITMOs②。因此，第6条建立了一种ITMOs机制，允许各国自愿合作，帮助彼此实现其国家自主贡献。

理论上，第6条构建的市场合作机制相对于每个国家的“单打独斗”实现了优化，但ITMOs的实施充满了挑战③。基于《巴黎协定》第6条

① International Carbon Action Partnership. Emissions trading worldwide：2023 ICAP status report.（2023-03-22）［2023-04-12］. https：//icapcarbonaction. com/system/files/document/ICAP%20Emissions%20Trading%20Worldwide%202023%20Status%20Report_0. pdf.

② Schneider L，Weber F，Füssler J，et al. Visibility of carbon market approaches in greenhouse gas inventories. Carbon management，2022，13（1）：279-293.

③ Gershinkova D. Unresolved issues of Article 6 of the Paris Agreement：is a compromise possible in Glasgow？. International organizations research journal，2021，16（3）：79-98.

对 ITMOs 框架的规定，COP26、COP27 以及 COP28 都对有关 ITMOs 的具体规则进行了讨论，明确要求遵守环境完整性和透明度的原则，并实施碳核算程序以避免重复计算减排量①。然而，目前缺乏一个连贯的理论框架来概念化 ITMOs 的创建和实施，尤其未明确界定 ITMOs 或“减缓成果”的法律属性，使得碳市场交易涉及的法律后果和权利义务变得模糊，这不仅对各国实施产生影响，也为国际气候治理体系的运作带来了挑战。因此，为了确保《巴黎协定》第 6 条碳市场机制的有效运作，迫切需要深入研究和界定交易标的的法律属性，使其更好地适应协定的整体目标，同时促进全球减排努力的协调推进。

一、碳排放权的功能与权利属性

为促进资源的可持续利用，各国政府越来越多地采取立法措施，基于产权制度引入法定权利，允许持有者在一定的法定框架内使用或开发相关自然资源，以确保资源的可持续利用和环境的保护②。基于此，政府可以更有效地监督和管理资源利用，防止过度捕捞、过度开采和其他不可持续的行为。这种制度也为市场参与者提供了一种在法定框架内进行交易和合作的方式，从而在资源利用方面实现更高效的结果。对碳排放权的引入旨在通过明确的法律框架促进碳排放的有效管理，缓解全球气候变化③，从而促进环境和社会经济的可持续发展。

1. 碳排放权的制度功能

碳排放权是一种用来管理温室气体排放的制度。通常情况下，政府或监管机构会设定一定的排放标准和目标，然后根据这些标准和目标，向企业或组织颁发相应数量的排放许可证。这些许可证代表着允许该企业或组

① Minas S. Market making for the planet: the Paris Agreement Article 6 decisions and transnational carbon markets. Transnational legal theory, 2022, 13 (2-3): 287-320.

② Schlager E, Ostrom E. Property-rights regimes and natural resources: a conceptual analysis. Land economics, 1992, 68 (3): 249-262.

③ Engel K H. Harmonizing regulatory and litigation approaches to climate change mitigation: incorporating tradable emissions offsets into common law remedies. University of Pennsylvania law review, 2007, 155 (6): 1563-1603.

织在特定时期内排放一定数量的二氧化碳或其他温室气体。企业可以根据自己的排放量购买或出售这些排放权，以便更好地控制和管理其碳排放，同时也鼓励它们采取减排措施。碳排放权通过碳交易市场（ETS）生成，主要分为两种模式：基准和信贷（baseline-and-credit）以及总量控制交易（cap-and-trade）。

在基准和信贷模式中，实体可以通过实施抵消项目（例如安装低能耗技术或进行森林保护）来减少其排放量。当这些抵消项目成功减少了实体的排放量，它们会获得可交易的排放权，这些权利代表了实体在实施抵消项目后减少的排放量。通过与既定基准的比较①，可以衡量出实体的减排成效。即使在没有排放量法律限制的情况下，实体仍然可以申请并获得减排信用②，这些信用代表了实体通过抵消项目实现的排放减少。因此，基准和信贷模式提供了一种灵活的方法，使实体能够通过实施减排项目来减少其排放量③，并通过交易或出售排放权和减排信用来获得经济激励，这有助于推动更广泛的碳减排行动，并在碳交易市场中促进更高效的碳减排。

在总量控制交易中，政府或监管机构设定了一个总体的排放上限，也称为"排放限额"或"总量"，排放权被分配给参与者，每个排放权代表了一定数量的排放，参与者可以在允许的范围内交易这些排放权，但总排放量不能超过设定的上限④。在这种模式下，减排实体在使用排放权时，就失去了出售该权利的机会。如果一方的排放量超过了分配的排放权范围，那么它必须从其他方购买额外的排放配额，以免除排放超标的责

---

① Passey R, MacGill I, Outhred H. The governance challenge for implementing effective market-based climate policies: a case study of The New South Wales Greenhouse Gas Reduction Scheme. Energy policy, 2008, 36 (8): 3009 - 3018.

② MacGill I, Outhred H, Nolles K. Some design lessons from market-based greenhouse gas regulation in the restructured Australian electricity industry. Energy policy, 2006, 34 (1): 11 - 25.

③ 王云鹏．论《巴黎协定》下碳交易的全球协同．国际法研究，2022，49（3）：91 - 109.

④ Shammin M R, Bullard C W. Impact of cap-and-trade policies for reducing greenhouse gas emissions on US households. Ecological economics, 2009, 68 (8 - 9): 2432 - 2438.

任[1]。这为企业提供了经济激励，鼓励它们采取减排措施，以避免额外的成本和责任。

在这两种模式中，参与者受到激励，通过产生和销售权益，实现财务和声誉利益，从而减少排放。这种激励减排的理念基于新古典经济理论，将市场视为最有效的方式来分配减排负担[2]。理论上，分配排放权的计划将鼓励那些以最低成本减少排放的参与者，因为他们更有可能出售多余的排放权；而那些减排成本较高的参与者则可以购买排放配额以避免经济处罚。通过在特定介质（如空气）中分配特定权利（如排放权），利益相关者可以通过谈判解决温室气体排放的负面影响，这种方法在理论上比对污染方征税更为有效。

由此可见，碳排放权制度是一种重要的市场导向型减排工具，其通过经济激励、市场机制和技术创新等手段，有效推动着减排、提高能源效率以及实现可持续发展的目标。一方面，碳排放权制度设定了排放上限并允许排放权的交易，为企业提供了经济激励来降低碳排放。另一方面，引入市场机制使得排放权具有了价格，促进资源的有效配置和经济的优化，并激励企业采取创新的减排技术和策略。同时，为了应对碳排放权制度的减排目标和限制，企业被激励投资于研发和实施更清洁、更高效的技术和生产方法，进一步推动了绿色经济的发展。因此，碳排放权制度作为一种综合性的减排措施，为实现减排、提高能源效率以及实现可持续发展目标提供了有力的手段和机制。

2. 明确法律属性的必要性分析

权利明晰性对碳排放交易市场的稳健运作和减排目标的实现起到关键作用[3]。通过确保权利的清晰界定和规则透明，可以建立更加健全和可

---

① Betsill M, Hoffmann M J. The contours of "cap and trade": the evolution of emissions trading systems for greenhouse gases. Review of policy research, 2011, 28 (1): 83 - 106.

② Whitesell W. Carbon taxes, cap-and-trade administration, and US legislation. Climate policy, 2007, 7 (5): 457 - 462.

③ 秦天宝．双阶理论视域下碳排放权的法律属性及规制研究．比较法研究，2023 (2): 122 - 135.

持续的碳市场体系，这不仅有助于提高市场参与者的信心，促使其更积极地采取减排措施，也有助于市场的有效运作。一方面，碳排放权法律属性牵涉到对个体财产权的保护，以确保碳排放权持有人在法律框架下拥有适当的救济途径，能够维护其权益。另一方面，法律属性也决定了权利持有人是否有权就碳排放权与第三方之间的权利关系提起诉讼，或者是否可以委托第三方行使与该权利有关的权利①。这涉及权利在法律体系中的转让和代理的法律机制，是碳市场中涉及多方利益关系的权利的法律规范。权利持有人能否有效维护其权益，取决于法律属性是否能够在权利持有人与第三方之间建立清晰、可执行的法律框架。因此，碳排放权的法律属性既关系到个体在面对政府行为时的法律保障，也涉及权利在市场中的法律地位和权益维护机制，为权利持有人提供了在法律框架内行使权利和维护权益的法律途径。

同时，因为气候变化是全球性的挑战，不同地区之间碳排放权所附权利和义务的差异可能会影响到碳交易体系之间合作的可行性，这反映了在全球范围内实现碳排放配额协同的挑战，需要克服不同地区之间法律和权利差异的障碍②。比如大陆法和普通法体系对碳排放权的不同定性直接塑造了权利的性质、法律关系和争端解决的途径。具体而言，大陆法和普通法分别将碳排放权定性为所有权（对物权利）和合同权利（对人权利）③，前者意味着权利持有人通常可以对影响其权利的第三方强制执行，无论第三方是否了解该权利及其持有人，从而使持有人获得与资产本身相关的更强有力的法律保护形式；后者则意味着碳排放权仅在权利持有人和特定关系方之间产生约束力，当权利持有人遭受利益侵害时，可以寻求法律补救④，具体的补救措施多样性取决于法律框架，但这种利益侵害通常被定

① Ismer R，Neuhoff K. Border tax adjustment：a feasible way to support stringent emission trading. European journal of law and economics，2007，24（2）：137－164.

② Haites E. Experience with linking greenhouse gas emissions trading systems. Wiley interdisciplinary reviews：energy and environment，2016，5（3）：246－260.

③ 丁丁，潘方方．论碳排放权的法律属性．法学杂志，2012（9）：103－109.

④ Truccone-Borgogno S. The supersession thesis，climate change，and the rights of future people. Critical review of international social and political philosophy，2022，25（3）：364－379.

性为“纯粹的经济损失”。此时，尽管个人权利的法律定性在买方和卖方之间的争议中具有决定性作用，这并未澄清与政府或第三方在权利方面的法律关系。由此可见，确保不同地区的碳排放交易体系相互关联并合作是一个复杂的过程，这可能涉及制定统一的标准和规则，以便不同地区的监管机构能够相互接受和认可彼此的碳排放配额。此外，还需要建立相应的法律监管框架和机制，以确保各地区的碳市场能够有效监管和执行。

在全球背景下，碳排放权制度对市场和碳交易体系的多方面影响非常深远，突显了其在碳交易领域的战略性和基础性作用。《巴黎协定》第 6 条旨在建立一个协调一致的碳市场体系，只有当市场参与者对其拥有的碳排放权的权利和限制有清晰的认识，才能更有效地参与减排交易。这强调了碳排放权领域在全球范围内面临的共同挑战，需要全球各方共同努力，推动碳市场的发展和减排目标的实现。因此，通过国际协作共同制定标准并推动实施，将为全球应对气候变化提供更为有效和协同的途径。

3. 碳排放权的具体类属分析

将碳排放权属问题归属为传统法律体系中物权权益保护范畴，是目前法学界的主流观点。该观点致力于为碳排放权益保护在传统法律体系中找到“容身之所”，并参照既有的物权制度来保护碳排放权益。其理论基础是，碳排放无非就是向大气中排放温室气体，由国家发放给排放主体进行交易或履约，解决了环境容量物权性问题后，碳排放权的法律属性问题随之解决[①]。这种做法具有天然性，因为早期并不存在先例和理论对碳排放本身进行法律规制，且此举能够直接实现政府对碳排放的管控。由此，传统的准物权和用益物权的制度规则被挖掘出来，为界定碳排放权益提供营养。然而，从现有理论基础和制度规范来看，物权化范式难以匹配碳排放权的客体无形性、利益形态和制度价值。

（1）准物权说的理论主张及其逻辑瑕疵。

传统物权法理论基于“主—客体”法律逻辑体系，以主体的价值判断

---

① 王明远．论碳排放权的准物权和发展权属性．中国法学，2010（6）：92－99.

甄选那些能够为民事主体所控制、支配并感知的物体，即满足主体权利诉求，才会成为物权客体①。早期主体价值判断标准只有经济价值，因此那些无法为主体带来经济利益的环境要素自然无缘民法法域，也不会充当物权的客体。随着环境要素价值日渐提升，生态价值开始获得主体认可，经济价值的追求也必须服务于人类可持续发展②。由此，环境要素开始进入法律殿堂，获得了物权客体的资格，从而为实现环境要素的物权化扫清障碍。但毕竟不同于传统物权标的物，以自然资源为客体的物权被称为“准物权”③，主要包括矿业权、狩猎权、渔业权和水权。在此基础上，有学者以环境容量具有可感知性、相对的可支配性以及可确定性，提出环境容量也属于准物权的客体④，这为碳排放权准物权属性定义和定性提供了基础养分。

1）准物权说的理论主张。

借助排污权的客体理论逻辑，有学者提出大气环境容量可以成为碳排放权的客体⑤。考虑到大气环境容量在全球范围的流动性，单个国家难以予以界定和规制，从国际层面进行界定、分配和管理就成为一种必然选择。《京都议定书》设置的《公约》附件一所列缔约方的强制减排目标间接确定了这些缔约方的温室气体排放量，从而能够确定其大气环境容量，据此可以明确国别大气环境容量，各缔约方确定的大气环境容量为其国内碳排放权准物权属性界定提供基础。在已明确引入碳排放权的国家中，碳排放主体对碳排放权既可以自我排放，也可通过将配额转让给其他排放主体行使排放权，体现了排放主体对碳排放权的支配性及排放权的可交易性。鉴于大气环境流量的全球流动和广泛存在，将碳排放权归属准物权体系理论的基础是国际层面上对国别大气环境容量的划分，且国家能够在大气环境容量上设定所有权。

---

① 邓海峰．环境容量的准物权化及其权利构成．中国法学，2005（4）：59－66.

② 吕忠梅．环境法典编纂方法论：可持续发展价值目标及其实现．政法论坛，2022，40（2）：18－31.

③ 崔建远．准物权的理论问题．中国法学，2003（3）：74－83.

④ 同①.

⑤ 王明远．论碳排放权的准物权和发展权属性．中国法学，2010（6）：92－99.

2）准物权说的逻辑瑕疵。

准物权作为一组动态变化、性质有别的权利，是对传统上将自然资源视为土地附属物的僵化立法模式的一种突破，更是对矿产、水、渔业和森林等附属于土地的资源价值追求和效力范围拓展的一种认可。准物权体系依附于土地的“基因属性”，并将客体限定为自然资源，这反映了准物权客体与自然资源所有权客体的部分重合，符合“他物权客体上的所有权即为他物权的母权”的路径和方法，在法理和逻辑上都值得肯定。但据此将碳排放权设定为准物权，将在逻辑上面临一些难以回避的瑕疵：

第一，国别大气环境容量划分短期难以完成。《京都议定书》确实规定了某些发达国家在第一承诺期（2008—2012 年）的强制减排任务，但发展中国家不需强制减排，这种二元化模式导致了《京都议定书》在第一承诺期结束后基本上“名存实亡”[①]。此后国际气候合作长期陷入停滞不前的境地，连续多次联合国气候变化大会都是无果而终，国际减排合作举步维艰，直到 2015 年，《巴黎协定》的通过为气候合作带来了新的希望。为提升缔约方参与的积极性和广泛性，《巴黎协定》开启了“自下而上”自愿减排和“自上而下”定期盘点的“双轨制”模式[②]。虽然各缔约方根据自身经济和政治状况提交了自主减排承诺，但较《巴黎协定》确定的减排目标相差甚远。由于分歧严重，缔约方在随后几次联合国气候变化大会上并未就《巴黎协定》实施细则的核心遗留问题完成谈判。

本质上，《巴黎协定》并没有创造出一种全新的国际气候治理范式，而是将当前主权国家国内驱动的气候政策体系合理化[③]，使其被国际社会接纳。诚然，各方利益分歧背后是因为温室气体控排涉及经济发展、科技、环境、法律等方面的问题，必然会动不少国家的“奶酪”[④]。《京都议定书》确定的“时间表＋强制减排”的时代已经一去不复返，当前国际气

① 陈贻健．国际气候法律新秩序的困境与出路：基于“德班—巴黎”进程的分析．环球法律评论，2016，38（2）：178－192.

② 魏庆坡．美国宣布退出对《巴黎协定》遵约机制的启示及完善．国际商务（对外经济贸易大学学报），2020（6）：107－121.

③ 袁倩．《巴黎协定》与全球气候治理机制的转型．国外理论动态，2017（2）：58－66.

④ 魏庆坡．特朗普民粹式保守主义理念对美国环保气候政策的影响研究．中国政法大学学报，2020（3）：82－98，207－208.

候谈判成了各国局部利益与全球利益、长期利益与短期利益的博弈战场。此种情形下，大气环境容量已然成为各方争夺的对象，从国际法层面进行划分短期内已无可能。

第二，大气环境容量不属于我国法定自然资源范畴。一般而言，自然资源系来自自然界的天然、抽象、统一的"物"或曰"不动产"①，如土地、水利、矿藏、生物和海洋资源等。依据《不列颠百科全书》，自然资源包括人类可以利用的自然生成物（如土地、大气、岩石、森林和海洋等）以及形成这些成分源泉的环境功能（如太阳能、水文地理现象和植物光合作用等）。在我国法律政策中，对自然资源的定义虽然大体相同，但也存在一些嬗变：如1987年《中国自然保护纲要》将"自然资源"定义为"在一定的技术经济条件下，自然界中对人类有用的一切物质和能量都被称为自然资源，如土壤、水、草场、森林、野生动植物、矿物、阳光、空气等等"②。2013年，党的十八届三中全会通过的《中共中央关于全面深化改革若干重大问题的决定》提出："对水流、森林、山岭、草原、荒地、滩涂等自然生态空间进行统一确权登记，形成归属清晰、权责明确、监管有效的自然资源资产产权制度。"综上，自然资源包括两个维度：广义上囊括了对人类有用的一切物质和能量，狭义上仅包括能为人类生产生活提供自然要素的特定资源类型。不过，自然资源并非一个固定不变的概念，其内涵和外延随着人类开发利用技术进步而不断拓展，需要从时空维度和价值角度进行认识。对我国而言，《宪法》第9条明确了矿藏、水流属于国家所有，森林、山岭、草原、荒地和滩涂有国家和集体两种所有形式。由此可见，我国宪法对于自然资源国家所有权规定采取的是狭义的自然资源概念。

大气环境容量是指在自然条件和污染源稳定状态下，在不影响自然环境自身功能条件下，一定时间内区域大气可以有效容纳污染物的最大排放量③。大气环境容量能够为人类容纳废气、污染物等，对人类生活和生产

① 崔建远．再论界定准物权客体的思维模式及方法．法学研究，2011，33（5）：29-36．

② 李爱华，王虹玉，侯春平，等．环境资源保护法．北京：清华大学出版社，2017：24．

③ 杨秋霞．大气环境容量理论与核算方法演变历程与展望．资源节约与环保，2021（9）：143-144．

提供可资利用的资源和能量，具备广义自然资源的特征和内在逻辑，故应划入广义自然资源。然而，目前没有一部法律对大气环境容量进行明确界定和具体表述，2003 年《城市大气环境容量核定工作方案》中虽然有关于大气环境容量内容的规定，但也没有对此概念进行界定。因此，大气环境容量不属于我国法定的自然资源范畴。

第三，大气环境容量不具有可以设定国家所有权的自然资源应具有的特征。所有权属于物权范畴，是指所有人在法律许可范围之内对自己物的自由处分并排除他人干涉的权利①，即所有权主体对权利客体享有占有、使用、收益和处分的权利。值得注意的是，并非所有物都可以成为有主物，即并非所有物都可以成为法律规范中的客体②，大气环境容量这种新型自然资源类型能否成为所有权客体需要综合考察多个方面因素。自然资源所有权的形成需要三个基本条件：稀缺性、特定化和外部性影响为零③。“物以稀为贵”，稀缺性体现为资源相对于需求的有限性或不足，为避免自然资源消费和使用的混乱无序，引入国家所有权明确其归属，形成明确的社会预期，确定和维持此类自然资源的分配秩序，实现定分止争的基本功能。“所有权不得未确定”，特定化将物与其他物区别开了，明确权利边界，从而明确支配权能指向和收益预期，实现对物直接支配并享有其利益的要求。“行为应符合合理预期”，所有权的内容应与所有权主体对客体支配的行为完全一致，具有主体自利性和制度封闭性特点。若因为所有权行使向社会转嫁了一部分损失或收益，则不符合所有权运行的权利形态。换言之，所有权功能不存在外部性。

对于稀缺性，作为公共物品的大气环境容量随着社会经济发展凸显出了稀缺性，其所容纳的温室气体具有一定量值，超出限量可能威胁人类生存与发展。虽然借助技术手段可以实现对大气环境容量的感知和确定，但这种稀缺性如何在实然状态下呈现出来仍是一个重要问题④。以土地资源

① 韩松．论所有权的定义方法．甘肃政法学院学报，2007（3）：1－9．

② 雷磊．新科技时代的法学基本范畴：挑战与回应．中国法学，2023（1）：65－84．

③ 张璐．气候资源国家所有之辩．法学，2012（7）：12－17．

④ 张磊．温室气体排放权的财产权属性和制度化困境：对哈丁“公地悲剧”理论的反思．法制与社会发展，2014，20（1）：101－110．

为代表的传统自然资源权利边界相对清晰，然而大气环境容量主要受自然因素和污染源特征影响，以当前技术水平尚不具备将其特定化的能力，且全球气候资源始终处于不停流动和遍布全球的状态，它不可能被一国独占享有，对其进行特定化操作根本不具有可行性和实际意义。此外，对大气环境容量的开发利用过程会产生大量的外部性影响，主要是废气、废物、温室气体等负面影响。

（2）用益物权说的理论主张及逻辑瑕疵。

物权客体特定化是传统民法的基本要求，有学者提出“物”必须具有自然属性，特定数量的温室气体虽属于无体物，但终究属于客观存在，符合“物”的特征和特定主义的原则，并提出了碳排放权属于用益物权的理论①。首先，以特定数量温室气体的使用作为碳排放权的核心内容，体现了其物权客体的价值属性。温室气体排放超过大气环境承载量，必将导致温室效应，这也是国际社会倡导各国减排的主要原因。其次，借助碳交易体系的注册交易结算系统，特定数量的温室气体可以被排放主体占有、使用并帮助其获得收益，因此碳排放权主体拥有支配力和排他力。最后，碳排放权的核心内容是获取特定数量温室气体的使用价值，既可以直接使用获得价值，也可以通过转让配额获得买卖“利润”。

值得注意的是，以特定数量温室气体作为碳排放权客体，在控排主体行使碳排放权之前，温室气体并不存在，于不存在的“物”上设定权利显然与法理相悖。同时，用益物权属于典型的他物权，“他物权客体上的所有权即为他物权的母权”，碳排放权可归属于用益物权的前提是为特定数量温室气体确定所有权主体②。依据之前自然资源取得所有权的条件：温室气体确定所有权必须满足稀缺性、特定化和无外部性。首先，温室气体或特定数量温室气体数量并不稀缺，恰恰因为温室气体数量增多才导致全球变暖，国际社会努力减排正是为了限制温室气体排放③。碳排放权的稀缺性与温室气体的稀缺性是两个概念，前者的稀缺性刚好佐证后者不稀

① 叶勇飞．论碳排放权之用益物权属性．浙江大学学报（人文社会科学版），2013，43（6）：74－81.

② 单平基．自然资源之上权利的层次性．中国法学，2021（4）：63－82.

③ 王彬辉．我国碳排放权交易的发展及其立法跟进．时代法学，2015，13（2）：13－25.

缺。其次，借助碳交易体系和减排单位只是将排放主体排放温室气体的量特定化，而此时特定数量的温室气体的确认在碳排放权设定之后，而作为客体理应在碳排放权确定之前存在，否则权利设计无客体与之对应，因此特定数量温室气体必然不能属于碳排放权的客体。最后，在碳排放权使用之前，特定数量的温室气体并不存在，故无法被使用，这种情况下虽不会产生外部性，但也无法满足所有权主体使用的价值需求，故特定数量温室气体不具有作为所有权客体的特点。考虑到我国《宪法》第 9 条对自然资源采取一种狭义概念的规定，以及气候资源不具有可以设定国家所有权的自然资源具有的特征①，特定数量温室气体也不属于我国法定自然资源的范畴。关于碳排放权与用益物权保护的违和之处在此不予赘述，两者之间并不契合，甚至有根本差别，这表明理论界对于碳排放权的理解存在着某种结构上的偏差。

（3）传统物权范式保护碳排放利益失败的原因。

上文比照传统物权法上的法益保护范式对碳排放权保护所作的分析，是对目前“碳排放权保护的目的在于保护财产属性内容”这一普遍观念和与之相关制度的解读。基于上述对“准物权”和“用益物权”范式在理论基础和制度规则方面的评析，从财产属性保护的角度定义和设计碳排放权全部的意义和规则，总体来说是不成功的。但为何通过“物权保护”范式难以达到碳排放权保护的目的，其原因可以从以下几个方面进行阐述。

首先，传统私法对于物权法益的强保护从法律上限制了政府对碳排放权的干预和控制。在人类漫长发展过程中，私法以保护个人或私人利益即“私益”为依归。从调整的社会关系即对象来看，私法调整私人之间的民商事关系。一旦物权的权属得到法律的承认和保护，权利人就有正当理由享有和行使物权，其他任何人不能妨害物权人行使权利②，这就是通常所谈及的物权正确性，即物权法定主义和物权归属正当性。当然，将碳排放权界定为准物权回避传统了物权理论的僵化和封闭，在法律上为行政干预

---

① 李艳芳，穆治霖．关于设立气候资源国家所有权的探讨．政治与法律，2013（1）：102－108.

② 孙宪忠，常鹏翱．论法律物权和事实物权的区分．法学研究，2001（5）：81－94.

提供了可行性，但这种干预也必须服务于必要的、特定的公共目的。对于碳排放权，广泛和抽象的法律赋权有利于保护减排企业的权益，但也会阻碍政府调整碳市场减排总量设定，因为碳排放权与具有经济属性的配额密切相关，而排放总量直接决定配额总量。碳交易制度是政府应对气候变化的重要政策工具，构成了制度减排和低碳发展的重要组成部分，碳交易制度的完善通常会强化减排效果，而不是相反。因此，对减排主体的碳排放权强势赋予"物权"保护，既与公共减排利益相冲突，又缺乏基础性的法律理由。

其次，将碳排放权界定为准物权或用益物权与碳交易环保机理不相符。基于科斯定理和产权理论构建的碳交易强调以明晰产权边界的方式解决外部性，即注重排除外界干扰，确保主体对交易对象的掌控，从而实现社会资源最优配置。因此，将碳排放权归入准物权或用益物权可以为配额的"商业交易"提供法律支持。然而，交易体系仅是碳交易运行的方式之一，其与注册登记和结算系统等制度设计皆为削减温室气体排放这一最终目标服务。过分强调碳排放权的准物权或用益物权的法律属性赋予了减排主体排除其他主体干涉的权利，过度保护减排主体的碳排放权益与其对整个社会公共利益的破坏不相称①。对于碳排放权的目的和功能而言，社会公共利益是其存续之根本，基于准物权或用益物权理论范式将会破坏碳交易监管者基于长期减排目标对减排总量的调整，这与碳交易制度的运行机理和环保目标相违背。

最后，将减排主体碳排放权益界定为准物权或用益物权不符合物权法理论体系。理论上，主张准物权和用益物权的学者认为碳排放权的客体分别是大气环境容量和温室气体②。大气环境容量具有全球一体性和流动性，首先需要国际法层面的界定、协调和分配，目前《巴黎协定》并无与此相关条款，单个国家无法排他性地对大气环境容量进行有效配置和管

① 根据《碳排放权登记管理规则（试行）》规定，碳排放权可以通过强制执行的方式转让。不同于债务人的其他一般财产，碳排放权作为环境权益之一，其根本目的在于推动温室气体减排，促进绿色低碳发展。

② 杨博文．碳达峰、碳中和目标下碳排放权的权利构造与应然理路．河海大学学报（哲学社会科学版），2022，24（3）：91－98，116．

理；温室气体在权利设定之前尚未存在，不存在之物自然无法被设定为权利客体。另外，准物权或用益物权都属于他物权，他物权客体上的所有权即为他物权的母权。如前所述，大气环境容量并不属于我国《宪法》第9条和《民法典》第250条所规定法律意义上的“自然资源”范畴，目前也没有任何国家对大气环境容量宣示主权和管辖权，故所有者缺位制约了碳排放权物权化范式的理论基础。

此外，尚有整体赋权与交易主体权益保护之间的矛盾问题等，由于篇幅所限不予展开。通过审视“物权保护范式”在碳排放权法律属性界定上的不足，我们可以将注意力转移到碳减排权益流转的规律上。实际上，在缺乏私法上产权“原权”保护的情形下，碳排放权的监管与交易行为仍然适用传统产权变动的基本规则。各方主体在碳排放权市场中享有的权益受到监管和交易的相关规则保护，一方面需要通过监管机构和法律法规来确保市场的公平、透明和有效运作，另一方面需要有效保护碳市场交易各方的合法权益，促进碳市场的健康发展和减排目标的实现。在碳排放主体遭遇监管部门政策调整导致碳排放权益受损的情形下，该配额本身若无“原权”保护，即便出现价值贬损，也不能获得法律保护。但对于非法行为可适用其他相关法律追责，与碳排放本身并无实质联系。

二、碳排放权益保护：一个纯粹的配额问题

从物权或行政许可角度保护碳排放权，因面临权利客体缺失或要件不符而无法胜任碳排放保护的目的[①]。但不可否认的是，碳排放权所含有的排放配额应该享有某种客观利益，法律应对减排主体所持的配额进行相应的保护已经成为学界和业界的广泛共识[②]，甚至成为碳交易市场健康有序发展的一个前提条件。如果法律不对减排主体的配额进行一定的利益界定和保护，减排主体的配额的控制和交易秩序便无法建立。在对碳排放进行物权化和行政许可化失败后，法律如何界定减排主体配额的性质，以及采

① 魏庆坡．碳排放权益的法律保护：以配额控制为视角．政法论丛，2023（6）：123-134.

② 刘志仁．论“双碳”背景下中国碳排放管理的法治化路径．法律科学（西北政法大学学报），2022，40（3）：94-104.

取何种举措保护减排主体的配额已成为碳交易立法中的争论焦点。除了前述在物权领域寻找碳排放权的权利外衣外，还有学者基于无形财产权、新型财产权等学说①进行确权尝试。这些理论倾向于从碳排放权的属性以及功能角度建立一个配额利益分配和平衡的秩序，都具有各自的合理关怀，但都需要对一个根本问题进行回应，即碳排放权保护的对象是什么，是碳排放的形式还是内容。对这个问题的分析有助于对碳排放权的真实利益形态进行还原。

1. 碳排放权保护本质上属于纯粹的配额问题

通过传统物权或行政许可规则来定位碳排放权的权益形式面临着一个问题，即碳排放权保护的是配额本身的完整，还是保护配额所载权利内容的归属。当前理论研究对这种区别并未给予足够重视，同时，配额和碳排放作为探究对象在概念上往往被替换使用甚至相互混淆，导致论述对象飘忽不定。例如，在论述监管者与减排主体基于配额产生的关系时，配额指向的是“碳排放内容”，因为碳交易监管者授予减排主体的只是配额内容，配额形式可能不尽相同。但在讨论减排主体配额被非法盗取的情况时，配额指向的则是碳交易结算系统中的“配额形式”。又如配额财产权主张中减排主体完成碳交易市场的履约要求，配额指向的是“碳排放内容”，但在论述配额被交易形成一个抽象的权利客体时，配额指向的无疑又是“配额形式”。同样的问题也存在于碳排放权保护的对象究竟是碳排放的权利还是单个配额的集合上。比如当交易主体进行配额交易时，碳排放关注的就是“单个配额的集合”，而在交易主体向监管主体缴纳额外排放费用时，碳排放关注的是配额整体，因为此时配额内容并不重要。这种“配额”本身指向上的游移不定凸显出一个问题，即对减排主体碳排放权保护针对的究竟是配额还是某种权利。

配额和碳排放概念的区分问题已经受到了学界的普遍关注，只不过这

---

① 徐海燕，李莉．论碳排放权设质依据及立法建议．北方法学，2014，8（1）：16－22；王清军．排污权法律属性研究．武汉大学学报（哲学社会科学版），2010，63（5）：750－755；杨本研，方堃．碳排放权的法律属性研究．环境保护，2021，49（16）：55－59.

种区分的法律意义并未获得深入探究。仅从表面上看，这种区分似乎没有太大的意义，因为在碳交易市场中碳排放成为配额的主导形式，且在碳交易市场的交易结算系统中碳排放与配额直接相对应，两者在产生、变更和消灭上具有一致性。在很多表述中，碳排放和配额概念可以进行互换，且不会产生误解①。但在某些特定时刻，碳排放和配额概念的差异还是会显现出来。例如，因碳排放配额被盗引发的纠纷，可以依据诉求指向对象的差异划分为碳排放问题和配额问题。碳排放问题和配额问题的主要区别在于，前者涉及减排主体对排放内容进行主张，以维护自身排放权益，如向监管者履约、排放达标等；后者涉及减排主体对其自身控制配额的完整和安全提出主张，以确保交易后配额正确变动以及应对政策调整引发的配额变动。在此前提下，碳排放问题所要解决的是碳排放内容免受侵犯，法律对碳排放实现予以救济。配额问题则要解决配额的持有和流通秩序，它产生于碳交易市场系统，亦在碳交易市场系统内通过特定法律予以解决。

区分碳排放问题和配额问题的主要意义在于确定碳排放配额问题中的具体对象和利益形态。依照此逻辑，减排主体的碳排放权问题应该归入纯粹的配额问题范畴。首先，碳排放权问题的发生与碳交易市场和产权理论紧密相关，这是将其归入配额问题的基础。企业在面临能源政策时也会减少温室气体排放，但并不存在与之相关的权利被侵犯的问题，也没有出现减排主体对碳排放权保护的诉求，这充分说明企业碳排放权保护问题来源于碳交易市场，而并不源于碳排放权利内容本身。因此，既然减排主体碳排放问题是碳交易市场的原生问题，那就应该在该系统中解决此问题。其次，当前减排主体碳排放权保护的认定并不区分配额所含权利的内容，而是适用一个抽象的法律界定。无论是减排主体、监管者还是个人持有的配额，都适用统一的碳排放规则，此时抽象的碳排放规则和具体的配额规则能够共存，这充分表明了减排主体碳排放保护具有抽象性和工具性②，同时其本身的形式特征也为认定减排主体碳排放保护属于配额问题类型

---

① 段茂盛，庞韬．碳排放权交易体系的基本要素．中国人口·资源与环境，2013，23（3）：110-117.

② 张红，陈敬林．论碳交易市场中的碳排放权．贵州师范大学学报（社会科学版），2023（3）：113-122.

提供了合理性。最后，减排主体碳排放保护并不排斥配额的交易或转让。任何减排主体都可以出售或购买配额以完成碳交易市场的履约要求，甚至可以向下一个履约期预借或为下一个履约期储存一部分配额，这并不影响减排主体对碳排放权保护的需求。基于上述判断，碳排放权法律属性问题属于典型的配额问题类型，这种理论判断对于减排主体碳排放权保护具有重要的理论意义。

2. 定位为纯粹配额问题的法律意义

将碳排放权聚焦于配额问题领域，在理论上能够锁定减排主体碳排放权的利益范围，在概念上澄清现有理论的模糊或矛盾问题，并为探讨减排主体的碳排放权保护提供一个理论背景，因此具有重要的法律意义。

首先，将碳排放权归为配额问题类型，能够直接消解物权法范式在这个问题上的误读①。因为物权法思路强调要明确权利客体并据此实现权利分离，然而在设定权利对象的问题上，该思路时而将之确定为配额内容，如在减排主体配额的获得以及交易转让等情形下，将碳排放利益定位为内容的排他性控制；时而又将其确定为配额形式，如减排主体的配额被非法盗取时，碳排放又被理解为减排主体对配额的技术控制。配额内容和形式的交替使用导致减排主体的碳排放权益在形式上以代码出现，内容上具有排他性的强大权利，这种权利对碳排放的控制与碳交易市场环境政策工具公益属性相违背。因此，将碳排放权作为纯粹的配额问题看待，能够有效避免将碳排放权限归于特定主体“所有”的理论幻想，又可将减排主体的碳排放问题还原为对减排主体自身控制的配额保护的事实。实际上，只有在碳交易市场中，减排主体的碳排放保护问题才是真实且可为的。

其次，将碳排放权作为纯粹的配额问题看待，才能将碳排放权作为一个整体性问题，从而免受局部因素的干扰。如果将碳排放内容作为减排主体碳排放权利的来源，将不可避免地遇到监管者和减排主体之关系的难题，比如监管者调整排放总量设定时，减排主体因为配额分配减少而必然

---

① 郭楠．碳排放权的规范解构与实践反思．中国地质大学学报（社会科学版），2022，22（6）：57－65．

受到影响，但此种情形主要是为了削减温室气体排放，减排主体一般并无主张权益的法律基础。又如在有抵消机制的碳交易市场中，减排主体购买抵消项目进行履约与获得配额进行履约具有同样效果①，此时项目与配额的差异常常被忽视。如果认定减排主体对基于项目的减排量拥有所有权，那么碳减排权益就变成了部分所有权和部分他物权的大杂烩。另外，从对碳排放内容支配的角度来理解减排主体配额权益，还会引发减排主体购买抵消项目所涉及的碳排放权益问题②，如果对此不进行单独分析，那么将无法对碳排放权益作一个完整的定义描述和规则构造。因此，碳排放权只有作为一个整体问题进行分析才具有法律意义，在碳排放的方向上探讨减排主体的排放问题只会陷入狭隘的逻辑悖论，无助于问题解决。将减排主体配额作为整体来探讨，意味着碳排放权不再与碳排放的来源直接相关，平等保护所有排放主体所持有的配额。

最后，将碳排放权定位为纯粹配额问题，就可以将其作为碳交易市场领域的特定问题，并通过碳交易市场的方式来解决。如上所述，减排主体碳排放问题存在已久，但减排主体碳排放权益保护问题是随着碳交易市场发展才出现的，说明该问题是碳交易市场的派生问题，且不可能脱离碳交易市场环境而独立存在。依据传统物权范式或行政许可范式对碳排放权进行属性界定在理论上存在难以回避的瑕疵，只有将碳交易市场中的配额作为观察对象，才能找到解决碳排放权保护的立足点。减排主体碳排放权益保护并不一定非要创设新的权利。正如新事物出现需要与之相匹配的规则，减排主体的碳排放权益保护应关注碳交易市场的机制，而不是大气环境容量或温室气体的归属问题。以碳交易市场为框架解决减排主体碳排放问题，应当成为权益界定的重要方向。

深入剖析减排主体碳排放权益保护问题的类型性质，并分析其法律意义，能够为确定碳排放权利益形态和保护方式奠定基础，因为这是对碳排放配额问题的一个基础理论判断。之前的学界研究多关注减排主体排放温

---

① 王操．碳中和立法：何以可能与何以可为．东方法学，2022（6）：185-198.

② 冷罗生．构建中国碳排放权交易机制的法律政策思考．中国地质大学学报（社会科学版），2010，10（2）：20-25.

室气体的权益保护，并尝试用传统法律范式来界定碳排放权的法律归属，一定程度上忽视了碳交易市场本身也会导致新的问题出现，并对问题解决提出了新的规则要求。

三、碳排放权益的法律形态：有限的配额自我控制

当前，碳交易市场成为实现绿色低碳发展的重要环境政策工具，如何实现碳交易市场“总量控制＋市场交易”机制的减排实效成为时下热点问题。同时，明确碳排放权法律属性和保护减排主体碳排放权益成为提升碳交易市场有序运行的基础性任务，这就需要深入理解和界定碳排放权的具体利益形态，为构建有效的法律保护提供基础和支撑。

1. 碳排放权益的法律来源

碳排放的价值为对其进行产权干预提供基础，减排主体的配额在碳交易市场中的商业价值和工具价值不言自喻。目前学界和业界对碳排放的“财产属性”或“资产属性”已有共识，如有学者提出可将碳排放权质押贷款证券化①，同时在探讨碳排放权法律性质时避免落入传统权利范式的窠臼，更多关注碳排放权的利用和流转规则的设计。碳排放权的价值释放是在减排主体排放履约、交易和碳交易市场顺利运转中实现的，这种价值实现方式充分体现了其公共属性和私权属性相融合的特性，并以此与物权法的私权属性和行政许可的公权属性相区分。但碳排放权价值主要通过碳交易市场整体运行实现的特性，却直接与碳排放的产权界定存在不可调和的矛盾，也给减排主体配额保护的法律基础确定带来了理论上的困难。目前，基于减排主体碳排放价值而主张对其赋权已成为碳排放权保护的通行观念，这主要考虑减排主体有权占有、使用和转让配额，如不对其进行保护将直接损害碳交易市场的减排机制和减排主体的积极性。然而，这种将减排主体在碳交易市场中的权限与产权直接联系的主张面临着诸多质疑。

---

① 幸丽霞，王雅炯．碳排放权证券化路径研究：基础资产和交易结构的视角．经济体制改革，2022（4）：137－143.

首先，政策制定者建立碳交易市场并无意为减排主体创建产权制度。目前，国内外碳交易市场主要作为减排的环境政策工具，以实现社会经济绿色低碳转型为根本目的。在此过程中，减排主体获得对配额的支配只是一种制度设计的“副产品”。在某项制度设计中，参与主体可能会获得某些权利或利益，而这些权益或利益并非必然外化到其他领域。在碳交易市场出现之前和之后，没有任何法律明确规定碳排放必须划给特定的法律主体。换言之，碳排放交易是一个体系制度设计的一部分，减排主体持有碳排放权是该体系实现减排目标的必要设置，某项环境制度内部设计规则并不能导致新的权利产生。

其次，减排主体持有碳排放权并不意味着其可以独占配额的社会和经济价值。这些碳排放权是通过碳交易市场监管者的拍卖或依据“祖父条款”免费获得的，而监管者并非碳排放的天然创造者。因此，为减排主体碳排放赋权会遇到与碳排放权来源的关系问题。依据物权法权能分离理论来解释此问题时①，通常会强调碳排放权来源方即碳交易市场监管者所代表的国家“所有权”，减排主体为碳排放权的使用方。但在全球气候资源流动的背景下，碳交易市场监管者对其提供给减排主体的碳排放权益真的享有所有权吗？如果监管者提供给减排主体的碳排放权益并非自身创造，而是需要通过某种途径继受获得，那么就不能认定监管者为原权利人，原权利人的确定还得向碳排放权益源追溯。既然监管者都并非原权利人，减排主体作为碳交易制度设计某个环节的参与者，自然也无法独占碳排放的社会和经济价值。

最后，碳减排的公共属性决定了碳排放价值实现以公权力控制为常态，个体独占为例外。与有形世界的资源不同，碳排放的公共性特征在于它只有在碳排放交易市场中才有意义，减排主体对碳排放的绝对控制并非碳减排制度的主要目的，也不是实现国家减排目标的有效手段②。削减碳排放是人类实现可持续发展的必然选择，碳交易市场的构建并不能改变碳

---

① 许可．数据权利：范式统合与规范分殊．政法论坛，2021，39（4）：86-96.

② 曹霞，郅宇杰．基于“权额分立”理念的碳排放权性质与相关概念审视．中国环境管理，2022，14（5）：128-133.

排放制度设计的初衷。故基于简单的成本投入和既有观念就将碳排放权赋予特定主体专有，不仅忽视了碳减排的公共性特性以及它所具有的强大社会"势能"，也是对社会公共生态环境资源的"侵占"。同时，赋予减排主体碳排放专有权还会干扰监管者对碳交易市场的调整，以及增加后续进入碳交易市场参与者的减排负担。碳减排专有权也会影响公共利益的实现，现实中，碳减排的国家强制性在碳交易市场中可能会被不当限制甚至消除。

对于减排主体碳减排权益的法律探讨，除了以财产权益为赋权理由外，还有以成本为基础的其他观点，上文已有不同程度的分析，在此不作赘述。一言以概之，学界对于碳排放权保护尚未形成一套适应碳交易市场的强有力的法律理由。很多理论学说在碳排放权的提供、获得和交易等领域探讨减排主体碳减排利益的来源，并与发展权、环境权和行政许可等问题纠缠在一起，导致碳排放确权陷入困境。如果化繁为简，直接将碳排放权作为碳减排范畴中的一个独立问题，将其视为一个纯粹的配额问题，那么它将能够不受其他因素的牵绊而变得简洁明了。这种方法有利于归责的确定和适用。

2. 减排主体碳排放利益与其有限的配额自我控制

从碳交易市场对配额的获取和流转角度来看，减排主体的碳排放问题属于制度体系的派生物，即代表排放权益的配额被创设并被减排主体所实时控制。这对以管控为特点的传统环境政策工具而言难以想象，因为传统环境政策工具实现碳减排依赖单一的行政命令，减排主体并不会获得任何占有和支配权。但正如传统环境政策下碳减排的实现并不涉及碳减排归属问题一样，碳交易市场的构建也并不必然与碳减排归属有关。依据传统环境政策工具原理，政府拥有管理和调控碳减排的权力①，相比之下，碳交易市场中心减排主体享有履约或交易的选择权，权益形态表现为对碳减排的自我控制。减排主体对碳减排的控制并非一项权利，而是一种法律义

① 李妍辉．从"管理"到"治理"：政府环境责任的新趋势．社会科学家，2011（10）：51-54.

务，这也是减排主体实现减排的事实基础。法律尊重和保护这种控制状态并非基于财产因素，而是对减排主体参与碳减排的一种承认与支持。这同样适用于传统环境政策工具中的减排主体的保护，即除非基于自愿，无人有权强制减排主体强制减排（公共利益除外）。据此，减排主体对配额的控制并不必然与财产利益相关，其完全可以选择履约或交易，只要这符合减排主体自身利益[①]。换言之，碳减排对于减排主体是否构成一种积极利益，并非来源于减排主体对碳减排的控制本身，而是源于其基于自身实际利益考虑对碳减排处理方式的选择。减排主体对碳减排的自我控制成为其作出选择的前提，法律尊重企业对碳减排的控制类似于物权法上的“占有”状态，但其本身非实体权利，而是一种防御性的“法益”存在。同时，这种事实控制在很多情形下是相对有限的，可从以下几个方面理解减排主体的碳减排法益形态。

首先，减排主体的碳减排控制利益是一种有限排他权的弱利益。减排主体的碳减排利益主要基于其对碳减排的事实控制，上文提到的物权范式保护是基于特定权利内容的价值，故减排主体碳减排保护的力度应弱于物权范式。何况减排主体对于碳减排并非总是严格控制，监管者会根据减排目标调整碳交易市场的总量设定，这也与物权保护做法不同。因此，处于碳交易市场中的减排主体对其持有的配额享有“有限排他权”，具体内容主要体现为“交易”和“履约”，这种“支配”形式上的单一化和固定性意味着从客体对象来为减排主体碳排放确权的失败。减排主体碳减排利益的弱势表现并不意味着减排主体处于弱势地位，其仅体现为减排主体对配额获取和核销干预的弱化，与此同时，减排主体对配额用来“交易”和“履约”的自由则是完整和充分的。

其次，减排主体碳减排法益范围依赖于碳交易市场的规则设定。减排主体依赖配额控制来实现自身利益，其对配额控制的力度大小直接影响其利益。这种控制体现在各个碳交易市场的具体规则设定上，包括是否可以储存、预借等，这与传统物权或行政许可的原理不同。依据物权法定主义

---

① 魏庆坡，安岗，涂永前．碳交易市场与绿色电力政策的互动机理与实证研究．中国软科学，2023（5）：198－206.

原则，物权的种类和内容由法律规定，即使是像海域使用权、矿业权、取水权和渔业权这样的准物权，也具有明确的法定性，在灵活性上远不如碳排放权益。减排主体在保护自身碳减排权益时只能借助碳交易市场的规定措施，以及借助数据安全管理制度来最大限度减少配额被盗的概率。减排主体碳减排控制与利益保障直接相关，通常碳交易市场赋予减排主体的权限内容越多元，减排主体可以应对配额价格波动风险的选项也就越多。减排主体对碳减排控制所作的努力，旨在提高其在面临“履约”要求时的主动性，将配额利用效用发挥最大化。

最后，减排主体在碳交易市场中对配额的控制要面临监管者的规制权。有学者提出碳排放权界定难的原因在于碳排放权的权利属性比较复杂，其私权属性和公权属性对碳交易规则的设计影响较大①。这种论断从本质上讲是正确的。碳交易市场作为减排工具旨在从总量上削减温室气体排放，监管者对碳交易市场总量设定的阶段性调整具有必要性，这是碳交易市场制度设计的必然，因此减排主体对监管者调整排放总量引发的配额价格波动无权主张索赔。有鉴于此，法律实难将碳排放权明确界定为具有私权属性的财产权或所有权。与此同时，碳交易市场的交易是帮助减排主体实现履约的重要设计，为保障交易的确定性、安全性和透明性，法律通常需要将碳排放权认定为类似某种传统“所有权”交易的事项，这与行政许可的属性存在天壤之别。

由此可见，减排主体碳减排控制利益始终面临着来自监管者的规制权和防御第三方干涉的矛盾，比如配额被盗，这一条矛盾主线如梦魇一般挥之不去。就减排主体自身的价值而言，碳减排的价值需要通过履约或交易来实现，因为配额的履约或交易是企业碳减排利益的基础保障，但这同时意味着对碳减排的控制可能存在一定程度的动摇。这种矛盾映射到碳交易市场层面可能表现为减排主体与监管者之间的利益冲突，即强调监管者对减排总量的调控利益会减损减排主体的利益机会，降低碳交易市场的活性；赋予碳排放完整的法律权益有利于保护减排主体在配额交易中

---

① 杨解君．碳排放权的法律多重性：基于分配行政论的思考．行政法学研究，2024（1）：96－110.

的权益，但反过来也会影响监管者对碳交易市场的调控。综上所述，减排主体对碳减排的控制享有并非是完整的，而是一种有限的控制利益，旨在追求减排主体在控制配额上自身利益的平衡，以及减排主体与监管者之间的平衡。

四、从概念主义到工具主义的法律路径

碳排放权制度是一种旨在限制碳排放的市场导向型减排机制，学者对其法律属性的界定众说纷纭。尽管如此，排除权传统上一直是碳排放权的一个主要特征，也是与财产权相似的重要特征①。通常而言，法律上对有形或无形资产的排他性控制被认为是财产的一个关键特征，这一理念对于解决碳排放权法律属性问题提供了有益思路。

财产是一个不断发展的概念，从关注对事物的控制关系逐渐转向关注人与人之间的法律关系。格雷厄姆将这一演变描述为从“人—物”财产模型到“人—人”模型的转变②，这意味着在财产权益的理解上，越来越强调个体之间的法律关系，而不仅仅是对物质资源的拥有和控制。这种转变带来了更抽象的财产概念，其中确定财产权益的标准变得更广泛，也反映了财产概念在法律和社会领域中的复杂性和多样性，强调了财产权益不仅仅是对物质资源的所有权，还涉及人际关系、法律制度和文化因素的综合考虑。贝尔和帕尔霍莫夫斯基将财产理论划分为概念主义和工具主义。前者强调财产的物物性质，关注对特定物品的使用、转让和排除他人的权利；后者将财产视为使用权的可变集合，缺乏任何固定或基本的内容，财产权被看作是权力的一种表达③。由此可见，无论是意图将碳排放权界定为“物权”还是“用益物权”，某种意义上都属于“人—物”关系模型，而工具主义则更关注于碳排放权作为一种社会工具的表达，突出“人—

① Cheung S N S. The structure of a contract and the theory of a non-exclusive resource. The journal of law and economics, 1970, 13 (1): 49-70.

② Carr J, Milstein T. Keep burning coal or the manatee gets it: rendering the carbon economy invisible through endangered species protection. Antipode, 2018, 50 (1): 82-100.

③ Bell A, Parchomovsky G. A theory of property. Cornell law review, 2005, 90 (3): 531-616.

人”关系模型，这种区别对于碳排放权法律属性的讨论和研究具有重要启示。

1. 从工具主义理解碳排放权法律属性

借鉴概念主义转换为工具主义的思路，我们可以考虑构建一个基于概念主义和工具主义的连续体，通过在连续体上对不同点进行排序，可以更灵活地应对碳排放权法律属性的多样性和复杂性，同时也能够更好地理解和解释具体的法律权益。这种方法有助于超越传统二元对立的限制，能够更全面地探讨和理解碳排放权的本质及其在法律和社会领域中的不同方面，以更好地适应不同情境和问题的复杂性。依据工具主义理念，我们可以从碳排放权作为一个制度应该服务的价值出发，然后倒过来确定该利益是否应该得到承认。换言之，关注的焦点不是关系是否具有预先定义的权益标记，而是为了更广泛的社会目的，该利益是否应该得到承认。在这种理念下，对特定事物的法律认可要考虑将事物作为一种制度与其应该服务的对象和内在价值是否具有一致性。碳排放权被视为一种制度，其存在和构成基于其对社会的服务和价值。在对此进行分析时，我们可以借鉴财产制度中的“商业现实”（commercial realities）和“社会义务”（social obligation），前者强调财产作为促进商业交易和经济活动的机制，后者强调财产作为社会责任和义务的体现。

具体而言，“商业现实”原则下，法定权利性质的界定应基于其在商业领域中的待遇。该方法聚焦于财产作为一个机制能够促进和确保商业交易和结构。正如肯尼迪法官在加拿大皇家银行诉索尔尼尔（*Royal Bank of Canada* v. *Saulnier*）一案中所言①，“商业现实”方法侧重于将交换价值作为财产的基本特征。碳排放权作为一个制度，能够促进和确保配额交易，减排主体作为碳交易市场参与者习惯于将特定类型的权利用于出售。在“商业现实”视角下，碳排放权的转让权属性得到了显著的重视，因为能够将权利转让给他人并换取经济价值。因此，对于碳排放权而言，碳排放

---

① McCracken S. Personal property securities legislation：analysing the new lexicon. The Adelaide law review，2014，35（1）：71－95.

权利益的承认主要基于其对绿色低碳经济的贡献和促进减排的作用，强调个人自由和私有权益的重要性，倾向于支持保护碳排放权益，并强调市场机制对资源配置的优势。

"社会义务"强调财产的概念及其所包含的权利应该基于普遍持有的价值观并由这些价值观决定，包括环境管理、自治和人类繁荣，并且必须有利于实现潜在的社会目标和价值①。基于公共政策目标，社会义务规范看起来特别适合作为碳排放权分析的基础。在碳排放权可以交易的情况下，有权排除他人的私人利益和有转让权利将被视为利用市场机制实现总体气候政策目标的重要组成部分。然而，如果涉及监管机构仅规制一项法定体系而不与私有财产权利重叠交叉，那么社会义务方法将极大地重视监管机构为实现长期减排目标而根据需要作出改变的自由。因此，碳排放权益的承认与其对社会公益和社会正义的贡献有关，碳排放权应该为社会福祉和公共利益服务，倾向于将财产权益与社会责任和公共利益相结合，以促进社会公平和可持续发展。

基于财产制度中的"商业现实"和"社会义务"分析，碳排放权具有明显的财产属性②。然而，减排主体碳减排的利益源于对配额的事实控制，决定了减排主体碳减排的保护主要依赖于自我防护，即强化对自身碳减排权益的有效控制，这也是传统权益控制的基本方式，据此法律适度保护这种新型的"法益"。依此逻辑，减排主体碳减排由于不具有传统物权或财产权赋予的绝对权的外衣，自然也不适用于主体对绝对权利益圆满支配的"概念主义"，毕竟这种保护方式对以事实控制为利益表征的减排主体碳减排利益而言并无实质意义。基于"工具主义"理念，我们可以认为碳减排控制状态为其实现实际利益提供一个基础或可能，而非必然以一种实际利益的形式呈现。因此，需要对碳排放权的具体利益形态和表现形式进行具体分析。

---

① Alexander G S. The social-obligation norm in American property law. Cornell law review, 2008, 94 (4): 745-820.

② Johnson H, O'Connor P, Duncan W, et al. Statutory entitlements as property: implications of property analysis methods for emisssions trading. Monash University law review, 2017, 43 (2): 421-462.

2. 碳排放权规范模式的类型化分析

无论应被视为何种权利，碳排放权的利益源于对配额的事实控制，法律应该将这种控制状态作为一种新型“法益”予以适度保护。在 Ormet Primary Aluminum Corp 诉 Ohio Power Co 案①中，法院确实将此事定性为与所有权有关的私人纠纷。这表明当政府意图通过市场进行可交易资产的二次分配时，参与者可能会以与其他更传统资产类似的方式解释和转让权利②。

为了确保法律的确定性、一致性和透明度，立法机构在设计和实施碳排放交易系统（ETS）时需要考虑多个因素。当前，存在四种主要但并非相互排斥的途径来确定和阐释碳排放权的性质。

（1）类比适用模式。

将碳排放权等同于已有类别的财产并直接适用当前法定规则的想法是合理的。然而，尽管碳排放权可以被视为一种财产，但它与传统的财产形式有着明显的区别，因此需要专门的法律规定来加以管理和监督，通过立法文件进一步明确碳排放权的范围和性质。立法文件的制定可以明确以下几个方面：1）碳排放权的权利范围和性质，包括其所涉及的具体排放项目，以及是否可转让、可分割、可抵押等；2）碳排放权持有人的权利和义务，包括权利的行使方式、责任的承担等；3）碳排放权的交易规则和机制，包括排放配额的分配方式、交易市场的运作规则、交易参与者的资格要求等；4）违规处罚和争端解决，明确对违反排放配额规定的行为进行处罚，并建立有效的争端解决机制，以保障碳排放权市场的稳定和公平。通过明确碳排放权的范围和性质，以及建立完善的管理和监督机制，

---

① 法院指出，根据《清洁空气法》(Clean Air Act)，排放配额可以作为商品买卖，在建立可销售配额制度时，该法案确立了排放配额的所有权，并规定了其可转让性。据此，法院认为，国会打算在现有商业关系的框架内，通过现有的争端解决方法来解决在配额分配问题上的分歧。United States Court of Appeals for the Fourth Circuit. [2024 - 02 - 26]. https://www.ca4.uscourts.gov/opinions/Published/951835.P.pdf.

② Koehler D A, Spengler J D. The toxic release inventory: fact or fiction? A case study of the primary aluminum industry. Journal of environmental management, 2007, 85 (2): 296 - 307.

立法文件可以为碳排放权的合理流转和有效利用提供法律保障，促进碳市场的发展和减排目标的实现。

（2）司法解决模式。

借助司法途径解决碳排放权相关的争议是一种方法，但在大陆法系国家，司法途径通常用于解决具体的法律争议，而不是制定全面的法律框架或具体的法律规定①。因此，借助司法途径解决碳排放权问题可能会导致法律的不确定性和不一致性，因为不同的法官可能会对同一问题作出不同的裁决，从而导致法律解释的碎片化。相比之下，立法途径更适合于制定全面的法律框架和具体的法律规定，从而促进法律的确定性和一致性。通过立法途径，立法机构可以制定适用于所有当事人的普遍适用规则，明确碳排放权的范围、性质、交易规则等方面的具体规定，从而确保法律的一致性和可预测性②。因此，虽然司法途径在解决碳排放权争议方面可能会起到一定作用，但更有效的做法是通过立法途径制定全面的法律框架和具体的法律规定，以促进法律的确定性和一致性。

（3）立法解决模式。

为明确定义权利持有人的具体权利和义务，以及与特定创新相关的权利和限制，可以制定一个全面的法案。具体可以考虑以下内容：

1）权利和义务：确定碳排放权的范围和性质，包括其使用、转让、继承等方面的具体规定；规定持有人的权利，例如排放权的所有权、使用权、转让权等；确定持有人的义务，例如遵守排放配额、报告排放数据、遵守环境法规等。

2）与特定创新相关的权利和限制：规定针对特定创新的排放配额分配和使用规则；确定对特定创新的碳排放权进行转让或交易的规定；制定与特定创新相关的排放数据收集和报告要求。

3）补充规定：规定排放权转让合同中应包含的法定担保和保证，确保转让行为的合法性和有效性，包括对转让方提供的排放数据的真实性和

---

① Dovgert A S, Kalakura V Y, Vasylyna N V. Codification of civil legislation: at the turn of the era. Global journal of comparative law, 2021, 10 (1-2): 16-28.

② Ponzetto G A M, Fernandez P A. Case law versus statute law: an evolutionary comparison. The journal of legal studies, 2008, 37 (2): 379-430.

准确性的保证，以及对买方提供的支付款项的保证等。

通过这样的法案，可以为碳排放权的持有人明确定义权利和义务，为特定创新提供相应的法律规定和限制，同时通过排放权转让合同的法定担保和保证来确保合同交易的可靠性和合法性，从而为碳排放权的管理和交易提供法律框架，促进碳市场的发展和减排目标的实现。

（4）混合解决模式。

立法机构可以将基于合同交易规则和法规的监管措施纳入其碳排放权交易的监管计划中，以确保碳市场的公平、透明和有效运作。具体措施包括：

1）适用于碳排放权交易的参与者：制定适用于碳市场参与者的法规和规定，包括市场参与者、市场经营者以及排放权本身；规定参与者的资格要求、行为准则和责任义务，确保他们的行为符合市场规则和法律法规。

2）针对价格操纵和欺诈等活动：制定针对价格操纵、欺诈等不当行为的法律规则，明确规定这些行为的定义和处罚措施，例如罚款、撤销交易资格等；规范监管机构对市场操纵和欺诈行为的监督和调查机制。

3）制衡和处罚机制：建立对不当行为的制衡和处罚机制，确保违规行为得到及时有效的处理和惩罚；制定对违规行为的调查、裁决和处罚程序，保障参与者的权利和公平性。采用多种方法相较于仅采用单一方法能够更有效地明确碳排放权的权利和责任，不仅有利于确保碳市场的健康发展和保护市场参与者的利益，而且能够提高碳市场的透明度和有效性，促进碳排放权的合理流转和减排目标的实现。

值得注意的是，将焦点放在碳排放权交易规则上有助于避免将碳排放权的监管与碳排放权衍生品的监管分开，从而建立更为协调和有效的监督框架，确保碳排放权市场的透明度、公平性和稳定性。同时，立法机构还应考虑到未在碳交易市场注册的主体对市场稳定性和透明度的影响，以及它们在碳市场中的角色和责任。因此，适当修改交易规则是明确和保护碳排放权法律权益的重要步骤。这一过程需要与其他监管措施和政策相结合，以确保整个碳市场的健康发展和法律权益的全面保障。

3. 国际碳排放权法律属性的路径选择

《巴黎协定》第6条允许各国自愿合作以实现各自的减排目标，这意味着各国可以通过共同努力，实现比单独利用自身资源更大的减排量。此外，根据向《公约》秘书处的报告要求，参与国家必须对各自的排放量进行报告和调整，以确保减排成果不会双重核算[①]。虽然《巴黎协定》本身并没有构建出类似于经济学家追求的理想碳市场的机制，但它可能会促使出现一种排放交易和抵消计划的混合模式，从而促进全球减排行动的实施和合作。

当前，ITMOs交易主要采取双层架构：双边政府协议和商业协议。双边政府协议，由产生温室气体排放减少或清除活动所在的项目东道国与购买ITMOs的国家之间签署，主要规定了两国之间的合作框架，在该框架内可以商定ITMOs转让交易（包括私营部门交易）[②]。在双边政府协议建立的框架内，第三方可以就特定项目签署转让ITMOs的商业协议，规定ITMOs每笔交易的相关商业条款，包括要转让的减排成果数量、支付结构和定价。

无论是全球排放交易体系的出现，还是排放交易体系继续“自下而上”地发展，排放权的特征都具有重要意义，这是因为排放权的特征可能影响处理碳排放权的模式、市场可行性和流动性[③]，以及连接不同交易体系的潜在可能性。因此，国际协议关于排放权范围和性质的明确界定将有助于提高排放交易体系之间的兼容性，并改善排放市场的运作。建议缔约方在规定排放权法律性质时可以参考COP26关于第6条第2款和第4款实施细则的规定。要根据不同的宪法背景制定灵活的标准，以适应各个立

---

① Ahonen H M, Kessler J, Michaelowa A, et al. Governance of fragmented compliance and voluntary carbon markets under the Paris Agreement. Politics and governance, 2022, 10 (1): 235-245.

② Ghana's Carbon Market Office. Ghana's report on the implementation of Article 6 of the Paris Agreement 2023. (2024-02-05) [2024-02-26]. https://cmo.epa.gov.gh/wp-content/uploads/2024/02/Article-6-Annual-Progress-Report-2023_final.pdf.

③ McDonald J. The role of law in adapting to climate change. Wiley interdisciplinary reviews: climate change, 2011, 2 (2): 283-295.

法机构和监管机构的自由裁量权。这样做有助于防止立法机构在排放交易体系的制定和实施中忽视排放权的法律性质，相似标准的采纳也可以促进不同排放交易体系之间的协调和一致性，从而提高全球减排行动的效率和效果。

首先，在政府协议中明确具体 ITMOs 标准。在政府协议中可以明确规定 ITMOs 必须满足的最低质量标准，涉及环境、人权和促进可持续发展。(1) 环境标准：确保 ITMOs 的发行和转让符合环境保护法规和标准；ITMOs 必须是经过技术革新或综合能源利用所实现的可比、可计量的实际净减排，不会导致对生态系统的破坏或其他环境问题。(2) 人权标准：确保ITMOs的发行和使用符合人权法规和原则，不会侵犯人权或对当地社区造成不利影响；确保在 ITMOs 项目实施过程中，尊重和保护当地社区的权益和利益，避免强迫劳动、违反劳工权利或其他人权问题①。(3) 促进可持续发展：确保 ITMOs 项目的实施能够促进当地社区的经济发展和社会福祉，避免对当地社区的负面影响②；确保 ITMOs 的使用有助于可持续发展目标的实现，包括减少碳排放、增加可再生能源使用等方面。总体而言，这些最低质量标准的设立有助于确保 ITMOs 的发行和转让符合国际社会的共同价值观和目标，从而促进全球碳市场的健康发展，并在碳交易中提供更大的透明度、可持续性和社会责任。

其次，参照既有标准创设，在商业协议中明确国际标准。碳排放权与知识产权类似，都属于兼具私人和公共政策目标的混合体，且都是法定创建的。同时，知识产权和排放权都依赖于可转让性和价值来实现更广泛的政策目标，这两种通过法定形式赋予的权利之间具有高度相似之处③。有鉴于此，《与贸易有关的知识产权协定》(Agreement on Trade-Related Aspects of Intellectual Property Rights，TRIPS) 第 28 条也为处理碳排

① Minas S. Market making for the planet：the Paris Agreement Article 6 decisions and transnational carbon markets. Transnational legal theory，2022，13 (2-3)：287-320.

② Kaygusuz K. Energy for sustainable development：a case of developing countries. Renewable and sustainable energy reviews，2012，16 (2)：1116-1126.

③ Holligan B. Commodity or propriety? Unauthorised transfer of intangible entitlements in the EU Emissions Trading System. The modern law review，2020，83 (5)：979-1007.

放权法律属性提供了功能规范借鉴。据此可要求国际碳市场交易中ITMOs必须满足下列条件：（1）如交易标的属于ITMOs，则出售方应防止第三方未经所有权人同意而进行制造、使用、标价出售、销售或为这些目的而进口这些ITMOs；（2）ITMOs所有权方有权转让或以其他方式转移其ITMOs，并订立许可合同。上述标准可以确保卖方交付的ITMOs必须是第三方不能提出任何权利或主张的，但不包括卖方在订立协议时知道或不可能不知道的权利或主张。

最后，为了防止第三方干涉和确保排放权的稳定流转，建议在法律框架中加入相应的附加条款，要求立法机构考虑并澄清排放权与更广泛的国内法律框架相互作用的方式①。（1）排他性权利：明确规定排放权具有排他性，确保排放权持有人对其权益的排他性控制，以防止未经授权的第三方干涉。（2）继承和转让权利的规定：规定排放权可以通过继承进行转让，以确保在排放权持有人不再存在时，权利能够合法地传递给继承人或合法受让人。（3）法律框架的交互规定：考虑并澄清排放权与国内法律框架的相互作用方式，以防止法律冲突或不明确的情况。这样的附加条款可以为排放权的合法性和流通等提供更明确的法律保障，有助于建立稳定和有效的碳市场。

① Hepburn S, Reich C. Carbon rights as new property: towards a uniform framework. Sydney law review, 2009, 31 (2): 239.

第六章　碳市场交易授权机制的法律构造

在“自主贡献”框架下，《巴黎协定》第 6 条碳市场机制允许各国基于市场原则进行合作，并授权公共和私人实体进行这种合作，旨在实现《巴黎协定》的减排目标。无论是第 6 条第 2 款“合作方法”下的 ITMOs 交易，还是第 6 条第 4 款碳信用机制下的减缓成果跨国转让，都离不开授权，因为授权决定了减缓成果何时成为 ITMOs，使国家承诺确保环境完整性、促进可持续发展并应用稳健的核算。对于东道国来说，授权使用 ITMOs 将引发对其排放进行相应调整的义务①，这意味着授权的减缓成果不计入其国家自主贡献。由此可见，授权在《巴黎协定》框架下被视为实现市场化合作机制的关键，赋予了各国在碳市场合作中的特定权利和义务，并明确合作的法律基础。因此，授权问题直接关系到国家对其减排行动的监管，涉及如何确保减排单位的资格、如何验证和核实减排数据，以及如何应对可能出现的争端等多个方面。

COP26 通过的实施细则，在第 6 条碳市场机制方面实现了积极的进展，标志着各国对于通过市场机制实现《巴黎协定》减排目标的共同承诺。然而，这一框架和《巴黎协定》在授权方面尚存在一些模糊和未明确的问题，除了在国际层面达成一致以确保可比性外，与授权相关的流程等问题需要在国家层面确定。

---

① Müller B, Michaelowa A. How to operationalize accounting under Article 6 market mechanisms of the Paris Agreement. Climate policy, 2019, 19 (7): 812－819.

一、第 6 条下授权机制的法律规范及挑战

授权是《巴黎协定》第 6 条自愿合作的关键组成部分，其中第 6 条第 3 款首次引入了“授权”的概念，即利用 ITMOs 来实现国家自主贡献应当是自愿的，并由参与方授权①。由此可见，减缓成果只有获得东道国授权才能被视为《巴黎协定》下的 ITMOs。同时，这种政府授权对于私人合同买卖双方都至关重要，这是确保东道国能够合法批准和转让减缓活动和减缓成果的关键要素。根据 COP26 的决定，除了转让 ITMOs，授权的影响还表现为第一转让缔约方承诺对其排放量进行相应调整，另外则是遵循第 6 条规定的报告要求（每年报告上一年度 ITMOs 的授权转让和使用情况）。

首先，确认是否需要相应调整。根据《巴黎协定》、国家和基础标准的要求以及买方偏好，项目业主将确定项目的相关减缓成果是否需要相应调整。一般情况下，项目开发商需要单独请求东道国批准和授权，除非法律法规明确界定了用于国家自主贡献或国际转让的减缓活动的类型和范围。其次，国家签发批准或授权函。东道国政府将根据其自身的制度或政策框架提供授权，比如可以选择授权某个项目或部门发放特定数量的减缓成果。理想情况下，授权应在早期阶段进行以便为项目开发商提供更大的确定性。ITMOs 首次转让前必须获得授权。最后，一旦碳资产被发行、授权（如果需要）并转让给另一方，转让国的登记处将公布有关如何使用碳资产的信息，同时参与各国需要在报告中说明为相应调整选择的方法。因此，授权是一个由各缔约方主导的过程，各国可以建立自己的法律和制度框架来进行授权过程。

1. 第 6 条第 2 款下授权机制的法律规范

《巴黎协定》第 6 条第 2 款没有规定具体的授权标准或流程，授权的许多方面由参与方在国家层面决定。在这种背景下，COP26 进一步明确

① UNFCCC. COP. Decision 1/CP. 21：adoption of the paris Agreement.（2016 - 01 - 29）[2023 - 03 - 26]. https：//unfccc. int/resource/docs/2015/cop21/eng/10a01. pdf#page=2.

授权会触发东道国承诺进行相应调整以及报告要求，其中第 2/CMA.3 号决定附件，即关于“合作方法”的指南，第 4 条（c）款规定，为了根据第 6 条第 2 款“合作方法”自愿合作，每个参与缔约方应确保已作出安排，授权使用 ITMOs 来实现其国家自主贡献。由此可见，授权是参与《巴黎协定》下“合作方法”的先决条件。同时，指南第 3 条也要求各缔约方应确保任何使用 ITMOs 的授权符合指南和其他相关 CMA 决定①。

授权也会触发报告要求。依据指南第 18 条（g）款要求，参与方需要在初始报告（IR）中提供参与方对“合作方法”的授权书副本并明确得到授权的实体范围。依据第 20 条（a）款要求，参与方在年度信息中要提供关于授权将 ITMOs 用于实现国家自主贡献（NDCs）、授权将 ITMOs 用于其他国际减缓目的（OIMP）、首次转让、转让、购买、持有、注销、自愿注销、自愿注销减缓成果或 ITMOs 用于全球排放的总体减缓以及用于 NDCs 的年度信息。同时，第 21 条（c）款要求在常规信息中提交根据第 6 条第 3 款授权使用 ITMOs 以实现 NDCs 和授权用于 OIMP 的授权和信息，包括对先前授权的任何更改。这意味着参与“合作方法”的每个缔约方必须授权“合作方法”，不同的授权要素将在多个不同的报告中进行报告，且要在后续信息报告中不断更新与授权相关的信息。

如前所述，授权也与相应调整直接相关。根据指南第 2 条规定，“首次转让”对于经参与方授权用于实现 NDCs 的减缓成果而言，指减缓成果的首次国际转让；对于经参与方授权用于 OIMP 的减缓成果而言，指减缓成果的授权、发放、使用或注销，依据参与方的具体规定而定。这些情形下都需要对授权的 ITMOs 进行相应调整。对于单年度减排目标，在 NDCs 覆盖期内，缔约方应该每年根据当年内首次转让和使用的 ITMOs 数量进行年度调整，这样可以确保国家能够根据实际情况及时调整其减排行动，以实现 NDCs 目标。对于多年期减排目标，在 NDCs 覆盖期内，除每年进行年度调整外，在 NDCs 期限结束时还应根

① UNFCCC. CMA. Guidance on cooperative approaches referred to in Article 6, paragraph 2, of the paris Agreement. (2022-03-08)[2023-12-28]. https://unfccc.int/documents/460950.

据 NDCs 覆盖年份内累计首次转让和使用的 ITMOs 数量对多年的累计排放量进行相应调整，这样可以确保国家在整个 NDCs 期间的减排行动与其长期减排目标一致。同时，对 ITMOs 的使用进行授权对于第一转让方来说是强制性的任务，因为这与相应调整的责任直接相关。换言之，由东道国相应调整的 ITMOs 不计入其 NDCs，因此只能由买方使用，用于计算东道国以外国家 NDCs 的 ITMOs 由获取国进行相应调整，以将其计入本国 NDCs。

由此可见，ITMOs 授权是一个重要的战略程序，需要定义参与协作的适当标准和方法，以促进而不是破坏缔约方 NDCs 的实施。在“合作方法”下可能存在多种不同的合作情景，包括双边合作，如两个缔约方之间、缔约方与非缔约方实体（例如私营公司）之间的合作；以及多边合作，如两个（或更多）转让方与一个收购方合作，一个转让方与两个（或更多）收购方合作，两个（或更多）转让方与两个（或更多）收购方合作。每种情景都可能对授权要素产生不同的影响，这需要在具体情况下进行仔细考虑和评估①。因此，在处理不同的合作情景和案例时，需要根据具体情况对授权要素进行细致的分析和处理，从而实现使用 ITMOs 来实现 NDCs 或 OIMP。

2. 第 6 条第 4 款下授权机制的法律规范

第 6 条第 4 款碳信用机制（6.4 机制）下的减排量（A6.4ERs）若要进行国际转移必须经过第 6 条第 2 款框架，因此第 A6.4ERs 的国际转让仍然需要借助“合作方法”。碳信用机制下也会产生授权问题，因为当缔约方授权将 A6.4ERs 用于 NDCs 或 OIMP 时，A6.4ERs 也属于 ITMOs②。这涉及减缓活动所在东道国和非东道国的授权。前者要求东道国应根据第 6 条第

① Steinebach Y, Limberg J. Implementing market mechanisms in the Paris era: the importance of bureaucratic capacity building for international climate policy. Journal of European public policy, 2022, 29 (7): 1153 - 1168.

② Espa I, Ahmad Z. Market-based climate mitigation, Article 6 of the Paris Agreement and international trade law: new rules, existing practices, and continued concerns. Trade, law and development, 2022, 14 (2): 1 - 36.

4 款（b）项规定，向监管机构提供相关公共或私人实体作为该机制下的活动参与者参与活动的授权；后者则要求其他参与缔约方应在任何 A6.4ERs 首次转移至机制登记处之前，向监管机构提供授权，表明允许公共或私人实体作为该机制下的活动参与者参与该项活动，然后才能将 A6.4ERs 初次转入该缔约方或公共或私人实体的账户。

如果东道国授权 A6.4ERs 用于 NDCs，东道国应向监管机构提供一份声明，说明授权情况。此时，如果是减缓成果的首次国际转让，也要适用相应调整。如果东道国授权 A6.4ERs 用于 OIMP，东道国也应向监管机构提供相应授权声明。此种情形下，东道国应根据第 2/CMA.3 号决定附件第 2 条（b）款要求具体说明如何定义"首次转让"。

除此之外，6.4 机制的一些特定要求超出了第 6 条第 2 款的范围，其中最主要的是 6.4 机制要求批准减缓活动、授权活动支持者以及批准任何 CDM 项目的过渡，而"合作方法"中的"授权"要求仅适用于减缓成果，不适用于减缓活动或活动支持者。此处的"批准"是指在提出注册请求之前，东道国向监管机构提供批准该减缓活动的证明①，该证明应包括以下内容：（1）确认并说明该项活动可如何促进东道国的可持续发展；（2）如果缔约方打算允许该项活动在第一个计入期之后继续进行，且缔约方已明确说明，该活动的计入期可以根据规定延长，则批准对计入期作任何可能的延长；（3）解释该项活动与其国家自主贡献的落实有何关系，预期的减排或清除量可如何有助于其国家自主贡献和第 6 条第 1 款所述目的；（4）活动参与者的"授权"。由此可见，对于根据 6.4 机制进行登记的活动，获得东道国的批准是先决条件之一，所以"批准"在 6.4 机制中不可或缺。

3. 第 6 条下授权机制的法律挑战

授权是《巴黎协定》第 6 条碳市场机制的关键组成部分。首先，授权

① Steinebach Y, Limberg J. Implementing market mechanisms in the Paris era: the importance of bureaucratic capacity building for international climate policy. Journal of European public policy, 2022, 29 (7): 1153-1168.

流程中请求活动发起人的授权是确保活动合法性和合规性的重要步骤，尤其是在涉及气候变化缓解等对公共利益具有重大影响的活动中。即使活动发起者是公共部门实体，也必须严格遵循相关法律和政策程序，以确保活动的合法性和可持续性。其次，评估授权请求至关重要。规则的透明度和客观性直接影响 ITMOs 授权流程的高效性和有效性，例如，评估规则应明确说明是否承认特定部门、特定技术或特定减缓活动类型产生的减缓成果，以及在请求授权之前需要获得哪些相关机构的批准（例如，相关机构的环境影响评估）。接着，针对拟议的减缓活动可能产生的减缓成果，必须确保获得适当的批准和授权，此时授权过程需要重点考虑活动的各种潜在影响，包括温室气体排放和可持续发展方面的影响①。最后，在授权减缓成果的过程中，需要将涉及减缓活动的详细信息（包括活动的具体内容和活动的支持者）以及授权书中施加的任何限制或条件记录在国家授权数据库中。这个数据库将用于准确报告给《公约》，并且在后续的转让执行过程中发挥关键作用。

总体而言，《巴黎协定》第 6 条以及 COP26 关于第 6 条市场机制的实施细则规定了授权的主要节点。本质上，授权是一个行政过程（基于准备阶段制定的明确规则），授权请求需要由技术委员会或政府部际机构进行评估。具体制度的设计和创设将取决于授权标准的透明度和客观性，以及东道国负责管理第 6 条碳市场机制相关流程的政府实体是否具有授权减缓成果的法律权限。当前，《巴黎协定》和 COP26 并没有具体规定授权的范围、标准、流程、时间安排和报告的详细细节等，而是由各参与缔约方在国家层面决定，授权可以由缔约方以多种形式制定和传达，这可能导致国内授权程序的多样性②。然而，如果缔约方决定将一些未解决的问题保留为各自的特权，与缔约方接受国际统一的标准相比，将会产生不同的影

① Lo Re L，Ellis J，Greiner S. The birth of an ITMO：authorisation under Article 6 of the Paris Agreement.（2022 - 11 - 02）［2023 - 05 - 19］. https：//doi. org/10. 1787/3d175652-en.

② Michaelowa A，Singh A，Keßler J. Advancing the development of Article 6 methodologies. Preventing a stalemate that blocks Article 6. 4 implementation. Carbon mechanisms review，2023，11 (1)：27 - 37.

响。其中一些问题可能对报告要求产生影响，在国际层面达成一致以确保数据的可比性至关重要①。因此，有必要对《巴黎协定》第 6 条碳市场机制授权相关问题进行分析，从而为缔约方之间借助碳市场机制进行合作奠定制度基础。

二、东道国授权机制的法律基础

在《京都议定书》时代，各国政府负有责任批准旨在根据 CDM 产生碳信用额的活动，由政府指定的国家主管部门授予项目参与者，这是任何打算获得 CDM 下核证减排量项目的先决条件。基于国际政治现实背景，《巴黎协定》采用了“自上而下”和“自下而上”的双轨制模式，巩固了“国内驱动型”全球气候治理形式，通过在全球层面确立目标和原则，同时在国家层面赋予各国自主权②，实现了国际合作与国家主权的平衡，能够更好地适应不同国家的需求，增强了各国参与气候行动的积极性。在此背景下，政府授权批准是参与第 6 条碳市场的必要步骤，以确保项目的合法性、合规性和有效性，并为项目参与者提供在国际碳市场上进行交易的凭证。

1. 国家主权原则与“自主贡献”范式

国家主权原则的根源可以追溯到 1648 年《威斯特伐利亚和约》的签订，这一历史事件标志着现代国际法的形成。作为国际法的核心原则之一，国家主权强调各国在内政和外交事务上拥有完整、不可侵犯的权力和自治权，其他国家不得干涉或施加任何形式的压力。面对温室气体的长期性、全球性、重大不确定性和潜在规模巨大四个典型外部性特征③，国家主权原则为各国在全球气候行动中提供了法律基础，使得每个国家可以

① Carey E，Yang X L. From Paris to Glasgow and beyond：what future for clean energy technology deployment under Article 6? // Considine J，Cote S，Cooke D，et al. A research agenda for energy politics. Cheltenham：Edward Elgar Publishing，2023：127 - 154.

② 秦天宝．论《巴黎协定》中“自下而上”机制及启示．国际法研究，2016，13（3）：64 - 76.

③ 斯特恩．地球安全愿景：治理气候变化，创造繁荣进步新时代．武锡申，译．北京：社会科学文献出版社，2011：14.

根据自身需求、国情和发展水平独立决策其国家贡献，这种独立决策权不仅体现了对国家自主性的尊重，也为国际协定的灵活性和普适性奠定了基础。

以《公约》为基础的国际气候协议为协调全球各国对气候变化的应对行动提供了框架机制。然而，国际协议的有效实施仍然依赖于国家在国内法层面将其原则和规定纳入国家立法，同时通过制定相关政策和措施以及加强监督和执法机制来确保其实施①。《巴黎协定》作为《公约》的延续，在尊重并继承了《公约》中关于国家主权的原则的基础上，进一步强调了各缔约方在全球气候治理中的自主性和主导地位，确立了“国内驱动型”的全球气候治理模式。

首先，自主确定目标。《巴黎协定》明确规定，各国有权自主确定其国家贡献，包括减排目标和气候变化适应措施。各国在自主贡献的设定中能够根据自身的国情、发展水平、需求和能力自主决定具体的减排目标，充分体现了国家主权原则。其次，自主制定计划。自主贡献的制定是由各国自主完成的，其内容包括减排目标、行动计划、国家情境和需求等，反映了各国在气候行动中的独立决策权，确保了自主贡献符合各国自身的发展需求，而不受外部干扰。再次，自主更新和调整。《巴黎协定》鼓励各国根据实际情况定期更新和加强其自主贡献，这意味着各国有权根据自身发展和变化的需要对其国家贡献进行调整和更新，从而更好地适应国内的气候变化挑战，保障国家的可持续发展。最后，自主报告。各国被要求自主报告其自主贡献的实施情况和取得的成就，这强调了国家对自身行动的主导地位，同时也为各国提供了展示其在气候行动中付出的努力和取得的成就的机会。

值得一提的是，自主贡献并不意味着各国可以完全自由地设定不负责任的减排目标或行动计划。相反，根据《巴黎协定》的规定，各国的自主贡献需要具有逐步提高的雄心和力度，以实现全球气候目标。同时，各国还需要定期向国际社会报告其自主贡献的实施情况，如落实第 13 条透明

---

① 白桂梅．国际法．3 版．北京：北京大学出版社，2015：1.

度框架和第14条定期盘点的要求，并接受国际社会的审议和监督①。因此，各国在自主贡献的制定和实施过程中需要考虑到国际共同责任原则和不同国家的历史责任、发展水平、能力差异等，并接受国际社会的监督和评估。

综上所述，通过强调各国自主贡献的重要性与核心作用②，《巴黎协定》允许各国在气候行动中以自主、独立的方式参与，根据自身实际情况制定、更新和报告国家贡献。因此，“自主贡献”范式将决策权下放到各国国内政治层面，充分体现了对国家主权原则的尊重，体现了对各国平等地位和自主决策权的重视，为全球气候行动提供了灵活性和包容性的路径。

2.《巴黎协定》第6条下的国家自主性

《巴黎协定》第6条注重自愿合作原则，为各国提供了参与碳市场的自主选择权，这不仅强调了各国的主权，而且鼓励更广泛的国际合作，为全球碳市场的建设提供了多元化的参与主体。同时，根据第6条第2款，东道国政府有权授权减排量或清除量用于国家自主贡献或由公共或私人实体用于其他国际减缓目的。这隐含着这样一种理解，即各国政府对其管辖范围内发生的排放减少或清除拥有某些权利，为后续授权机制奠定了基础。

首先，《巴黎协定》第6条强调了缔约方自主选择权。缔约方参与碳市场机制是基于各国自愿的决策，充分考虑了各国的国情和实际能力，这为全球碳市场的建设提供了灵活性，各国可以根据自身的需求和条件来制定参与碳市场的具体方案。其次，自愿合作原则体现了缔约方主权与国际合作的平衡。自愿合作原则既强调了国家的主权，又鼓励了国际合作，各国可以根据自身利益和战略选择是否参与碳市场，这使得碳市场机制更具包容性③。再次，自愿合作原则为碳市场的建设提供了多元化的参与主体。不同国家由于拥有自主选择的权利，可以根据自身情况选择是否加入

① Mayer B. Transparency under the Paris rulebook：is the transparency framework truly enhanced?．Climate law，2019，9（1-2）：40-64.

② 袁倩．全球气候治理．北京：中央编译出版社，2017：8.

③ Lesnikowski A，Ford J，Biesbroek R，et al. What does the Paris Agreement mean for adaptation?．Climate policy，2017，17（7）：825-831.

碳市场。这种多元化的参与主体有助于形成更加健康、具有弹性的碳市场生态系统，各国可以在其中充分发挥各自的优势，推动全球减排事业的发展①。最后，自愿合作原则为各国提供了一个灵活的法律环境，鼓励创新和实践。各国在自主选择参与碳市场的同时，也能够根据自身经验和实际情况调整和完善碳市场机制，进而推动碳市场的不断发展，使其更符合各国的实际需求。此外，自愿合作原则增强了全球合作的动力，各国在自主选择的基础上更愿意参与国际合作，共同应对气候变化，进而为全球碳市场建设提供了更为积极的动力，有助于形成更加紧密的国际合作网络。

《巴黎协定》第 6 条碳市场机制吸取了京都三机制的一些经验教训，但在具体规则设计上模糊了发达国家的历史排放责任，比如虽然保留了“共区原则”，但对发达国家与发展中国家参与第 6 条碳市场机制的要求和规定并无具体差异②。同时，“自上而下”的减排责任划分已被否决，具体国情和国内经济社会发展状况直接决定了各国参与市场机制的行动，这规避了分配性冲突，弱化了谈判的对抗与冲突，但也削弱了行动的范围和强度，最终导致缔约方态度上看似积极，但在行动上避重就轻。面对《巴黎协定》的总体减排目标，第 6 条并未确立一个固定的、明确的合作机制，而是为凝聚共识采取了战略性模糊的做法，这导致本应引领全球气候行动的发达国家表现出迟疑、犹豫和拖延的态度③，而发展中国家囿于资金、技术和能力上的不足，在应对气候变化上举步维艰，这从根本上弱化了全球气候治理机制的实效。

虽然第 6 条也提到要促进可持续发展、确保环境完整性和透明度以及应用稳健的会计以确保避免重复计算等要求，但对这种宽泛规定的解释很难形成共识。气候治理具有全球属性，但应对的手段却是依靠各个国家来

---

① Peters G P，Andrew R M，Canadell J G，et al. Key indicators to track current progress and future ambition of the Paris Agreement. Nature climate change，2017，7（2）：118－122.

② Voigt C，Ferreira F. “Dynamic differentiation”：the principles of CBDR－RC，progression and highest possible ambition in the Paris Agreement. Transnational environmental law，2016，5（2）：285－303.

③ Falkner R. The Paris Agreement and the new logic of international climate politics. International affairs，2016，92（5）：1107－1125.

驱动，这属于典型的“现时悖论”①。《巴黎协定》第6条碳市场机制解决的是全球减排合作问题，这种为全人类谋福祉的制度安排极大地受制于国内和国际层面的结构性特征、转型障碍和公众认知。“国内驱动型”面临“搭便车”和“囚徒困境”问题②，各国自身低碳转型引发的制度变迁问题很容易让缔约方将市场合作偏好化，甚至符号化。

3. 后续决议补强缔约国法律权利

根据《巴黎协定》，东道国政府拥有隐含的权利将其管辖范围内实现的减缓成果计入其国家自主贡献。同时，政府有权决定是否以及在什么条件下放弃这一首要权利，并允许另一个实体将减缓成果计入单独的国家自主贡献、义务或目标。在第26次缔约方会议上，各方通过的实施细则为《巴黎协定》的实施提供了具体指导，其中包括与ITMOs授权、报告和核算有关的规则。据此，东道国有权授权ITMOs，供其他缔约方用于其国家自主贡献，或用于其他国际减缓目的（如CORSIA，因为国际航空减排不属于国家自主贡献）和其他目的（如自愿碳市场）。对于ITMOs和A6.4ERs，授权框架都很重要，因为在大多数情况下，应该如何使用一个交易单位可以由参与各方确定③。与此同时，东道国必须在国家自主贡献成果与第6条提供的投资机会之间取得平衡，因为东道国出口的减排量越多，用于其本国国家自主贡献目标所要求的减排量就越少，同时交易价格和2030年自主贡献目标进展的不确定性可能会使这一艰难的决定进一步复杂化。

依据关于第6条第2款“合作方法”的指南，东道国和购买国家可以选择纳入ITMOs授权和转让的额外标准，以确保减缓活动符合第6条的原则、国家监管和法律要求以及国家总体气候和发展政策与战略。除了常

① Karlsson-Vinkhuyzen S I, Groff M, Tamás P A, et al. Entry into force and then? The Paris Agreement and state accountability. Climate policy, 2018, 18 (5): 593-599.

② Geden O. The Paris Agreement and the inherent inconsistency of climate policymaking. Wiley interdisciplinary reviews: climate change, 2016, 7 (6): 790-797.

③ Minas S. Market making for the planet: the Paris Agreement Article 6 decisions and transnational carbon markets. Transnational legal theory, 2022, 13 (2-3): 287-320.

见的促进可持续发展、促进东道国国家自主贡献的实施、确保环境完整性（例如确保额外性、减缓成果的保守量化和永久性）以及避免双重核算外，缔约方可以选择纳入一些个性化标准，比如为适应融资作出贡献、确保尊重人权以及与国家优先事项相关的标准（与相关国家和部门政策和战略保持一致、防止负面环境和社会影响、遵守反腐败法律和公约以及遵守其他相关地方监管要求）等。例如在瑞士与秘鲁的合作协议中就明确要求减缓成果不应来自基于核能的活动，并避免采用与实现《巴黎协定》长期目标不相容的技术手段和实践应用，特别是任何基于持续使用化石燃料的活动；防止任何负面环境和社会影响，包括改善空气质量和生物多样性、减少社会不平等以及基于性别、种族或年龄的歧视。

由此可见，缔约方有权依据其对《巴黎协定》认可标准的理解自行制定规则或要求，并决定仅与愿意接受和遵守这些特定要求的伙伴开展合作。这种后巴黎时代气候治理的“国内驱动”范式体现了包容、灵活、自愿和实用主义的特点①，旨在激励缔约国在其管辖范围内的碳市场活动中发挥更大的作用，也赋予了缔约方极大自主性和灵活性，在与潜在合作伙伴进行谈判和合作时，根据自身情况和利益来制定具体的要求和条件。

三、第 6 条下授权机制的法律分析

授权对第 6 条碳市场机制至关重要。一方面，它要求参与缔约方通过授权确认其致力于确保环境完整性、促进可持续发展并采用稳健的会计核算方法；另一方面，授权是通往碳市场工具的门户，标志着一个国家认可 ITMOs 的创建并承诺进行相应调整的关键节点，从而为整个系统带来清晰度、稳定性和可预测性。然而，关于授权的具体细节仍然存在一些悬而未决的问题，比如授权的范围、时间、内容以及可以修改或撤销授权的条件。

1. 授权机制的范围要素

值得注意的是，用于实现东道国自己的国家自主贡献目标的减缓成果

① 袁倩．全球气候治理．北京：中央编译出版社，2017：8.

不需要授权，比如除了参与收购方授权、转让和使用之外的其他目的所有减缓活动产生的减缓成果，以及“无条件国家自主贡献”行动计划中的活动以及通过国内或国际气候融资资助的“有条件国家自主贡献”行动计划①中的活动产生的减缓成果。对此，东道国可以制定一个“红色清单”，将不可授权的减缓行动纳入，比如在火力发电厂中从燃煤转向天然气、树木计划和城市交通计划等。

有一些减缓活动是东道国完全根据自己的资源和能力实施的，被称为“无条件减缓措施”，如大力发展非机动车交通，这些活动产生的减缓成果被认为是非常容易获得的成果，可以为东道国当地可持续发展效益作出贡献，并且不应被视为东道国国家自主贡献的补充，即此类减缓成果无论如何都应在没有第 6 条第 2 款“合作方法”支持的情况下实现。与那些需要借助国际支持手段或满足其他条件的情况下才能减排的“有条件减缓措施”相比，无条件减缓措施的边际减排成本明显较低，同时有条件减缓措施面临市场、监管和技术壁垒②，不太可能获得政府支持。一般而言，东道国仅对国家自主贡献中有条件减缓措施相关活动产生的减缓成果在“合作方法”框架下予以授权、转让和使用。简言之，所有旨在创建授权ITMOs的减缓活动将来自以下类别，或根据 COP26 第 2/CMA. 3 号决定由东道国和参与缔约方共同定义的类别：（1）温室气体排放量减少和清

---

① “无条件国家自主贡献”（Unconditional Nationally Determined Contributions）指的是国家在全球应对气候变化框架下提出的减排目标和行动，这些目标和行动不受外部条件限制，是国家自主确定的。这意味着国家愿意在自身的能力范围内采取措施来减少温室气体排放，而不依赖于其他国家的支持或条件，通常体现了国家在减缓气候变化方面的努力和承诺。“有条件国家自主贡献”（Conditional Nationally Determined Contributions）指的是国家在全球应对气候变化框架下提出的减排目标和行动，这些目标和行动受到一定条件的限制或影响。这些条件可能包括国际支持、技术转让、资金援助、技术能力建设等。换句话说，这些国家愿意在获得特定条件满足的情况下承担相应的减排责任，并将其纳入其自主贡献中，因此这种贡献的实施受到外部因素或条件的影响。Winning M，Ekins P，Watson J，et al. Nationally Determined Contributions under the Paris Agreement and the costs of delayed action. Climate policy，2019，19（8）：947－958；Pauw W P，Castro P，Pickering J，et al. Conditional Nationally Determined Contributions in the Paris Agreement：foothold for equity or Achilles heel？. Climate policy，2020，20（4）：468－484.

② Michaelowa A，Michaelowa K，Hermwille L，et al. Towards net zero：making baselines for international carbon markets dynamic by applying “ambition coefficients”. Climate policy，2022，22（9－10）：1343－1355.

除；(2) 适应行动的温室气体减排协同效益；(3) 经济多样化计划和实现这些计划的手段。因此，东道国应仅授权有条件国家自主贡献减缓计划中的减缓成果，否则这些计划可能无法实施，而且应防止相对于自主贡献目标的过度授权①。值得注意的是，如果某项活动的减排量或清除量已经包含在最新的国家温室气体清单报告中并得到参与缔约方的同意，那么即使这些活动并非基于最新的国家自主贡献，所创建的 ITMOs 也可能获得授权。

东道国应根据关于“合作方法”指南的规定，对“红色清单”之外首次转移至国家自主贡献或其他国际减缓目的的任何合格减缓活动产生的所有授权减缓成果进行相应调整。此外，东道国的授权将取决于每项减缓活动的可持续发展要求，比如每个减缓活动开发商应使用适当的可持续发展工具（比如国际碳信用标准方法）来识别和监测减缓活动在验证和核查期间带来的可持续发展影响。如果没有相关的国际碳信用标准方法，活动开发商可以提出一种评估和监测上述活动的可持续发展影响的新方法，以供东道国进行确认。在具有可行性的情况下，活动开发商应就可持续发展问题与当地和其他受影响的利益相关者进行磋商，并建立利益相关者可以访问的独立申诉程序。

2. 授权机制的时间要素

关于第 6 条第 2 款“合作方法”的指南②第 18 条规定，初次报告最晚需要在“ITMOs 授权”时提交，但是并未具体明确“ITMOs 授权”的时间，因此对其所指内容以及何时可能发生有不同的解释。比如参与同一“合作方法”的不同缔约方在不同时间授权 ITMOs，如果转让方在确认收购方之前授权使用 ITMOs，这意味着报告 ITMOs 的转让与其使用之间可

---

① Mahabadi D. Enhancing fairness in the Paris Agreement: lessons from the Montreal and Kyoto Protocols and the path ahead. International journal of environment and sustainable development, 2023, 22 (3): 329-348.

② UNFCCC. CMA. Guidance on cooperative approaches referred to in Article 6, paragraph 2, of the Paris Agreement. (2022-03-08) [2023-12-28]. https://unfccc.int/documents/460950.

能存在显著的时间差。减缓成果只有经过授权才能成为 ITMOs，而授权可能发生在减缓成果生命周期的不同阶段，具体时间因授权对象（包括"合作方法"的授权、ITMOs 的授权以及实体的授权）而不同。

首先，"合作方法"的授权时间。指南第 18 条明确要求为每一种"合作方法"提供一份参加方（即参加涉及使用 ITMOs 的合作方法的缔约方）的授权书副本、对该方法的说明、其持续时间、其持续时间内每年的预期减缓以及涉及的参加方和得到授权的实体，并且"合作方法"的授权应由参加方在初次报告和新方法的更新初次报告中予以报告，以及在双年度透明度报告（BTR）现有方法的更新中予以报告。有鉴于此，可以在参加方提交初次报告或更新后的初次报告之前，对"合作方法"进行授权。当然，也可以考虑在参加方对特定 ITMOs 进行授权之前或与之同时对"合作方法"进行授权。

其次，ITMOs 的授权时间。ITMOs 授权在时间上可以分为事前（即在监测和核查减缓成果之前）或事后（即完成核查后）授权，其中事前授权可以包括某些条件（例如成功验证、持续遵守国内法律和标准），且可以对 ITMOs 数量（总量或年度数量）设定上限。事前授权将为活动支持者提供更大的确定性，从而支持更快、更强劲的市场发展。但是如果东道国在事前授权后才意识到自己无法达到国家自主贡献，而这时参与 ITMOs合作可能会使实现自主贡献变得更加困难。

依据指南第 20 条（a）款规定，每一参加方应在每年 4 月 15 日前以商定电子格式提交上年的年度信息，包括授权将 ITMOs 用于实现国家自主贡献（NDCs）的情况，授权将 ITMOs 用于其他国际减缓目的的情况，首次转让、转让、购买、持有、注销、自愿注销、自愿注销减缓成果或 ITMOs 用于全球排放的总体减缓以及用于 NDCs 的情况，同时规定应在初次报告中说明授权 ITMOs 的方法，随后授权的 ITMOs 应以商定电子格式报告，授权 ITMOs 的信息摘要应在 BTR 中报告。考虑到 ITMOs 只能在参与"合作方法"的缔约方之间转让，且 ITMOs 只能用于其授权规定的目的，因此，ITMOs 授权书的副本及其任何修改应提交授权方的登记处，并交付给跟踪该"合作方法"下 ITMOs 的所有登记处，该交付应确保在后续任何对该 ITMOs 授权或修订行动之前完成。其中，东道国作为第一转让方通过在其登记册中记录有关 ITMOs 的授权来实现对 ITMOs 的授权，且任何此类授权均应以商定电子格式报告。因此，可以考虑在系统中增加明确的授权时间点，例如：随时可以授权；在实现授权的减缓成果之前或之后；在第一转让方使用之前或之时，或者在第一转让方的登记册中记录首次转让时；在缔约方根据第 18/CMA. 1 号决定附件第 70 条提供其国家自主贡献实现情况的评估后；在将 ITMOs 使用或转让给另一方或授权实体之前。

最后，实体的授权时间。ITMOs 只能由获得缔约方授权的实体使用，这意味着至少需要获得在该缔约方登记册上持有、转让或使用 ITMOs 的授权。指南第 18 条（g）款规定："每一参加方应在不迟于授权'合作方法'产生的 ITMOs 时提交第六条第二款初次报告（以下简称"初次报告"），或在（参加方认为）可行的情况下，与根据第 18/CMA. 1 号决定应提交的 NDCs 执行期下一份两年期透明度报告一并提交。初次报告应包含全面信息：为每一种合作方法提供一份参加方的授权书副本、对该方法的说明、其持续时间、其持续时间内每年的预期减缓以及涉及的参加方和得到授权的实体。"因此，授权实体的方法（例如被授权的实体类型）应在初始报告中报告，并且 ITMOs 授权实体的信息摘要应以商定电子格式在 BTR 中报告。对于参与"合作方法"实体的授权应在参加方提交初次报告或包含该"合作方法"更新信息的初次报告之前完成。

3. 授权机制的内容要素

根据《巴黎协定》"自主贡献"和长期低碳发展战略（LT-LEDS）的框架，为加强减缓行动的合作提供支持属于国家的权力范畴。授权的过程和内容应当适应于这一目标，具备一定的灵活性，以便能够适应不同的情况，并符合《巴黎协定》第 6 条规定的市场合作机制要求。一般而言，授权分为一般授权（在合作方法层面，授权任何符合预设条件的事情）或特定授权（针对每个单独的"合作方法"、ITMOs 或实体）。对于授权内容，也会因为授权对象是单独的"合作方法"、ITMOs 或实体而存在差异。

首先，单独的"合作方法"授权的内容。如上所述，缔约方需要在初次报告中提交每一种"合作方法"的授权书副本，包括对该方法的说明、其持续时间、其持续时间内每年的预期减缓以及涉及的参加方和得到授权的实体。由此可见，授权的内容主要包括“方法的说明”、“持续时间”、“持续时间内每年的预期减缓”以及“涉及的参加方和得到授权的实体”。其中，“方法的说明”主要包括“合作方法”的名称和参数、方法和基线，实施合作所采用的程序和标准，如何有助于实现《巴黎协定》的长期目标，以及是否需要将限额与交易计划、基线信用方法或其他相关联等；“持续时间”主要包括授权日期和授权期限等；“持续时间内每年的预期减缓”主要包括衡量标准、计量单位、注册管理机构、行动或交易类型、活动类型、为提高环境适应能力而提供的资源、对实现全球排放量总体缓解的贡献等；“涉及的参加方和得到授权的实体”主要包括授权缔约方、授权缔约方当局的详细信息、授权实体等。除了国际层面，“合作方法”参加方还应根据国内法律要求向国内机构提交授权副本，包括“合作方法”的名称和参数、参加方、注册管理机构等相关信息。

其次，对 ITMOs 的授权内容。ITMOs 的授权强调额外性，这意味着减缓成果必须是在项目实施之后产生的，且项目的减排效果必须经过严格的验证和审核，以确保其真实、可靠并且与基准情况相比是额外的。为了确保 ITMOs 代表真实的、额外的减排效果，缔约方可以制定具体的条件和标准，已经取得和未来取得的减缓成果只要符合这些条件就可以获得授权。在授权缔约方的登记系统中，应对授权条件进行详细描述，并在注册表中记录每个 ITMO 的特定具体授权，确保所有相关方对于授权和相关条件有清晰的了解，并能够追踪每个 ITMO 的特定授权。ITMOs 的授权应具有唯一标识符，至少包括第 6/CMA. 4 号决定附件一第 5 条中列出的要素①以及 ITMOs 的授权用途清单。ITMOs 的一般授权所需信息至少包

① 第 6/CMA. 4 号决定附件一第 5 条规定：“每个 ITMO 应具有唯一的标识符。每个 ITMO 的唯一标识符应至少包括：(a) 合作方法的标识；(b) 原始缔约方登记册的标识；(c) 首次转让方的标识；(d) 序列号；(e) 相关减缓成果的发生年份”。UNFCCC. Conference of the Parties serving as the meeting of the Parties to the Paris Agreement (CMA). Report of the Conference of the Parties serving as the meeting of the Parties to the Paris Agreement on its fourth session, held in Sharm el-Sheikh from 6 to 20 November 2022. Addendum. Part two: action taken by the Conference of the Parties serving as the meeting of the Parties to the Paris Agreement at its fourth session. (2023-03-17) [2024-01-26]. https://unfccc.int/documents/626570.

括：（1）授权方；（2）减缓活动；（3）授权日期；（4）需要登记处跟踪并纳入第6条数据库的信息（生成减缓成果的部门、授权目的以及ITMOs的数量等）。

最后，对实体的授权内容。如前所述，ITMOs只能由获得授权的实体使用，实体至少需要获得缔约方登记册上持有、转让或使用ITMOs的授权。缔约方对实体的授权是根据参与的要求和标准进行的一般性授权，包括实体标识、授权日期、“合作方法”标识、参与方、授权金额或最高金额、参与缔约方之间减缓成果的分配比例以及其他可能的要素（如减缓活动、部门、年份、公制、计入期和授权使用ITMOs的自主贡献期等）。当然，缔约方也可以根据需要为每个授权实体规定一些附加信息。

4. 授权机制的变更要素

关于第6条第2款“合作方法”的指南指出，任何“对早期授权的变更”都需要根据常规信息进行报告，这意味着可以对授权进行更改（尽管没有进一步说明可以进行哪种类型的更改，或者在什么条件下进行更改）。关于何时可以修改或撤销授权，需要考虑时间和对象等多个因素。一般而言，授权的变更可分为三类，其中后两类可能会改变交易的特征：（1）管理更新（如名称更改）；（2）实质性扩大或限制授权范围（如增加或限制ITMOs的潜在用途）；（3）实质性限制授权交易的水平（如解决任何排放消除的逆转问题）。

首先，ITMOs授权时间的修改。如果ITMOs仍由授权方控制或者ITMOs未被首次转让、取消或用于任何目的，一般而言，授权方就可以修改其对ITMOs的授权。当然，ITMOs第一转让方可根据参加方就“合作方法”商定的安排随时修改ITMOs的授权。值得一提的是，对ITMOs授权的任何修订应由第一转让方通过其登记册中特定ITMOs授权的新版本进行，且所有版本的授权均应以报告授权时商定的电子格式报告至第6条数据库。一般情况下，对于已转让给另一缔约方或授权实体的ITMOs的授权使用，转让方无权修改此类授权。

其次，ITMOs授权的撤销。撤销ITMOs授权的任何行动应当在第一转让方的登记册中生效，并且应以商定的电子格式在单独的行动账户中报告撤销授权的日历年情况①。撤销授权后，授权所针对的减缓成果将不再包含在该方的持有量中。一般而言，如果 ITMOs 尚未首次转让，并且第一转让方尚未使用或取消 ITMOs 以满足任何目的，那么第一转让方有权撤销其对继续持有的 ITMOs 的授权，因此第一转让方可以随时撤销对 ITMOs 的授权，除非 ITMOs 已被报告用于履行国家自主贡献，或者已出于任何目的被取消。一旦其他参加方收到了第一转让方发出的撤销通知，它们应当在其相应的单独行动账户中，以商定的电子格式报告该撤销的日历年的情况。

最后，对于“合作方法”和实体的授权而言，决定对“合作方法”授权的任何变更（或撤销）不应适用或影响已转让给另一缔约方或授权实体的 ITMOs，同时决定对实体授权的修改或撤销不应影响已转让的 ITMOs②。例如，如果某个实体被取消授权，对于发生的任何首次转让，东道国仍需负责实施相应调整。简言之，授权变更的任何影响均应根据支持“合作方法”的协议以及缔约方可能同意接受的变更类型进行管理。

综上所述，ITMOs 仅在参与“合作方法”的缔约方之间转移，且只有获得授权的实体才能持有 ITMOs。东道国和购买方均须提供授权，包括共同同意任何变更。当参与缔约方授权时，“合作方法”的运作需要所有三种授权类型的信息，同时授权类型必须与报告联系起来，这反过来又可以澄清授权流程，包括变更的时间和可能性。

四、授权机制的完善路径

授权在国家和国际进程、谈判和实施之间扮演着桥梁的角色，促进了国际气候合作和碳市场发展。通过授权，各国能够在国际和国内层面实施协调一致的政策措施，并确保碳市场等活动的合法性和合规性。依据《巴黎协定》和 COP26 出台的实施细则，授权是缔约方参与第 6 条第 2 款“合作方法”的先决条件，也是第 6 条第 4 款碳信用机制国内程序中需要

① Minas S. Market making for the planet: the Paris Agreement Article 6 decisions and transnational carbon markets. Transnational legal theory, 2022, 13 (2-3): 287-320.

② Cadman T, Hales R. COP26 and a framework for future global agreements on carbon market integrity. The international journal of social quality, 2022, 12 (1): 76-99.

考虑的一个重要因素，当减缓成果被东道国授权用于国家自主贡献或其他国际减缓目的时，东道国需要对其国家排放量进行相应调整，并需要在初次报告中进行报告。

缔约方参与第 6 条碳市场机制，需要在其国内层面制定授权和批准的制度规则，比如（事前）资格标准、项目在整个运营期间必须满足的标准①以及报告要求等，以加强对碳市场活动的指导和管理。通过透明、有针对性、有效的批准和授权程序促使更多的实体积极参与，东道国可以更有力地引导和管理碳市场活动，同时确保这些活动对于国家自主贡献具有实际意义，加速气候行动的推进。

1. 机构层面：明确指定授权主体

东道国参与第 6 条碳市场合作，需要考虑其所需的具体职能以及如何将这些职能分配给新的或现有的机构，就国内气候政策（即包括国家自主贡献更新、增强透明度框架下的报告等）和参与第 6 条活动建立适当的总体协调和决策机构②。基于气候合作机制需要，最合适的选择应是组建一个高级别跨部门的委员会作为第 6 条的指定国家授权主体，全面负责设计和修订方案以及开展国际合作。比如日本政府就采取了这种做法，成立了由五个相关部门组成的"JCM 促进和利用委员会"③。让不同的参与者或政府机构参与授权过程能够确保政府决策不局限于单个气候政策视角，而是能够在整体上和系统上实现政策合力，所以要促进相关部门之间的统筹合作与协调。

在该委员会下设立执行机构、管理机构和技术机构，由委员会提供政策指导、协调和监督支持，确保各个机构的工作能够有效地配合和协同，

---

① Espa I, Ahmad Z. Market-based climate mitigation, Article 6 of the Paris Agreement and international trade law: new rules, existing practices, and continued concerns. Trade, law and development, 2022, 14 (2): 1 - 36.

② Cadman T, Hales R. COP 26 and a framework for future global agreements on carbon market integrity. The international journal of social quality, 2022, 12 (1): 76 - 99.

③ Chotimah H C, Arisanto P T, Pratiwi T S. Bilateral agreement of Indonesia-Japan for low carbon growth cooperation: an analysis of the effectiveness and the compliance level. Nation state: journal of international studies, 2020, 3 (2): 98 - 113.

促进碳市场的发展和健康运行①。其中执行机构根据整体监管环境和授权制定和批准规则，并定期举行会议以处理一些规则制定职能；管理机构负责实施和管理，包括减缓活动登记、接收授权申请、评估减缓活动是否符合资格标准以及日常执行规则；技术机构中可能包括政府和非政府代表，向其他机构就方法开发和相应调整等技术问题提供建议和支持。当然，这些机构设置是一种灵活安排，会因国家和时间推移而有所不同或调整。

在确定机构后，应依法依规明确相关机构履行与授权相关的具体职能：政策规则制定与技术咨询和审计。其中一些职能必须由政府机构承担，一些职能可能涉及外部专家或其他利益相关者。政策规则制定方面的具体职能包括：批准适用第 6 条的前提条件、授权中的减排战略考量（如将 NDCs 实现策略纳入 ITMOs 授权标准）以及批准减缓成果的授权程序，指导和监督第 6 条实施，确定参加方、授权具体参与减缓成果转让的部门和减缓活动、执行转让 ITMOs、准备初次报告、年度报告和两年期报告以及向注册系统提供相关信息等。技术咨询和审计方面的具体职能包括计算减缓活动减排量或清除量的基准线方法、分析减缓项目或转让对自主贡献的影响、验证项目设计以及核查项目减缓成果等技术问题。

6.4 机制下的减排量若要进行国际转移，必须经过"合作方法"框架，因此 6.4 机制下减排量的国际转让仍然需要借助第 6 条第 2 款的框架。然而，第 6 条第 4 款的一些特定要求超出了第 6 条第 2 款的范围，其中最为重要的是批准减缓活动、授权活动支持者以及批准任何 CDM 项目的过渡。这要求缔约方具备一个履行指定国家主管机构（DNA）职能的部门②，授权 A6.4ERs 作为 ITMOs 使用，并批准参与该机制的减缓活动。

---

① Mahabadi D. Enhancing fairness in the Paris Agreement: lessons from the Montreal and Kyoto Protocols and the path ahead. International journal of environment and sustainable development, 2023, 22 (3): 329 - 348.

② 尽管第 6 条第 2 款并未要求设立 DNA，但各缔约方可以考虑在国内机构建立过程中赋予相关主体 DNA 责任。这可能包括将 DNA 指定为主要的授权实体，或者与政府其他部门一起将部分授权和批准责任交由 DNA 承担。Steinebach Y, Limberg J. Implementing market mechanisms in the Paris era: the importance of bureaucratic capacity building for international climate policy. Journal of European public policy, 2022, 29 (7): 1153 - 1168.

2. 程序层面：授权形式和内容

“合作方法”指南没有具体说明如何表达或记录授权，但一种选择是政府向减排活动参与方提供“授权函”。这一授权函可能包含第 6 条相关规则的标准化文本，以确保缔约方一致地提供最低限度的信息，以及缔约方基于合同需求和各国具体做法添加的特定标准或条件。

授权函的具体内容一般包括如下五个部分：

（1）授权委托书，包括授权实体名称、机构安排以及“合作方法”。委托书要明确授权实体是东道国负责气候变化的政府部门，同时表明政府已授权该实体监督东道国参与《巴黎协定》第 6 条第 2 款“合作方法”以及执行缔约方会议通过的其他相关决定的情况①，确保东道国按照《巴黎协定》和相关决定的要求开展合作，并监督其减缓活动的实施。同时，明确指定在东道国内负责实施合作方法和减缓活动的具体机构或部门。

（2）授权的先决条件，参与减缓活动的实体需要确保符合东道国市场框架中对授权 ITMOs 的规定，并满足减缓活动在技术、环境、社会和财政等方面所有相关的先决条件。同时，明确说明需要东道国主管机构提供的技术建议，可能涉及命名规范、技术标准或其他相关方面，以确保减缓活动的名称具有技术准确性和一致性，进而确保减缓活动的有效实施以及符合相关要求。

（3）授权声明，包括授予项目生成的 ITMOs 正式授权、保证 ITMOs 及其使用的认可。根据《巴黎协定》第 6 条第 3 款、参与方合作协议以及法定函件，授权实体对相应减缓活动产生的减缓成果予以授权。根据与参加方的合作协议，保证东道国承认减缓活动产生的 ITMOs 用于实现购买方的国家自主贡献承诺或购买方商定的其他减缓目的。符合国际转让资格的 ITMOs 数额必须满足参加方合作协议规定的特定审查标准和要求。

（4）授权的含义。表明授权方对《巴黎协定》的批准和承诺，确认了

---

① Espa I, Ahmad Z. Market-based climate mitigation, Article 6 of the Paris Agreement and international trade law: new rules, existing practices, and continued concerns. Trade, law and development, 2022, 14 (2): 1-36.

它们将尊重和遵守协定中有关“自主贡献”规定的各项要求。授权方自愿参与“合作方法”，愿意通过国际合作来履行减缓义务。尽管授权方强调了它们对于转让减缓活动产生的减缓成果数量的承诺，但这不应妨碍其自主贡献的实现，要确保自身减排目标得到实现。授权函构成了授权国根据《巴黎协定》及其实施细则所规定的定义对减缓活动的授权，并详细说明减缓活动产生 ITMOs 的时间要求以确保减缓活动的有效性和合规性。授权国将确保减缓活动产生的 ITMOs 不会被用于满足其在《巴黎协定》下所承担的自主贡献目标，该 ITMOs 将被纳入东道国的注册表中，并且 ITMOs 的转让和使用将符合《巴黎协定》和相关决定的规定①。如果任何一方未能符合减缓活动建设和运营的法律或环境要求，导致减缓活动无法进行，那么授权函并不暗示或提供授权国对此进行支持或资助。

（5）确认。授权国确认遵守《巴黎协定》以及与参加方合作协议的所有要求，包括但不限于报告要求、防止双重核算和重复索赔等，承诺在必要时进行相应调整以确保所有合作活动符合协议的要求并且得到有效实施。在这一函件中，授权国承诺依照《巴黎协定》、实施细则以及缔约方会议相关决定，以透明、准确、完整、可比和一致的方式进行相应调整。

最后，缔约方应将授权减缓成果的详细信息以及授权函施加的任何限制或条件输入国家授权数据库，其中授权减缓活动所涉及的详细信息和条件可能因国家而异，通常包括减缓活动的详细信息：所采取的具体措施，例如能源效率改进、使用可再生能源、森林保护和再造等；活动支持者，可能是政府机构、国际组织、非政府组织或私营部门的实体，提供资金、技术或其他形式的支持来实施减缓活动；授权函施加的限制或条件，即针对减缓活动的特定要求或限制，例如时间限制、资源限制、技术要求等。总的来说，通过建立国家授权数据库并记录详细信息和条件，有助于加强减缓措施的透明度、监督和执行，从而推动全球应对气候变化的努力。

---

① Oh C. Exploring the way to harmonize sustainable development assessment methods in Article 6.2 cooperative approaches of the Paris Agreement. Green and low-carbon economy, 2023, 1 (3): 121-129.

3. 实体层面：构建授权法律框架

授权对于第 6 条制度的透明度和市场机制的信心至关重要。首先，由活动开发商请求东道国政府内相关负责机构的授权。其次，东道国政府根据第 6 条准备流程和国家规则评估授权请求，包括是否批准特定部门、特定技术或减缓活动类型的活动产生减缓成果等。再次，东道国向活动开发商提供授权函，授权拟议的减缓活动可能产生的减缓成果。最后，开始实施减缓活动，产生碳信用——ITMOs。由此可见，授权流程法律框架应由参加方共同设计，因为与国家资产有关的授权和授权的变更是东道国的主权事务①。从授权流程来看，主要有两个参与角色：东道国与活动开发商，东道国政府应结合授权过程中可能涉及的关键步骤创设一个流程来批准活动支持者或减缓活动，并授权可以转移到另一个国家的减缓成果。

然而，《巴黎协定》第 6 条以及 COP26 都没有规定如何在国内层面建立授权程序，这使得建立国内授权机制成为国家驱动的进程。一般而言，主要有三种模式。第一，制定全新的法律框架，专门用于管理和实施与《巴黎协定》第 6 条授权相关的程序，该方式将为国家提供灵活性，以根据自身情况和需要制定授权的规定和程序。第二，选择将授权程序纳入《巴黎协定》第 6 条规定的一般框架内，在现有的《巴黎协定》执行机制下制定和实施与授权相关的规定和程序，而不需要额外的法律框架。第三，如果已经制定了国际减排量转让法律，则可能会选择修订现有法律以纳入与《巴黎协定》第 6 条授权相关的程序，此举可以确保国家现有的法律框架与新的国际承诺和规定保持一致，并提供一个统一的法律基础来管理和实施相关程序。因此，缔约方可以依据《巴黎协定》和 COP26 及缔约方会议后续相关决定，结合自身实际情况和具体条件，选择合适的模式制定《巴黎协定》第 6 条授权相关的法律制度。

---

① Steinebach Y, Limberg J. Implementing market mechanisms in the Paris era: the importance of bureaucratic capacity building for international climate policy. Journal of European public policy, 2022, 29 (7): 1153-1168.

（1）授权请求。

东道国“合作方法”项目的活动开发商依据授权要求向该国负责实施授权的机构提交授权请求书，其中包括活动开发商或授权指定经营实体的名称、参加方的名称、其他参与实体的名称、拟议减缓活动的名称、减缓活动的规模以及减缓活动所属的部门范围等信息。对于 6.4 机制，公共或私人实体作为减缓活动参与者为参与活动寻求授权，应向东道国的指定国家主管机构（DNA）请求实体授权书（Letter of Entity Authorisation），并支付适当的管理费。

一般而言，所有旨在创建授权 ITMOs 的减缓活动将来自温室气体排放量减少和清除、适应行动的温室气体减排协同效益以及经济多样化计划和实现这些计划的手段，或者由东道国和参加方根据“合作方法”指南共同定义的活动。有资格创建授权 ITMOs 并转让给购买方的减缓活动可以源自东道国国家自主贡献范围之内或之外①。如果属于东道国国家自主贡献范围之内，仅有那些有条件减缓措施中的减缓活动才有资格在东道国获得授权、随后转让和使用。

（2）授权评估。

在第 6 条市场机制下，东道国的国内法律框架确定了评估标准（比如活动类型的资格标准），用来评估产生可授权减缓成果的活动、计划或政策的资格。一旦活动开发商请求授权，提交了东道国要求的所有支持性文件，东道国将根据国家程序和国家标准来审查和评估这些请求。

首先，评估活动类型。如果缔约方有长期低碳发展战略目标，则应将该国的自主贡献和长期低碳发展战略目标作为出发点②。据此，东道国可

---

① Schneider L. Using international carbon credits to achieve national mitigation targets of EU Member States：options for accounting under Article 6 of the Paris Agreement.（2023－01－09）[2024－02－19]. https://www.researchgate.net/profile/Lambert－Schneider/publication/367022185_Using_International_Carbon_Credits_to_Achieve_National_Mitigation_Targets_of_EU_Member_States_-_Options_for_Accounting_under_Article_6_of_the_Paris_Agreement/links/63be689003aad5368e7e6579/Using-International-Carbon-Credits-to-Achieve-National-Mitigation-Targets-of-EU-Member-States-Options-for-Accounting-under-Article-6-of-the-Paris-Agreement.pdf.

② Oh C. Exploring the way to harmonize sustainable development assessment methods in Article 6.2 cooperative approaches of the Paris Agreement. Green and low-carbon economy，2023，1（3）：121－129.

以将那些明确符合特定标准或有其他有资格获得授权的活动或技术的减缓活动列入“白名单”，比如可以将已被选为实现国家自主贡献的最佳方法的一系列缓解干预措施列入“白名单”。“白名单”所列减缓活动如果符合一组既定标准，即可认定具有额外性并符合授权资格，这样的制度可以提高国内授权过程的速度和透明度。随着自主贡献力度不断提高，“白名单”上的活动可能会随着时间的推移而发生变化。

其次，定义 ITMOs 授权和转让的附加标准。除了基本的 ITMOs 授权标准外，可以考虑添加一些附加标准，从而确保项目活动符合第 6 条的原则以及国家的总体气候和发展政策要求。例如可追溯性、适应融资贡献、确保环境完整性等方面的标准。可追溯性要求确保 ITMOs 的来源和生成过程可以追溯到具体的减缓活动或项目，这可以确保 ITMOs 的真实性和可靠性，从而增强市场参与者对减缓成果的信任和信心。适应融资贡献主要确保减缓活动为适应融资作出贡献，促进可持续发展。确保环境完整性则是要考虑 ITMOs 对环境和社会的影响，要求 ITMOs 需具备额外性，超越法定要求，采用保守量化并最大限度降低减缓成果不能持久的风险。

再次，决定授权时间。这是一个关键的步骤。原则上，在减排量得到核实之后授权更合乎逻辑。但根据“合作方法”指南，参加方需要在授权前提交初次报告，这可能导致授权时间的推迟。这种延迟可能无法满足私营部门投资者寻求政府尽早保证其减缓活动符合授权标准的需求，并确保随后产生的减缓成果最终可以被授权为 ITMOs①。为了提高私营部门参与的确定性，即只要满足减缓成果购买协议中的相关条件，就会进行 ITMOs交易，可以考虑“预授权”或在实现并核证减排量之前授权 ITMOs，但须符合特定条件且数量有限。确定授权时间需要综合考虑多个因素，确保授权时间与减缓活动的实际实施和效果相匹配，从而促进减排目标的实现。第一，项目周期：首先要考虑减排项目的周期，包括准备阶段、实施阶段和成果实现阶段，比如授权时间在 ITMOs 产生之前还是之后直接影响对减排效果的评估和核实。第二，项目类型：不同类型的减

---

① Lo Re L，Ellis J，Greiner S. The birth of an ITMO：authorisation under Article 6 of the Paris Agreement.（2022－11－02）［2023－03－18］. https：//doi. org/10. 1787/3d175652－en.

排项目可能有不同的实施周期和效果实现时间。例如，森林保护项目可能需要较长的时间才能实现减排效果，而一些技术更新项目可能会更快地实现减排效果。第三，国家需求：授权时间应该与国家的减排目标和计划相一致，并确保减缓成果的授权能够为国家达成其减排目标提供支持。第四，评估周期：授权时间应该确保有足够的时间对减缓成果进行评估和审核，以确保其符合授权标准和国际要求。第五，国际标准：需要确保授权时间符合国际标准和指导，例如《巴黎协定》下的相关规定和准则，以确保减缓活动的授权是合法有效的。

最后，决定授权哪些减缓成果。在决定可以授权哪些减缓成果的使用时，需要确立清晰的使用准则和限制，以确保授权的减缓成果能够被合理、有效地使用，从而实现最大的减排效果。以下是一些可能的授权使用准则和限制：

第一，用途限制：确定授权的减缓成果只能用于特定的减排项目或活动，确保其使用符合减排目标和承诺。第二，时限规定：设定减缓成果的使用期限，以确保其在一定时间内有效利用，并且能够实现减排效果。第三，数量限制：对授权的减缓成果数量进行限制，确保其使用不超过可持续的范围，避免过度消耗和滥用。第四，监管和报告要求：要求定期报告减缓成果的使用情况和减排效果，以确保其合理、有效地使用，并对其进行监管和审核。第五，社会和环境效益要求：鼓励或要求减缓成果的使用方考虑社会和环境效益，并在使用过程中尽可能实现社会和环境的可持续发展。总之，设定明确的使用准则和限制，可以确保授权的减缓成果被合理、有效地使用，从而实现最大的减排效果，并符合国际准则和标准。

(3) 授权实施。

如上所述，东道国在授权过程中需要考虑产生 ITMOs 的减缓活动不能损害该国履行其自主贡献承诺的能力，尤其是自主贡献目标年之前的减排潜力和实施计划不应受到影响。毕竟东道国不希望转让那些基于减排成本极低的减缓活动的 ITMOs，因为这可能导致东道国不得不实施更昂贵的减排措施来履行其自主贡献承诺①。因此，东道国应考虑将自主贡献承

① Depledge J, Saldivia M, Peñasco C. Glass half full or glass half empty: the 2021 Glasgow Climate Conference. Climate policy, 2022, 22 (2): 147 - 157.

诺策略纳入ITMOs授权标准，确保ITMOs授权标准考虑到东道国的自主贡献承诺，并确保转让的减缓成果符合自主贡献目标。东道国政府可以在授权函中纳入一些个性化要求，比如在《巴黎协定》第6条规则定义基础上纳入交易各方的合同需求或国家的具体做法。同时，为防止因转让ITMOs而损害该国履行自主贡献承诺的能力，东道国可以采用“切割法”：切割减排量和切割计入期。前者是指东道国只授权部分潜在减排量作为ITMOs转让，而保留剩余的减排量来实现其国家自主贡献或增强其国家自主贡献的雄心；后者则是东道国可以限制出售其特定合作项目减缓成果的年数，即在国家自主贡献周期的后半段（即计入期结束后）仍将利用减缓活动来提高其国家自主贡献的雄心。

与活动开发商进行接触并在制定授权程序的过程中进行磋商是有益的做法，这有助于向开发商和其他参与者通报相关情况，也能获得有关计划程序实用性的反馈。同时，有助于在利益相关者和活动开发商之间建立信任，减少修改框架的需求和避免操作性延误。然而，在接触中应强调透明度和信息共享，并主动寻求活动开发商的反馈，了解它们对授权程序的看法、可能的难点和改进建议。通过建立信任关系，使活动开发商感到在授权过程中得到公正对待，这有助于更好地协调各方的利益，促进合作，提高授权程序的效率和成功实施的可能性。

（4）授权反馈。

建立一个涵盖从报告到第6条准备情况和ITMOs授权流程各方面的反馈机制，战略性审查第6条相关授权决策。除了国内授权，依据《巴黎协定》第13条透明度要求和“合作方法”指南，东道国应向联合国报告①其对ITMOs的授权和转让情况（包括授权给其他国家的数量以及转

---

① 包括“初次报告”有关早期第6条准备阶段的大部分信息和政策决定、“年度信息”中相应调整的信息、“常规信息”有关第6条合作的一般信息和有关每种“合作方法”的具体信息。Guidance on cooperative approaches referred to in Article 6, paragraph 2, of the Paris Agreement. (2021-11-14) [2023-06-26]. https://unfccc.int/documents/310510?gad_source=1&gclid=Cj0KCQiArrCvBhCNARIsAOkAGcWv4-JLImJgo3kcZWr7bBCFiDn3oTh6-ulSLhgd0lHNO40xTpwtCGIaAjajEALw_wcB.

让给其他国家的数量)、与ITMOs授权和转让相关的任何相应调整①、自身排放情况(即其实际排放量与减排目标之间的差距,以及计划如何弥补这些差距)等。其中,诸多报告中的“常规信息”内容,包括有关第6条市场合作的一般信息和每种“合作方法”的具体信息,将作为BTR的一部分,受到国际机构或专家的评估,而且评估结果应该及时反馈给东道国,以便其了解减排进展的真实情况。据此,如果东道国发现自己无法实现自主贡献目标,那么这可能需要调整ITMOs授权和转让的标准,例如可以考虑降低ITMOs的授权数量或增加相应的调整要求,以反映实际的减排情况;也可以考虑改进第6条准备情况和ITMOs授权流程,比如更新授权标准、改进报告要求或调整决策过程,以确保与自主贡献目标的一致性。

综上所述,授权是一个重要的战略程序,为避免其沦为一个行政过程,应强化授权标准的透明度和客观性,以及确保东道国负责管理第6条流程的政府机构在法律上有权授权减缓成果。基于《巴黎协定》“国内驱动型”模式,缔约国应依法指定负责第6条授权事务的国家机构,在自主贡献目标和本国长期低碳发展战略背景下,制定完善法律法规,建立健全第6条相关授权安排,包括关键概念和标准、授权的法律流程、相关角色等,从而推动授权流程高效和有效运行。东道国应当主动向利益相关者提供关于授权过程的详细信息,确保授权过程的公开透明,同时与利益相关者之间建立定期的交流和对话机制,并积极回应利益相关者提出的意见和建议。

① 从2024年12月开始,缔约方应每两年报告一次排放平衡和相应调整,作为其BTR的一部分。值得一提的是,由东道国相应调整的ITMOs不计入其自主贡献,因此只能由买方使用。Jeudy-Hugo S, Charles L. Towards a successful outcome of the first global stocktake of the Paris Agreement. (2023-05-26) [2023-08-27]. https://www.oecd-ilibrary.org/environment/towards-a-successful-outcome-of-the-first-global-stocktake-of-the-paris-agreement_beb9c43f-en.

第七章　国际贸易法视域下碳市场交易规则分析

WTO 是一个多边国际组织，其主要目标是促进成员之间的国际贸易，并协调与贸易有关的政策。WTO 的前身是 1947 年签订的《关税及贸易总协定》（GATT），最初适用于货物贸易，后来扩展到服务贸易和知识产权贸易，形成了扩大的国际贸易法体系。1995 年，基于 GATT 的框架和原则，WTO 成立，并建立了争端解决机制。当一个国家成为 WTO 成员时，它自动成为 WTO 协议的缔约方①，这意味着目前大多数《巴黎协定》的缔约方作为 WTO 成员都会受到 WTO 法律的约束。借助《巴黎协定》第 6 条碳市场机制，缔约方可以转让通过减少温室气体排放量或增加清除量所获得的碳信用，从而帮助一个或多个缔约方实现国家自主贡献目标，通过明确各国可以在国际范围内转移碳信用并不断推进国际碳减排合作，实现全球长期减排目标。据测算，根据第 6 条碳市场机制，每年可以产生数千亿美元的收入②，这涉及制定多项配套的国内措施和多方安排。

《巴黎协定》第 6 条为一系列以市场为基础的合作方式创造了一个多

---

① WTO 的协议包括《关税及贸易总协定》（GATT）、《服务贸易总协定》（GATS）和《与贸易有关的知识产权协定》（TRIPS）等，而成为 WTO 成员意味着该成员同意遵守这些协议中规定的规则和义务。

② Espa I，Ahmad Z. Market-based climate mitigation，Article 6 of the Paris Agreement and international trade law：new rules，existing practices，and continued concerns. Trade，law and development，2022，14（2）：1－36.

边基础，比如碳市场俱乐部①。碳市场俱乐部在促进减缓气候变化方面的潜力已经得到了充分探索②，它们的运作方式是让各国从自身利益的角度参与减排以避免因不参与而受到惩罚，赋予了参与方极大的灵活性，自主决定与谁以及如何跨境转让减缓成果。然而，这种气候合作制度安排具有天然排他性，参与方之间交易规则的自主性和封闭性容易违反多边主义规则。如果 ITMOs 的交易规则与 WTO 的非歧视原则存在冲突，可能引发贸易争端。在此背景下，统筹 WTO 国际贸易规则与《公约》及《巴黎协定》碳市场交易规则安排的重要性不言而喻。

一、第 6 条下 ITMOs 交易规则分析

为了实现国家自主贡献，《巴黎协定》缔约方可以采取国内措施，也可以在自愿的基础上参与第 6 条的“合作方法”，进口在另一个国家领土上产生的减缓成果并将其用于实现自主贡献目的。不过《巴黎协定》没有定义什么是“合作方法”，也没有定义“减缓成果”或如何产生减缓成果。一般认为，第 6 条第 2 款建立了一个总体合作框架（而不是市场机制本身）③，使缔约方能够灵活决定与谁以及如何跨境转让减缓成果。但是，只有设计完善的碳市场机制才可以促进缔约方之间的合作，从而实现更有效的减排行动并确保全球气候行动的完整性和有效性④。相比于京都三机制，《巴黎协定》第 6 条碳市场机制的范围更广，面临的挑战更多，实施起来也更难。

---

① Joachim M. Interactions between trade and climate governance：exploring the potential of climate clubs. Global trade and customs journal，2021，16（7－8）：325－342.

② Stua M，Nolden C，Coulon M. Climate clubs embedded in Article 6 of the Paris Agreement. Resources，conservation and recycling，2022，180：1－8；Paroussos L，Mandel A，Fragkiadakis K，et al. Climate clubs and the macro-economic benefits of international cooperation on climate policy. Nature climate change，2019，9（7）：542－546.

③ Schneider L，La Hoz Theuer S. Environmental integrity of international carbon market mechanisms under the Paris Agreement. Climate policy，2019，19（3）：386－400.

④ Minas S. Market making for the planet：the Paris Agreement Article 6 decisions and transnational carbon markets. Transnational legal theory，2022，13（2－3）：287－320.

1.“自主贡献”下参与的“自愿”性

法律是调整社会关系的行为规范，而国际法主要是调整国际法主体之间关系的规则体系，为国际法主体之间的互动提供准绳和期待，为国际协同与合作提供指引，更多体现为一种以解决某个国际问题为目标的工具理性，淡化了国际法的价值理性。法律价值基于某些信条并以某种终极立场为依规，是价值法律化的结果，体现了法律制度和规则的本质属性。此亦被称为法律的价值属性，强调在以“主—客”关系为基本逻辑下追求行为的理想状态①。

在内涵上，“合作方法”基于市场机制为缔约方合作提供框架，各方为实现《巴黎协定》下的自主贡献可以自愿采用与其他缔约方合作的机制，各方要确保采用“合作方法”时促进可持续发展，确保环境完整性和透明度。从合作方式而言，缔约方可以采用双边或多边协议的合作模式，这旨在为实现“目标”提供“手段”选项，通过对缔约方举止的期待助力自主贡献目标实现，体现了“合作方法”的工具理性，强调缔约方各自“能”为哪些合作行为，具有追求“效用”性，侧重技术逻辑，这是法律导向性功能的体现。虽然参与方的灵活性受到一些限制，如《巴黎协定》要求各方在合作中应促进可持续发展，确保环境完整性和透明度，并应运用稳健的核算，确保避免双重核算，但是对于 ITMOs 的界定非常宽泛。这种“工具化”理性借助缔约方对合作的自愿选择权放大了参与方在合作行动中的作用，虚化了规则背后的价值取向。

职是之故，只要获得参与方的同意，“合作方法”的形式非常多元化，比如缔约方碳交易市场之间的连接合作，抑或是以俱乐部形式实现成员之间的 ITMOs 买卖，还可以是瑞士或日本与其他国家签署的双边协议，一方提供资金购买另一方减排活动的减排量。相对于《京都议定书》下 JI 以项目为基础展开合作，“合作方法”下的合作形式非常灵活。虽然参与方要遵守第 6 条第 2 款的要求，并对 ITMOs 的性质、转让条件达成合意，但对国际减排市场机制的期待以及这种“去中心化”的合作范式将会导致

---

① 冯帅．论“碳中和”立法的体系化建构．政治与法律，2022（2）：15－29.

在联合国气候治理机制之外产生更多双边或多边合作机制，瑞士与秘鲁之间的双边协议便是例证。

但是，碳市场机制规则构建必须考虑各国有不同的能力、历史责任和发展优先事项①，确保利益和负担的公平分配，同时任何设计和实施市场机制的参与方都应确保其行为符合国际法的基本原则和规定，维护国际法律秩序和全球气候行动的合法性和有效性。依据《维也纳条约法公约》第31条，对条约文本进行解释要考虑"适用于当事国间关系之任何有关国际法规则"。作为全球气候治理体系的基础性法律框架，《公约》要求缔约方的合作应促进国际经济体系发展，尤其要促成发展中国家的经济可持续增长，帮助其应对气候变化。

由此可见，"合作方法"是建立一个总体框架（而不是市场机制本身），使各方能够灵活决定与谁以及如何实现国际减缓成果转让。"合作方法"基于工具理性和效率追求虽能解决"能"的问题，却无法回应国际气候治理体系在价值理性层面对公正的追求，并未充分照顾发展中国家和最不发达国家在应对气候变化中的资金和技术需求，因此还需要在理念、宗旨和规范上与价值理性相融合。

2. 转让条件模糊性扩大参与方自主性

《巴黎协定》第6条第2款明确规定ITMOs应确保环境完整。健全的核算方法、透明的制度框架和准确的报告要求，对于缔约方参与"合作方法"并确保环境完整性至关重要②。虽然国际社会对"可持续发展"含义拥有基本共识，然而《巴黎协定》下如何对其进行界定仍有争议。同时，《公约》和《巴黎协定》虽广泛使用了"环境完整性"的表述，但并未规定其具体含义，亦未明确如何确保环境完整性。这种"建设性的模糊性"、自主贡献目标的多样性和国际监督的弱化赋予缔约方各自解释的空间，这

---

① Okereke C, Coventry P. Climate justice and the international regime: before, during, and after Paris. Wiley interdisciplinary reviews: climate change, 2016, 7 (6): 834 - 851.

② Weikmans R, Asselt H V, Roberts J T. Transparency requirements under the Paris Agreement and their (un) likely impact on strengthening the ambition of nationally determined contributions (NDCs). Climate policy, 2020, 20 (4): 511 - 526.

可能导致在国际减缓成果转让过程中，各方设置多个单方限制性条件。

（1）促进可持续发展。

按照世界环境与发展委员会（WCED）的定义，可持续发展是指既满足当代人的需要，又不对后代人满足其需要的能力构成危害的发展。本质上，可持续发展内涵包括两个方面：既要满足贫困人口的基本需要，又要对危害未来环境的能力进行限制，这里所说的环境包括大气、土壤、生物和水体等。这种发展必然要统筹社会和经济协同发展，寻求经济发展与人口规模、资源和环境承载力的统筹协调发展，故可持续发展内涵丰富、外延广泛，涵盖生态、经济和社会的可持续发展。

在当前以人权为基础的环境保护日渐盛行的背景下①，《巴黎协定》“合作方法”参与方可能要求减缓成果的产生方式必须要保护生物多样性、尊重基本人权、关怀原住民权利，以及避免腐败的风险。在瑞士与多米尼克签署的协议中，明确要求减缓成果应该符合可持续发展的相关策略和政策；符合长期低碳发展战略，并在适当情况下促进低碳发展；防止其他与环境有关的负面影响，尊重国家和国际环境法规；防止社会冲突并尊重人权②。基于这些宽泛要求，参与方将会依据自身偏好制定各自对于参与“合作方法”的具体政策要求，比如要求参与方必须满足特定减排技术要求，承诺不得违反《巴黎协定》减排规定等，这些要求有利于提升参与方的减排雄心。但面对实现《巴黎协定》总体减排目标的差距，国际社会在努力减少全球人为温室气体排放方面能走多远，以及缔约方自主措施在多大程度上符合其应承担的环境义务都是不容回避的问题。

（2）确保环境完整性。

对于“确保环境完整性”，主要有三种理解：第一种是实现总体减排目标，即参与国际转让不会导致总体实际排放量超过总体目标水平；第二种是全球排放量不会增加，即参与国际转让不会导致全球温室气体总排放

---

① UN Environment Programme. Joint statement of United Nations entities on the right to healthy environment.（2021-03-08）［2023-03-13］. https：//www. unep. org/news-and-stories/statements/joint-statement-united-nations-entities-right-healthy-environment.

② Kang S，Havercroft J，Eisler J，et al. Climate change and the challenge to liberalism. Global constitutionalism，2023，12（1）：1-10.

量相比未进行转让的情况相比有所增加；第三种是全球排放量减少，即参与国际转让导致全球温室气体排放量与未进行转让的情况相比有所减少。第一种显然与“合作方法”提升缔约方减排雄心不符，实现第三种则是建立在第6条第1款“允许更高的雄心”和第4款“实现全球温室气体排放的总体减缓”的基础上，因此不会导致全球总体排放量的增加①才是对“合作方法”下确保环境完整性的正确理解。

COP26提出，参与方应在初次报告中描述每种合作方法如何确保环境完整性。这包括通过稳健、透明的治理和减缓成果的质量，包括通过保守的参考水平、基线设定和低于“一切照旧”的排放预测，其中应考虑到所有现有政策并顾及量化方面的不确定性和潜在泄漏。报告中还应体现参与方尽量降低各自主贡献执行期之间非永续性减缓的风险，以及当减排或清除量出现逆转时，如何确保“合作方法”能够有效解决这些问题②。可见，“确保环境完整性”的义务落在了参与方身上，且《巴黎协定》第13条的透明度框架为“合作方法”的参与方规定了强制性报告要求，这将由技术专家审查（TER）机制审议。

面对“确保环境完整性”和“透明度”要求，参与方在“合作方法”灵活框架下自然会在ITMOs的具体条件中体现出自主性，为避免国内外环保舆论压力，对减缓成果来源的“谨慎”甚至“苛刻”要求会成为一种避险选择③。比如瑞士在与秘鲁、格鲁吉亚、多米尼克、瓦努阿图等国家签署《巴黎协定》框架下的双边合作协议时，对减缓成果来源提出了11项要求，除了不应增加全球排放量外，还要求符合双方低碳发展战略，2050年实现碳中和，不包括来源于核能源以及不得涉及与实现《巴黎协定》目标不兼容的技术，提升各方碳减排雄心，减轻碳泄漏，以及防止负

---

① Schneider L，La Hoz Theue S. Environmental integrity of international carbon market mechanisms under the Paris Agreement. Climate policy，2019，19（3）：386－400.

② Guidance on cooperative approaches referred to in Article 6，paragraph 2，of the Paris Agreement.（2022－03－08）［2023－05－21］. https：//unfccc. int/sites/default/files/resource/cma2021_10a01E. pdf.

③ De Lassus St-Geniès G. Might Cooperative Approaches not be so cooperative? Exploring the potential of Article 6.2 of the Paris Agreement to generate legal disputes. Climate law，2021，11（3－4）：265－278.

面环境和社会影响，包括改善空气质量和生物多样性、减少社会不公平以及基于性别、种族和年龄的歧视。基于COP26对减缓成果要求的宽泛性，“合作方法”参与方后续可能会要求合作方必须已启动全经济规模绝对减排目标的碳交易体系，甚至包括对特定技术的指定、限制或排除，比如出于碳捕集与封存技术非永久性减排原因而拒绝接受由此产生的减缓成果。

基于减排雄心方面的差异，采取积极主动减排措施的缔约方有强烈的意愿让其领土以外的行为者参与进来，从环境的角度来看，这是因为气候变化应对措施将在全球范围内尽可能减少温室气体排放量，从而取得更有效的结果。尽管此举可能更有效，但此类措施可能会侵犯其他国家选择减排领域的自由。作为参与方，发达国家基于自身对“可持续发展”和“环境完整性”的理解和解释制定出“合作方法”单边标准，并以此类标准“裹挟”发展中国家调整自身的环境和社会政策以适应其要求，这有违主权平等原则，从而引发有关气候变化责任公平承担的重要问题。

3. 单边主义措施标准有违“合作”初衷

“合作方法”作为一种非中心化的市场机制，其目的是降低参与方减排雄心的实现成本，并促使各方提高减排雄心，以实现《巴黎协定》总体的减排目标。在气候保护开放性国际法律框架背景下，非中心化管理模式贯彻了《巴黎协定》“自下而上”的合作理念，降低监管层面的过度干预，赋予了缔约方参与“合作方法”极大的自主性和决策权，旨在凝聚减排共识，激励缔约方实现自主贡献。然而，缺乏足够明确的约束规则可能带来一些负面影响，比如瑞士已同多个国家缔结了双边协定推进减排合作，并与合作伙伴确定了认可ITMOs的要求，为合作双方建立了法律框架①，但在合作协议中充斥着单边性限制措施，这在标准不清晰情况下可能具有明显的歧视性，单方将自己认为符合《巴黎协定》规定的可接受标准作为合作伙伴必须履行的“合作方法”要求。尽管如此，一些对出售ITMOs

① Oh C. Exploring the way to harmonize sustainable development assessment methods in Article 6.2 cooperative approaches of the Paris Agreement. Green and low-carbon economy, 2023, 1 (3): 121-129.

有浓厚兴趣的发展中国家很可能还是会接受这些标准和措施。

在这一过程中，发达国家利用“合作方法”的吸引力来影响其他国家的行为，甚至在某种程度上对其环境或社会标准施加压力，导致一些发展中国家感到它们被迫接受或采取某些行为或做法，以符合发达国家的期望或要求。这种情况可能会导致一些发展中国家感到它们的主权受到损害，并可能导致它们寻求重新谈判《巴黎协定》的内容，以更好地反映其利益和发展需求。同时，也可能会对国际气候谈判和减排合作产生挑战，因为各国的利益和立场存在差异，可能导致谈判的复杂性和困难性增加。

COP26 通过了关于“合作方法”的指南，分别对 ITMOs（包括首次转让）、参与方式和主体、相应调整的适用范围和保障措施、报告的种类和披露具体信息要求、审核要求和方式、记录和追踪以及减缓与适应行动的决心方面进行了规定。但是，这种概念和程序上的界定并未限定参与方对“合作方法”的实施方式，亦未明确合作的具体条件和标准，而且授予了缔约方非常大的酌处权，还包括与灵活性有关的治理以及环境完整性和减排雄心的问题。因此，“合作方法”实质上并未构建市场机制本身，仅仅是为缔约方提供了由缔约方决定与哪一方跨境转让减缓成果的一个宽泛合作程序框架。

由此可见，这种“赋权”契合了当下个别国家和地区有强烈动机让其领土之外的减排主体参与进来的要求，以创造所谓公平的竞争环境，确保其更高的气候保护标准不会损害国内生产商的竞争地位。因此，参与方在“合作方法”下面临着“自利”的天然本性，需要建立透明、有效的监测和评估机制，以确保各方按照协议的规定履行自己的责任，同时减少不必要的外部压力和不平等对待。如果不能对碳市场机制加以合理的监督和规范，“合作方法”的合作属性则会荡然无存。

二、ITMOs 交易适用 WTO 规则分析

《巴黎协定》代表了国家自治和国际义务之间的微妙妥协，对于如何实现总体减排目标的许多细节都留给了缔约方的国内政策。在第 6 条“合作方法”下，参与方单方限定减缓成果转让条件是否具有法律依据取决于

ITMOs是否属于WTO的调整范围。在《京都议定书》时代，考虑到此类排放信用跨国交易的经济属性，有学者认为配额属于政府许可，而非“产品”或“服务”①，也有学者提到《京都议定书》下配额交易是一种履行主权义务的法律代价②。总体上西方主流学者认为《京都议定书》下配额属于“金融工具、债务、货币或其他政府创造的主权债务”。我国的曾冠也认为《京都议定书》下缔约方之间关于配额的交易是主权国家履行国际承诺的交易，并不构成一种商品或服务的市场③。

囿于《巴黎协定》未明确ITMOs的法律属性，只能从法理和其他国际条约或法律制度逐一进行分析。WTO协议主要围绕着三个主题——商品（goods）、服务（services）以及知识产权（intellectual property rights），这三个主题涵盖了国际贸易中的主要领域。排放单位的设计和特征很可能属于商品或服务的主题，它们的管辖协议分别是GATT和GATS。如果属于货物或产品，则有关ITMOs的国际贸易就要适用GATT等货物贸易相关法律规则；如果属于服务，那有关ITMOs的国际贸易就会适用GATS。

1. ITMOs是否构成GATT下的“货物”或“产品”

实质上，ITMOs代表一种允许排放温室气体的标准数量，其所有者有权使用或出售。具体表现形式除了缔约方将其自主贡献中排放配额出售给另一缔约方，以及与缔约方的碳交易市场连接后的配额流转外，ITMOs亦可以是一方在另一方投资或提供清洁技术产生的碳排放信用（credit），该排放信用可用于投资方或清洁技术提供方完成其在《巴黎协定》下的NDCs，比如瑞士与秘鲁所签署的协议。GATT并未对“产品”（products）本身给出具体定义，WTO的争端解决机构亦未处理过类似纠纷，因此，对于ITMOs这样的无形物是否可以被视为产品，目前尚无明确答案，其界定很

---

① Werksman J. Greenhouse gas emissions trading and the WTO. Review of European, comparative & international environmental law, 1999, 8 (3): 251-264.

② Petsonk A. The Kyoto Protocol and the WTO: integrating greenhouse gas emissions allowance trading into the global marketplace. Duke environmental law & policy forum, 1999, 10 (1): 185-220.

③ 曾冠．碳排放贸易及其与WTO体制的关系．世界贸易组织动态与研究，2009 (7): 10-16.

大程度上将依赖于对相关争议进行类比和归纳逻辑论证的结果。

既有案例对于是否属于 WTO“产品”范围界定主要从是否有形方面论述。在美国与加拿大软木案（US—Softwood Lumber）中，WTO 专家组认为“产品”属于一种有形动产，在一个国家的领土上种植、生产或捕捞而产生，并能够与另一个国家进行贸易①。相反，ITMOs 属于一种抽象的无形物，由法律创制的权利载体，其仅存在于电子注册和交易系统之中，在性质上更接近一种行政许可，而非产品或商品，故不受 WTO 规则调整，同时 ITMOs 也不属于《商品名称及编码协调制度的国际公约》（International Convention Harmonized Commodity Description Coding System）所规定的名目或类型。不过也有学者指出，不能固守国际商品统一分类和编码制度分类标准②，比如上诉机构在欧共体石棉案（EC—Asbestos）中提到健康也会成为一个因素，这意味着产品对人类健康的影响可能成为形成和解释消费者偏好的一个因素③。同时专家组在加拿大可再生能源案（Canada—Renewable Energy）中认为尽管电力具有无形性质，但其权利仍可以进行交易，所以电力也是一种商品④，这一定性后来也得到了上诉机构的支持⑤。

但是，与电力生产或制造过程不同，ITMOs 是通过核验减排项目的减排量而产生的，这些项目必须符合国际认可的减排标准，并经过第三方机构的核查，确保减排量的真实性和可持续性。一旦项目被认可并核算出减排量，相应的 ITMOs 就可以生成并用于碳市场交易。值得注意的是，

---

① WTO Panel Report，United States-Preliminary Determinations with Respect to Certain Softwood Lumber from Canada，WTO Doc. WT/DS236/R（27 September 2002）.

② Deane F. Emissions trading and WTO law：a global analysis. Cheltenham：Edward Elgar Publishing，2015：58－96.

③ WTO Appellate Body. Report of the Appellate Body，European Communities — Measures Affecting Asbestos and Asbestos-Containing Products，WTO Doc WT/DS135/AB/R，DSR 2001：VII 3243（12 March 2001）.

④ Panel Reports，Canada—Certain Measures Affecting the Renewable Energy Generation Sector [Canada—Renewable Energy] / Canada—Measures Relating to the Feed-In Tariff Program [Canada—Feed－in Tariff Program]，WTO Doc WT/DS412/R，WTO Doc WT/DS426/R（2012）.

⑤ Appellate Body Report，Canada—Certain Measures Affecting the Automotive Industry，WT/DS139，142/AB/R（May 31，2000）.

不同的核算方法和标准可能会导致减排量的不同计算结果，这可能会影响到 ITMOs 的产生和认可。因此，ITMOs 是作为减排项目的成果而产生的，与具体的减排活动密切相关，但它们本身并不代表实际的减排行动，而是减排行动所产生的量化结果。同时，与常规产品相反，碳市场机制的目的主要是帮助缔约方实现自主贡献的减排承诺，而不是使ITMOs变得有价值。由此可见，尽管 ITMOs 可以持有和交易①，但本质上属于政府许可，因为此类许可证具有不确定性，没有国家将此类许可证视为 GATT 附表中的货物，也没有对任何此类产品的关税分类类别②，并不属于 WTO 意义上的“产品”。

此外，即使将来 ITMOs 被认定为 GATT 下的“货物”或“产品”，被诉方也可援引《巴黎协定》第 6 条的“合作方法”，这为参与方应对 WTO 的法律挑战提供了支持。比如参与方可以以促进可持续发展、确保环境完整性、发展绿色低碳技术、为适应融资作出贡献、防止负面环境和社会影响以及遵守反腐败法律和公约等为由，拒绝接受其签署合作协议之外的ITMOs。

2. ITMOs 是否构成 GATS 下的“服务”

GATS 亦未明确规定“服务”的含义，而是仅列举了四种服务方式：跨境交付、境外消费、商业存在和自然人流动③，这是因为服务的范围非常广泛，涵盖了从金融、教育、医疗到旅游、娱乐等各个领域。因此，

---

① Cosbey A，Marcu A. The Paris Agreement's Article 6 and the WTO：points of convergence.（2020－04－27）［2023－03－16］. https：//www. cigionline. org/articles/paris-agreements-article-6-and-wto-points-convergence/；Carlarne C. The Kyoto Protocol and the WTO：reconciling tensions between free trade and environmental objectives. Colorado journal of international environmental law and policy，2006，17（1）：45－88.

② 如果金币仅仅被用作支付手段，那么它们仍然不在关贸总协定的职权范围之内，但是当它们被用作投资品时，将适用 GATT 的规则。GATT Panel Report on Canada—Measures Affecting the Sale of Gold Coins（unadopted），17/09/1985，L/5863，Para. 13；Voigt C. WTO law and international emissions trading：is there potential for conflict？. Carbon & climate law review，2008，2（1）：54－66.

③ 盛斌．中国加入 WTO 服务贸易自由化的评估与分析．世界经济，2002（8）：10－18，80.

GATS采取了开放、灵活的方式，使各成员能够根据自身情况制定适合的服务贸易政策。ITMOs或碳信用属于碳减排工具，故不应被认定为“服务”，WTO服务领域分类表和联合国临时核心产品分类系统也没有规定此类服务类别①，因此主流学者也认为ITMOs或碳信用并不属于WTO下的“服务”。不过GATS金融服务附件将GATS规则适用延伸到了金融服务领域，包括金融资产的交易。

“金融资产”是指从合同权利或所有权主张中获得价值的流动资产②，这意味着金融资产的价值通常是基于与他人之间的合同或权益关系而产生的，例如，持有股票意味着持有一家公司的所有权权益，持有债券意味着持有债务人的偿付承诺，这些合同权利赋予了金融资产特定的价值。由此可见，金融资产是指那些能够在金融市场上交易并从合同权利或所有权主张中获得价值的流动资产。在中国电子支付服务案（China—Electronic Payment Service）中，WTO专家组认为“金融资产”概念几乎涵盖所有形式的“金融工具”，并指出金融资产必须被视为可转让票据的一个子类别③。在减缓活动的商业可行性中，碳信用的财务收入可以通过减少碳排放来获得，例如，一家公司通过采用更环保的生产方法、使用清洁能源或者参与碳抵消项目获得额外的碳信用，这些碳信用可以在市场上销售，为公司带来收入。由此可知，鉴于ITMOs的性质和用途，ITMOs的属性可能涉及金融工具、货币或其他政府创造的主权债务，由此可能会牵扯到银行、信托或金融衍生品的相关服务，这在宏观意义上属于GATS附件中金融资产的范畴④。

---

① 曾冠. 碳排放贸易及其与WTO体制的关系. 世界贸易组织动态与研究，2009（7）：10-16.

② Ganzach Y. Judging risk and return of financial assets. Organizational behavior and human decision processes，2000，83（2）：353-370.

③ Panel Report，China—Measures Affecting Electronic Payment Services，WT/DS413/R and Add. 1，DSR 2012.

④ Deane F J. Emissions trading and the GATS financial services provisions：a case study of the Australian carbon pricing mechanism. Journal of international trade law and policy，2014，13（1）：53.

同时，GATS还要求金融服务必须“由成员的金融服务提供者提供”①，并规定金融服务提供者是指希望提供或正在提供金融服务的成员的任何“自然人或法人”，但不包括公共实体②。有鉴于此，在ITMOs交易中，由国际金融机构提供的服务不属于GATS调整范畴，同时也排除了公共实体（比如政府和中央银行等）提供的服务。因此，若想纳入GATS调整范围，ITMOs交易必须排除政府职能和避免公共实体提供金融服务。

最后，GATS采用“正面清单”框定缔约方开放的领域，借助“负面清单”对这些开放领域中市场准入和国民待遇问题进行限制，从而在开放与保护中寻求平衡。即使某一缔约方在GATS附表中对开放领域进行了限制，依然要遵守GATS第2条“最惠国待遇”和第17条“国民待遇”的规定。换言之，一缔约方如果在GATS附表中全面开放金融服务贸易，就应当对其他缔约方的ITMOs提供者在购买、持有和转让ITMOs方面提供同等待遇，并有义务保证其他缔约方的ITMOs和ITMOs提供者的最惠国待遇和国民待遇。当然，作出开放承诺的缔约方有权对ITMOs交易的金融服务商制定准入和监管标准，比如为了保护投资者以及维护公平、有效和透明的市场等。一缔约方制定的这些标准某种意义上会限制某些缔约方服务提供者的市场准入③，从而可能引发被限制准入缔约方的不

---

① WTO. GATS—Annex on Financial Services.（2024 - 02 - 06）［2024 - 02 - 26］. https：//www. wto. org/english/res _ e/publications _ e/ai17 _ e/gats _ annfinancialservices _ jur. pdf.

② （b）A financial service supplier means any natural or juridical person of a Member wishing to supply or supplying financial services but the term “financial service supplier” does not include a public entity.（c）Public entity means：（i）a government, a central bank or a monetary authority, of a Member, or an entity owned or controlled by a Member, that is principally engaged in carrying out governmental functions or activities for governmental purposes, not including an entity principally engaged in supplying financial services on commercial terms；or（ii）a private entity, performing functions normally performed by a central bank or monetary authority, when exercising those functions. WTO. GATS—Annex on Financial Services.（2024 - 02 - 06）［2024 - 02 - 26］. https：//www. wto. org/english/res _ e/publications _ e/ai17 _ e/gats _ annfinancialservices _ jur. pdf.

③ 2003年EU ETS指令禁止“来自非京都缔约国的非欧盟法人和实体”直接交易欧盟碳交易体系的配额。Martin M. Trade law implications of restricting participation in the European Union emissions trading scheme. Georgetown international environmental law review，2007，19（3），437 - 474.

满和诟病。

3. RTA 下的 ITMOs"贸易"

区域贸易协定（Regional Trade Agreement，RTA）是指由一组国家或地区共同制定的贸易协定，旨在促进成员间的贸易自由化和经济合作，主要包括双边贸易协定、自由贸易协定、经济伙伴关系以及旨在实现国家间贸易自由化的其他安排。理论上，WTO 非歧视原则不允许建立关税同盟或自由贸易区，然而 GATT 第 24 条允许 WTO 部分成员相互之间可以签署贸易自由化协定，这被普遍认为是对非歧视原则中最惠国待遇的例外。同时，GATS 第 5 条以及发展中国家授权条款都允许 WTO 成员在满足特定标准的情况下就该组织多边体系之外的规则和承诺进行谈判。这实质上鼓励了各国签署区域贸易协定，涵盖主题包括服务、知识产权、环境标准、投资和竞争，但要求遵循 WTO 规则，以便为 RTA 提供的替代机制提供规范，就深化或扩大多边承诺的条款达成一致，以及就界定协议缔约方之间不可诉补贴范围的条款达成一致①。在土耳其纺织品案（Turkey—Textiles）中，上诉机构确认了 WTO 成员签署区域贸易协定的有条件权利。

上诉机构在土耳其纺织品案中强调 GATT 第 24 条在某些情况可以成为采取与 GATT 条款不一致措施的例外规定，并且可以援引该条款对这种不一致性进行辩护，这尤其适用于《巴黎协定》第 6 条碳市场机制中的交易单位——ITMOs。尽管《巴黎协定》为全球应对气候变化提供了一个重要的框架，但在全球范围内，仍然缺乏对气候变化的全面应对方案，导致一些国家和地区通过双边合作或单边努力来制定和实施气候目标，比如在区域贸易协定中增加与气候相关的条款②。

在许多情况下，WTO 的协议未能充分解决一些重要的问题，尤其是涉及环境、劳工标准和知识产权等方面的问题。但通过在 RTA 中讨论和解决这些问题，各国有机会在这些领域取得进展，并制定符合各自利益的

---

① Howse R. The World Trade Organization 20 years on：global governance by judiciary. European journal of international law，2016，27（1）：9－77.

② Nemati M，Hu W，Reed M. Are free trade agreements good for the environment? A panel data analysis. Review of development economics，2019，23（1）：435－453.

规则和标准。比如作为最早致力于解决环境问题的协议《北美自由贸易协定》(NAFTA)首次纳入了环境条款,其升级版《美墨加协定》(USMCA)专门设置了环境章节,不仅回应了 WTO 下难以解决的环境问题①,还扩大了环境问题的覆盖范围,增加了诸多实体规则,使其环境条款具有很强的可执行性。自 20 世纪末,欧盟与发展中国家签署的 RTA 就开始纳入环境内容②,2006 年后更是明确了在发展和参与碳市场、整合国内气候变化和发展政策以及为减缓和适应技术提供资金和技术支持方面的合作③。当前,欧盟正通过 RTA 推进《巴黎协定》气候变化目标的开创性举措,与新加坡、越南和日本等签署的自由贸易协定增加了更强有力和更详细的条款,包括重申对有效实施《巴黎协定》的共同承诺、在应对气候变化方面密切合作的承诺,以及商定并采取联合行动的承诺④。同时,欧盟 2018 年初决定拒绝与未批准《巴黎协定》的国家签署贸易协议⑤。

因此,RTA 在解决贸易与气候变化交叉领域议题方面具有独特的地位,包括低碳技术转让、排放贸易、碳边境调节机制和化石燃料补贴等。对于《巴黎协定》第 6 条碳市场机制,RTA 通过在志同道合的国家之间制定共同的 ITMOs 标准和法规,为碳市场的运作提供支持和指导,并增强碳市场的透明度、可预测性和一致性,从而提高其效率和有效性。

三、欧盟 CBAM 在 WTO 框架下的法律分析

随着各国逐渐重视国内排放交易体系(ETS)在减排中的作用,它们

---

① Laurens N, Dove Z, Morin J F, et al. NAFTA 2.0: the greenest trade agreement ever? . World trade review, 2019, 18 (4): 659 - 677.

② Cotonou Agreement. Partnership agreement 2000/483/EC between ACP countries and the EU. (2000 - 06 - 23) [2023 - 03 - 18] . https: //eur-lex. europa. eu/legal-content/EN/TXT/? uri=celex%3A22000A1215%2801%29.

③ Tuerk A, Mehling M, Flachsland C, et al. Linking carbon markets: concepts, case studies and pathways. Climate policy, 2009, 9 (4): 341 - 357.

④ Kim B C, Shin E C, Park K E. Establishing EU norms as a global actor: application of new concepts in FTAs. Journal of global business and trade, 2023, 19 (1): 75 - 89.

⑤ Das K, van Asselt H, Dröge S, et al. Making the international trading system work for climate change: assessing the options. Environmental law reporter, 2019, 49 (6): 10553 - 10580.

可能会寻求将其ETS计划相互连接，包括依据《巴黎协定》第6条第2款的“合作方法”，以获得在更大系统中进行交易的好处。《巴黎协定》第6条第2款至第3款中的某些机制安排，特别是联合ETS，如果辅以参与方之间协调一致的国内措施，将能更有效地实施。例如一些国家可能会决定，至少在最初，通过向国内生产商发放或继续发放免费排放配额，来更好地支持其关联系统。免费配额是许多国内ETS初始阶段的共同特点，包括欧盟、英国、韩国和中国的ETS。它们也可能决定采用统一的碳边境调整机制（比如欧盟近年推出的CBAM），以维护国内生产的竞争力，避免碳泄漏。

2022年6月，欧盟通过了建立“碳边境调整机制”（Carbon Border Adjustment Mechanism，CBAM）的提案①，在立法上迈出了重要一步。作为首个碳边境措施，CBAM要求生产过程中碳排放量不符合欧盟标准的外国产品购买排放许可，避免碳泄漏破坏欧盟气候政策的整体性和有效性②。为了避免引发贸易伙伴的强烈反对和简化欧盟的批准程序，欧盟将其碳边境措施称为“调整机制”，有意回避关税或税收的表述，而是强调其作为一种调节机制，类似于欧盟排放交易体系（EU ETS）下商品嵌入碳成本。当前，CBAM采取的形式是对出口到欧盟的产品，参照当前EU ETS运作及配额定价，设立专门的名义ETS机制（Notional ETS）③，适格欧盟进口商需要购买证书，其价格会锚定EU ETS配额价格。因此，就法律性质而言，CBAM并非一种关税，而是欧盟针对进口商品采取的一种边境后措施。

1. 最惠国待遇原则下CBAM的法律分析

GATT第1条规定了最惠国待遇原则，要求任何缔约方对来自或运

① European Parliament votes in favour of implementation of Carbon Border Adjustment Mechanism from 2027.（2022-06-22）［2023-06-23］. https：//agenceurope. eu/en/bulletin/article/12977/12.

② Böhringer C，Fischer C，Rosendahl K E，et al. Potential impacts and challenges of border carbon adjustments. Nature climate change，2022，12（1），22-29.

③ 边永民．世界贸易组织法视域下欧盟碳边境调节措施的合法性．经贸法律评论，2022（2）：1-21.

往其他国家的产品所给予的利益、优待、特权或豁免，应当立即、无条件地给予来自或运往其他缔约方的同类产品。与 GATT 传统上从关税税则号列、物理特征、产品最终用途以及消费者喜好与习惯等方面认定同类产品的标准不同，欧盟 CBAM 对不同受管制进口对象，将依其生产制造过程是否属于高碳排放、能源密集耗能产业而有适用上之区分，这种对产品的生产过程和生产方法的特定环境要求，体现了生产过程和生产方法（process & production methods，PPMs）的环境标准。

PPMs 分为与产品性能有关的 PPM（PR-PPMs）和与产品性能无关的 PPM（NPR-PPMs）两种[①]：前者是指采用不同生产过程和生产方法最后获得了不同的产品，WTO 下的《技术性贸易壁垒协议》（Agreement on Technical Barriers to Trade，简称“TBT 协议”）规制的正是此类标准；后者则指采用不同生产过程和生产方法最后获得了相同的产品，TBT 协议对此并无具体规定。NPR-PPMs 中，碳足迹标准可否作为判断同类产品的要件，这在 WTO 争端解决机制中并未涉及。换言之，基于生产与制造过程中的能耗相关因素，而非产品本身的属性，来判断产品是否为“同类产品”的问题仍有争议。在印度尼西亚汽车措施案（Indonesia—Autos）中[②]，WTO 专家组认定最惠国待遇不能以与进口产品本身无关的任何标准为条件。这表明基于与产品性能无关的流程和生产方法来区分不同国家的产品是不可接受的。然而随后在加拿大汽车案（Canada—Autos）中，WTO 专家组却为基于工艺和生产方法的原产地中性措施提供了合法性，包括基于产品嵌入碳的碳边境调整措施[③]。当然，根据 1979 年授权条款，各成员要考虑到最不发达国家的特殊经济状况及其发展、金融和贸易要求，这为最惠国待遇原则提供了一个例外。换言之，这种例外意味将最不发达国家从 CBAM 中豁免并不会引发对其他国家的贸易设置壁垒或造成不必要的困难。在欧盟关税优惠案（EC—Tariff

---

① 那力，李海英．WTO 框架中的 PPMs 问题．法学论坛，2002（4）：40－45.

② Panel Report，Indonesia—Certain Measures Affecting the Automobile Industry，para. 14.143，WT/DS54/R，WT/DS55/R，WT/DS59/R，WT/DS64/R.

③ Benoit C. Picking tariff winners：non-product related ppms and dsb interpretations of unconditionally within article I：1. Georgetown journal of international law，2011，42（2），583－604.

Preferences）中，上诉机构认为所提供的优惠待遇与改善相关国家“发展、金融或贸易需求的可能性”之间应存在充分的联系①。在 CBAM 背景下，接受优惠待遇的国家可以从优惠待遇明显受益，这要求将 CBAM 证书收入用于支持发展中国家，尤其是最不发达国家。

因此，对于“同类产品”，由于进出口国家的气候政策差异而有所差别，很可能违反最惠国待遇原则。同时，如果 CBAM 统一适用于所有进口产品，无论原产国具体减排情形，则可能会有出口国家因其国内已采取碳约束机制而挑战 CBAM，理由是其出口最终会受到两次碳限制，这有违于最惠国待遇原则。

2. 国民待遇原则下 CBAM 的法律分析

GATT 第 3 条国民待遇原则要求进口产品与国内产品获得同等对待，确保“内外一致”。依据欧洲议会决议，CBAM 的碳定价应反映 EU ETS 下配额价格动态变化②，进口商应从单独的配额池中向 EU ETS 购买配额，这些配额的价格将根据 EU ETS 一定时期内配额价格的均值确定。

(1) EU ETS 属于针对欧盟产品的国内税或其他国内费用。

EU ETS 要求减排主体购买配额履约的措施既非所得税也非财产税，因此欧盟的减排措施可以划入间接税收行列。在边境调整的间接税不仅包括消费税或增值税，也涵盖了产品生产或销售环节所征的税收。依据 GATT 关于减让的规定，欧盟征收的加工税或产品税，以及将燃料和与燃料相关碳排放纳入 ETS 产生的税费都属于可在边境调整的间接税。不过就 GATT 第 3 条而言，EU ETS 要求减排主体持有排放配额的要求是一种“税收或其他费用”还是一种“条例”或“规定”，这一问题仍存有争议。就美欧签署的《欧盟—美国开放天空协议》（EU-US Open Skies Agreement）而言，欧洲法院（ECJ）认为购买排放配额的义务是一种特

① 王贵国．欧盟关税优惠案对发展中国家的影响．时代法学，2004（5）：19－23.

② European Parliament. A WTO-compatible EU carbon border adjustment mechanism.（2021－03－10）［2023－05－01］. https：//www. europarl. europa. eu/doceo/document/TA－9－2021－0071_EN. html.

殊的监管，而非一种税收或收费①。值得注意的是，欧盟将内部法规调整适用到进口产品，只能对进口产品适用与国内产品相同或同等的法规，但是内部法规并不能直接对进口产品进行边境调整，GATT 第 2 条只允许征收与“国内税相当的费用”，并未规定通过国内法规征收边境税的方式进行边境调整。这意味着欧盟不能将 ETS 法律规定适用到进口产品上，而只能根据 EU ETS 的配额价格设计 CBAM 的费用。

（2）CBAM 所涉进口产品和国内产品属于“同类产品”。

依据 GATT 第 3 条第 2 款第 1 句国民待遇义务标准，只有进口产品和国内产品属于“同类产品”，国民待遇义务才会适用。EU ETS 目前涵盖的行业有发电、热能、能源密集型工业部门。根本上而言，“同类性”判断标准是关于产品之间竞争关系性质和程度的判断。基于 EU ETS 带来的产业竞争和可能的碳泄漏，以及与 EU ETS 互动性的考虑，CBAM 所针对的进口产品主要是 ETS 所覆盖的产品与行业。“同类性”是一个相对概念②，在不考虑品牌差异的情况下，对完全相同的产品应适用完全相同的税率，但也应结合具体环境和情势加以判断。一般而言，国际贸易主要依靠同一协调制度关税税目或子目下的分类来认定产品是否属于“同类”，当然前提是关税税目足够详细。同时，CBAM 要考虑所涉产品在欧盟市场中的最终用途，以及进口产品的属性、性质和品质。除此之外，还要考虑欧盟对涉案产品的法律规章或制度框架，以及欧盟消费者对产品的品位和习惯。

（3）CBAM 与 EU ETS 措施“烈度”之对比。

对进口产品的征税不得超过对国内产品的征税是 GATT 第 3 条第 2 款第 1 句国民待遇义务标准适用的最后一个要件。如果说前两个标准满足的难度不大，那么 CBAM 能否满足第三个标准则有很大不确定性。EU ETS 要求欧盟生产的产品购买排放配额，CBAM 若对进口“同类产品”施加排放要求，不应超过 EU ETS 的“烈度”。在国际贸易中，“同类产

① Air Transport Association of America et al. v. Secretary of State for Energy and Climate Change, Case C-366/10, 2011.

② Appellate Body Report, Japan — Taxes on Alcoholic Beverages, WT/DS11/AB/R, 1996.

品”以欧盟标准和以出口方标准为基础得出的CBAM结果肯定存在差异，若以欧盟标准为基础，不同国家或地区出口到欧盟的产品碳足迹姑且不论，欧盟与出口国家或地区的产品就会存在不同的碳定价，进而导致欧盟违反GATT第3条第2款第1句规定的国民待遇义务。

除了欧盟与出口国家或地区的碳定价差异，还存在出口国家或地区之间的碳定价差异，这自然会引发对国民待遇原则之违反。GATT第3条第1款明确规定，国内税和其他国内费用不应用来对国内生产提供保护。依据WTO专家组在阿根廷皮革案（Argentina—Hides and Leather）中的分析，若对一成员方进口产品征税超过对同类国内产品的征税，将被视为对国内生产提供保护，即违反了国民待遇原则。此外CBAM若对不同出口国家或地区施加不同机制，则不仅违背了国民待遇原则，还与最惠国待遇原则相悖。

3. “一般例外”条款下CBAM的法律分析

假设CBAM被认为违反了GATT下的国民待遇义务，欧盟极有可能会援引GATT第20条一般例外条款进行辩护。抗辩成功与否取决于CBAM是否符合第20条双层标准：同时满足（a）款到（g）款中某一款的规定以及导言部分诸项要求。

（1）CBAM满足（b）款或（g）款的法律分析。

根据（b）款规定，即为保障人类、动植物的生命或健康所必需的措施，及WTO过往裁决，WTO争端解决机构对欧盟CBAM的政策目标很容易接受，其更关注为实现该目标而采用的手段是否“必需”。必需性是一项全面的法律检验，需要权衡和平衡各种因素，比如出口商利益受到威胁的程度和国际多边贸易体系价值的重要性，CBAM对于实现欧盟减排目标的贡献程度，以及其对贸易的限制性。若认定CBAM确属必需，那么还需找出欧盟是否有可能诉诸同样公共政策结果的贸易限制较少的替代措施，并对比CBAM与替代措施在出口商受到威胁的利益和国际多边贸易体系价值的重要性等方面的影响，以确认必需性结论。当然，如果仅在理论上具有可行性，但对欧盟施加了一项不恰当的负担，则该类替代措施也不会被认定为“合理地存在”。

CBAM是否符合(g)款规定需要考虑三个要件：要求涉案措施是用来保护可用竭的自然资源，与保护可用竭的自然资源有关，与国内限制生产与消费的措施相配合。满足前两个要件并不难，因为在美国汽油标准案(US—Gasoline)中，WTO专家组认为清洁空气是可用竭的自然资源，同时欧盟要证明CBAM与解决气候变化目标之间存有紧密且真实的关系并不难，因为这正是CBAM出台的目标。而且这是一个适当性测试，专家组和上诉机构可能会问CBAM是否适合解决气候变化问题。最具挑战性的是第三个要件，即欧盟对自身产品和进口产品施加“不偏不倚”的限制。欧盟一直强调要统筹CBAM设计模式与EU ETS的修订，确保两者之间的互补性和一致性，从而实现国内规范和进口产品相应限制的共同实施，似乎也可以满足与国内措施相配合的要求。

(2) CBAM满足导言部分要求的法律分析。

即使满足了GATT第20条(b)或(g)款规定，CBAM还必须确保在条件相同的国家之间不构成任意或不合理的歧视(第20条的导言部分)。在这一背景下，CBAM可能面临一些以“歧视”和“变相限制贸易”抗辩的法律问题。

首先，基于各个出口商所在国差异进行对待可能引发歧视问题。CBAM若强制要求出口商采取实质上相同的方案以达到应对气候变化的政策目标，可能会造成“任意的歧视”。当然，若欧盟认为不同国家在减排方面的情形并不相同，那么其依然要承担举证责任①。但是，欧盟可能依靠生态环境保护进行抗辩，无论是在原产国还是在欧盟，缴纳费用都体现了碳的社会成本内部化。另外欧洲议会决议中提出要强调应给予最不发达国家和小岛屿发展中国家特殊待遇，以考虑其特殊性和CBAM对其发展的潜在负面影响，这也可能存在歧视，但从环境角度来看可能是合理的，因为最不发达国家的排放量历来远远低于发达国家，符合“共区原则”。

其次，“变相限制贸易”问题。在实践中，为了使一般例外条款适用

① Appellate Body Report, European Communities — Measures Prohibiting the Importation and Marketing of Seal Products, WT/DS401/AB/R.

于 CBAM，需要证明来自减排政策等方面条件相似的国家的所有进口都得到平等对待。这就需要证明在确定边界调整措施的适用性时，如何评估和适当考虑其他国家现有的环境标准或减排政策。在 CBAM 下，出口商销往欧盟的那部分产品将需要向欧盟支付碳价格，这必然阻碍了国际贸易。在对那些来自《巴黎协定》非缔约方或与欧盟没有相同碳价格政策的国家或地区的出口产品适用 CBAM 时，如何定价也取决于原产国的总体政策。此时适用 CBAM 在一定意义上具有惩罚性和强制性，实际上等于限制了此类产品的国际贸易。

此外，GATT 第 20 条导言部分也要求欧盟必须展示 CBAM 与应对气候变化之间的合理联系，并能够确保其措施得到公平实施。这同样需要证明来自减排政策等方面条件类似的国家的所有进口都得到平等对待，涉及如何评估和适当考虑其他国家的环境标准或条件，难度之大不言而喻。

第八章 《巴黎协定》碳市场机制下的中国法律因应

在气候保护开放性国际法律框架背景下，第 6 条碳市场机制贯彻了《巴黎协定》“自下而上”的理念，赋予了缔约方极大的自主性和决策权①，这契合了当下个别国家和地区有强烈动机让其领土之外的减排主体参与进来的要求，以创造所谓公平的竞争环境，确保其更高的气候保护标准不会损害国内生产商的竞争地位。这一机制虽然可能有效，但却面临着如何应对发达国家和发展中国家单方面限制 ITMOs 准入的合法性问题，这些措施可能会侵犯其他国家的主权，违背“共区原则”，引发有关公平分配气候变化责任的问题。由此可见，如何确保参与方在第 6 条碳市场机制下能够实现“自主”与“限制”的平衡，从形式和实质上推进碳市场机制的“合作属性”，是后巴黎时代无法回避的一个重要国际法律问题。

作为全球最大的碳排放国，中国应积极参与《巴黎协定》第 6 条碳市场机制建设，这不仅有助于履行国际承诺，还能够获得国际社会的认可和支持。在此背景下，要坚持统筹推进国内法治和涉外法治，确保国内法律体系与第 6 条碳市场机制的规定相一致，包括制定和修订相关法规，建立符合《巴黎协定》要求的碳市场和管理机构，设定具体的减排目标，明确各方的法律责任与义务，促进社会参与和公众透明，以及建立技术支持与资金援助机制。这不仅有助于实现“双碳”目标，履行国际承诺，推动碳

① Zeng Y, Friess D A, Sarira T V, et al. Global potential and limits of mangrove blue carbon for climate change mitigation. Current biology, 2021, 31 (8): 1737 - 1743.

市场机制发展，还能获得国际支持和合作机会，提升国际影响力，对于推动全球气候治理和应对气候变化具有重要意义。

一、《巴黎协定》碳市场机制给中国带来的主要法律挑战

《巴黎协定》碳市场机制为中国实现国家自主贡献提供了机会，中国可以通过与其他国家和地区开展合作，共同开发清洁能源、推动技术创新、共享减排成果等，共同应对全球气候变化挑战。但碳市场机制也在交易标的、交易授权和交易规则方面存在一些法律挑战。中国应立足本国实际，深入研究和考虑碳市场机制的特点和国际最佳实践，通过制定相应的法律规定来解决这些法律挑战，确保国内法律与《巴黎协定》要求一致，促进碳市场机制在国内的顺利实施，并积极参与全球气候治理。

1. 碳排放权法律属性的理论争议

权利属性的研究旨在揭开某一权利现象背后的利益形态，从法律上明确某一权利属性是制定此权利相关法律制度及法律救济规则的逻辑起点和制度基石①。遵循不同的推演路径，我国学界目前对碳排放权法律属性形成了多种学说，概括起来主要包括以下三种：私法属性说、公法属性说以及混合属性说。每种学说均有其内在的理由和逻辑，但也存在解释力方面的瑕疵与不足。

（1）私法属性说。

私法属性说主张碳排放权本质上属于一项民事权利，其中典型学说主要有准物权说、用益物权说、新型财产权说。

准物权说依据传统物权法理论“主—客体”法律逻辑体系，强调从主体角度进行价值判断②，范围从早期的经济价值逐步扩展，当前环境要素在获得物权客体资格上已无障碍。但这种自然资源客体需要在行政授权范围内才能被权利人所享有，故被称为“准物权”③，主要包括矿业权、狩

① 梅夏英．数据的法律属性及其民法定位．中国社会科学，2016（9）：164－183，209.

② 邓海峰．环境容量的准物权化及其权利构成．中国法学，2005（4）：59－66.

③ 崔建远．准物权的理论问题．中国法学，2003（3）：74－83.

猎权、渔业权和水权。基于排污权的客体理论逻辑，有学者提出将大气环境容量视为碳排放权的客体①。在《公约》基础上，《京都议定书》通过为附件一所列缔约方设置强制减排目标间接量化了这些国家的大气环境容量。循此思路，国际层面上对国别大气环境容量的划分为碳排放权准物权属性界定提供了理论基础。

用益物权说主要有两种观点：一种观点承认了准物权“环境容量”的物的属性，认为碳排放权通过制度设定实现对国家环境容量资源的占有、使用和收益②；另一种观点将一定数量的温室气体作为碳排放权的客体，认为温室气体作为无体物符合《民法典》物权编中有关物的属性界定③，通过制度设定实现权利主体对特定数量温室气体的占有、使用和收益等④。上述两种观点在逻辑上具有一致性，皆论证碳排放权客体具有独立之价值属性，其交易的需求和价值主要体现在减排主体之间，辅之碳交易体系制度设计赋予减排主体对客体直接的支配力和排他力。但在客体认定上存在差异，前者以大气环境容量作为碳排放权的客体，后者将一定数量的温室气体视为碳排放权的客体。

新型财产权学说认为碳排放权是政府为保护生态环境对市民社会的一种积极介入，是对生态环境功能的经济价值化和商品化，属于当代政府通过法律创造的新型财产。这是因为碳排放权的取得与行使类似公法上的行政许可，但其权利交易方面则具有很强的私法属性，兼具公权和私权属性，不宜将其纳入现有法律框架，而应通过单行立法予以规制。也有学者提出碳排放权属于新型数据财产权⑤，提出碳排放权市场交易涉及配额发放、交易和清缴等多个环节，而配额属于特定主体权利的载体，分析配额的客观性、独立性、无体性和价值性，其价值体现在权利人可以获得经济

① 王明远．论碳排放权的准物权和发展权属性．中国法学，2010（6）：92-99.

② 倪受彬．碳排放权权利属性论：兼谈中国碳市场交易规则的完善．政治与法律，2022（2）：2-14.

③ 王慧．论碳排放权的法律性质．求是学刊，2016，43（6）：74-86.

④ 叶勇飞．论碳排放权之用益物权属性．浙江大学学报（人文社会科学版），2013，43（6）：74-81.

⑤ 王国飞，金明浩．控排企业碳排放权：属性新释与保障制度构建．理论月刊，2021（12）：144-154.

利益。

(2) 公法属性说。

公法属性说从碳市场监管者的角度出发，基于市场规制的目标和效率，将碳排放权界定为一种行政行为。在坚持行政性质基本定位的基础上，基于不同视角又可以细分为行政规制权说和行政特许权说①。

行政规制权说认为碳排放交易制度是国家应对全球气候变化的政策工具，无论排放配额的发放、交易和清缴的监督，碳市场的登记、审查、报告，还是碳市场的产权激励、价格调控和履约保障，都是政府行使公权力的过程②，而减排主体应按照行政规制履行清缴配额的义务。政府分配碳排放权的行为只是赋予了减排主体使用大气的权利，这是政府创设的向大气排放一定数量温室气体的权利，因此减排主体持有的碳排放权实质上属于一种规制性财产，政府对该财产享有最终的管理和支配权力。这种学说摒弃了上述私法属性说所秉持的物权或财产理念内核，避免因赋予碳排放权财产属性导致公共资源变成私人商品，进而引发道德问题，而且也否定了减排主体碳排放的权利属性，从而更好地实现应对气候变化的目的。同时，碳排放交易制度具有负外部性，比如可能出现碳泄漏或限制减排技术发展和应用，还涉及与其他环境政策的协同等问题，这需要政府采取其他措施提升应对气候变化的有效性。对于碳排放权的救济，行政规制权说认为减排主体可以借助行政许可、行政处罚和行政诉讼等方式进行权利救济。

行政特许权说根据《行政许可法》关于行政许可的基本规定，认为碳排放权由政府创设，配额分配、减排主体确定以及配额价格的调控均受到政府的直接影响③，基于行政权对碳排放权的干预，应以行政特许权来界定碳排放权。除了规范依据，行政特许权说可以避免物权说所面临的道德诟病——排污企业有将公共资源私有化的嫌疑，而且可以为监管者调控碳

① Button J. Carbon: commodity or currency? The case for an international carbon market based on the currency model. Harvard environmental law review, 2008, 32 (2): 571 - 596.

② 张辉，冯子航．碳交易制度中碳排放权的行政管控性．环境保护，2021，49 (16): 39 - 43.

③ 王慧．论碳排放权的特许权本质．法制与社会发展，2017，23 (6): 171 - 188.

排放权政策提供便捷，避免由此引发对减排主体的财产补偿。

(3) 混合属性说。

该说认为碳排放权并非单一属性，而是呈现出公权和私权的混合性，代表学说主要包括"准物权+发展权"说、"环境权+财产权"说。

"准物权+发展权"说认为碳排放权是以大气环境容量为客体的一种新型权利，对大气环境容量资源的开发使用是人类生产生活所必需，因此兼具准物权属性和发展权属性①。在前述准物权说基础上，该学说还认为大气环境容量是一种公共产品，各国均有权使用该资源发展本国经济，《公约》及《京都议定书》对大气环境容量在各国之间进行了分配，体现了碳排放权作为发展权的内涵和目的。碳排放权的准物权强调其私权色彩和经济属性，发展权属性则强调其公权属性和限制性，两者之间是辩证统一关系。

"环境权+财产权"说主张碳排放权是对大气环境容量资源生态机制和经济价值的利用，因此兼具环境权属性和财产权属性②。一方面，碳排放权具有向大气排放温室气体的意涵，个体呼吸以及企业和其他社会组织使用大气环境容量资源都属于行使碳排放权。另一方面，《公约》及《京都议定书》设立碳排放权制度旨在控制温室气体排放，进而实现大气环境资源的可持续利用和环保的终极目标，因此碳排放权本质上具有环境权属性。借助英美法新型财产权概念，该说认为政府通过许可将碳排放权赋予私主体，此时该权利便成为私主体的财产，可用于清缴亦可用于交易，故碳排放权属于新型财产权。碳排放权环境权属性与财产权属性反映了大气环境资源生态价值和经济价值，两者统一于对碳排放权客体生态价值的实现。

2. 国内参与授权的法律问题

为参与第 6 条碳市场机制，东道国需要持续满足一些先决条件，比如制定适当的制度安排来授权和跟踪 ITMOs，确保向联合国提交最新的材

---

① 王明远．论碳排放权的准物权和发展权属性．中国法学，2010 (6)：92－99.

② 丁丁，潘方方．论碳排放权的法律属性．法学杂志，2012，33 (9)：103－109.

料且与其长期目标保持一致，以此来表明对《巴黎协定》的承诺。对于东道国来说，ITMOs 授权意味着将产生的减缓成果排除在其国家自主贡献之外，因此 ITMOs 授权是一个重要的战略程序，需要明确定义参与协作的适当标准和方法①，以促进而不是破坏其国家自主贡献的实施。根据关于第 6 条第 2 款"合作方法"的指南，只有符合特定标准的减缓活动才有资格生成用于"合作方法"的 ITMOs，但没有明确具体标准要求。因此，我国可以制定自己的资格标准，但前提是需要确保减缓活动不会破坏环境完整性并促进可持续发展。

通过确立严格的资格标准，我国能够确保只有符合相应环境和可持续发展标准的减缓项目才能生成 ITMOs，这不仅有助于保护环境完整性，还可以确保 ITMOs 的使用与国家的气候行动目标相一致。同时这些标准还为我国提供了一种调动更多资金流向国家优先领域的方法，例如，可以通过将气候融资引导至特定类型的技术或项目来实现这一目标。当然，明确标准资格还为我国参与国际气候治理合作提供了更大的透明度和可预测性，有助于建立信任和吸引更多的投资流向符合标准的项目。

首先，各国对于减缓活动倾向于通过两种方式来设定标准：战略活动清单或根据减缓活动在自主贡献中的类型，即是有条件减缓措施还是无条件减缓措施。比如印度考虑在第 6 条碳市场机制试点期间授权某些优先活动领域，包括压缩沼气、绿色氨等替代材料以及碳捕集与封存。而瓦努阿图则确定所有以国际支持为条件的自主贡献减缓活动都有资格获得授权。同时，确保授权安排在灵活性和可预测性之间取得平衡，既能保障国家自主贡献的实施，又能促进私营部门的参与和投资。在减缓活动开发早期阶段，可能存在诸如市场不确定性、技术风险以及法律法规变化等因素，这些都会增加开发商的投资风险。在活动的前期阶段明确一些条件和标准，可以降低投资者的不确定性和风险，从而更有利于私营部门参与投资。因此，作为《巴黎协定》缔约方，我国如何明确第 6 条下减缓活动的标准是

① Broekhoff D, Spalding-Fecher R. Assessing crediting scheme standards and practices for ensuring unit quality under the Paris Agreement. Carbon management, 2021, 12 (6): 635－648.

一个重要的问题。

其次，需要考虑哪些类型的减缓活动可以作为 ITMOs 授权转让的基础，而不损害我国履行国家自主贡献承诺的能力。ITMOs 授权是一个重要的战略程序。为了保障国家自主贡献的实施，我国应该只授权真正额外的减缓成果，这意味着授权的减缓成果必须超出国家自主贡献所要求的水平。同时，我国还可以通过仅授权减缓活动产生的部分减缓成果，将其余部分计入我国国家自主贡献。不过任何减缓成果的授权部分越低，该活动对投资者的财务吸引力就越小。值得注意的是，如果由于参与《巴黎协定》第 6 条碳市场机制导致东道国未能实现其国家自主贡献，减缓成果购买国也将承担声誉风险。因此，我国在制定 ITMOs 的授权政策时，需要综合考虑国家自主贡献的实施、投资者的吸引力以及国家的可持续发展目标，以确保授权政策既能促进减缓活动的实施，又不会损害国家的自主贡献。此外，我国还应选择纳入授权的额外标准，以确保减缓活动符合第 6 条的原则以及我国气候发展政策和战略。

最后，在第 6 条碳市场机制下，我国需要构建相关政府机构并对其职能需求进行明确的界定，将这些职能分配给新的或现有的机构。同时，还要促进相关部委之间的合作与协调，以及建立合适的国内气候总体协调和决策机构，这些都是确保合作框架顺利实施的重要步骤。建立这样的机构有助于提高决策的专业性、透明度和效率，进而促进国际合作和确保 ITMOs的使用符合公共利益和国际标准。基于我国参与 CDM 的经验，我国对第 6 条碳市场机制的制度安排应考虑建立在我国现有基础设施的基础上，为了让现有机构履行这些职能，可能需要修改其职能、权力、工作人员的组成等。因此，为确保我国有足够的能力和有效的标准和流程作出授权决定，从合作中受益并保障国家自主贡献的实现，亟须建立国家机构负责授权并确定授权过程中要履行的职能。

3. “国内驱动型”引发单边化

在后巴黎时代的国际气候治理中，缔约方根据自身国情和能力制定国家自主贡献并逐步提升减排目标，通过国际合作与支持相互促进，这可以更好地考虑到各国的实际情况和利益，增强各国的参与意愿和行动力。然而，由于各国自主制定减排目标，这种“国内驱动型”范式导致气候治理缺乏统一的标准和监管机制，呈现出散乱化、碎片化和单边化的趋势①，给国际合作带来了困难和不确定性②。由于碳市场的复杂性和涉及的利益主体众多，《巴黎协定》下全球气候治理范式的转型直接或间接地影响到了第6条碳市场机制的合作要素，并带来了一些新的问题和挑战。

首先，第6条碳市场机制效果根本上取决于缔约方国内政治，导致合作条件单向化。针对温室气体这一“公害”，国际社会制定了多个条约和协议，但只要是国际关系的规范就逃脱不了国际法的宿命——依靠国家力量来加以实施③。尽管应对气候变化是全球共同面临的挑战，但各国由于地理位置、经济结构、发展水平、政治制度、文化背景等多种因素的影响，对气候风险的认知差异很大④。由于减排措施可能对国家经济和发展产生成本，一些主权国家的“个体理性选择”最终将导致全球气候治理决策的“集体不理性”。同时，《巴黎协定》第6条第2款具有灵活性，对于“合作方法”和减缓成果的界定未能明确，本质上是“有关各方同意的任何内容”。实践中，发达国家会在合作条件中设置所谓确保环境完整性和可持续发展的条件，并将这些条件强加给发展中国家，可能会导致碳市场合作的不公平性，从而限制发展中国家的参与。比如，技术转让的限制是一个主要问题。发达国家拥有先进的环境保护和减排技术，但是它们往往限制对这些技术的转让，或者将其作为合作条件之一，这使得发展中国家难以获得并应用这些技术。此外，发展中国家面临的金融支持不足也是一个问题。虽然发达国家承诺提供资金支持，但实际上资金的流向和使用往往受到限制和控制，发展中国家难以获得足够的资金支持来实施减排项目和技术转移。

其次，缺乏激励机制的合作模式难以解决公共产品问题，导致合作空

---

① 袁倩．全球气候治理．北京：中央编译出版社，2017：8.

② Mehling M A. Governing cooperative approaches under the Paris Agreement. Ecology law quarterly，2019，46（3）：765－828.

③ 白桂梅．国际法．3版．北京：北京大学出版社，2015：1.

④ 斯特恩．地球安全愿景：治理气候变化，创造繁荣进步新时代．武锡申，译．北京：社会科学文献出版社，2011：14.

心化。京都三机制中，发达国家承担了更多的历史排放责任，因此在减排目标和要求上与发展中国家有所不同。然而《巴黎协定》第 6 条并未明确规定发达国家和发展中国家在碳市场机制中的差异化要求，导致发达国家和发展中国家在碳市场机制中的参与条件和责任分担上存在争议和不确定性，进而可能会影响到碳市场机制的公平性和有效性。同时，这种避免“自上而下”划分减排责任的做法也导致一些国家采取较为保守的立场，避免过多的承诺和行动。其中，发达国家的迟疑和拖延可能源自多种原因，包括经济利益的考量、对减排成本的担忧、国内政治阻力等，导致一些发达国家在制定和实施减排政策上步履维艰，影响了其在全球气候行动中的领导地位和示范效应。而发展中国家在应对气候变化方面的困难主要集中在资金、技术和能力等方面，这些国家往往缺乏足够的财政支持来采取有效的减排和适应措施，同时也面临技术转让和人力资源等方面的挑战，这从根本上弱化了全球气候治理机制的实效。

最后，国内低碳转型制度变迁给市场合作带来不确定性，导致合作符号化。“国家自主贡献”简单而言就是削减温室气体排放，而工业经济活动是主要排放源头，因此要实现自主贡献就要从根本上改革经济活动方式，包括产业结构、能源消费结构以及交通运输结构等。此外，各国存在资源禀赋差异，虽有合作可能，但囿于基线、额外性等因素致使合作减排互认困难重重。从制度变迁角度来看，低碳转型面临两个挑战：一个是传统化石能源依然占据主要地位，且高耗能基础设施建成后通常会持续运行数十年甚至更长时间；另一个是打破既有能源体系面临诸多风险，对能源体系的稳定性和可靠性形成冲击，甚至有可能产生能源危机。气候变化本身面临着独有的“吉登斯悖论”①，缔约方在提交《巴黎协定》自主贡献时可能会暂时排除国内压力，但在后续的自主贡献落实过程中可能会面临来自国内能源部门等方面的压力变化，从而给自主贡献的落实带来不确定性。

由此可见，《巴黎协定》第 6 条碳市场机制旨在帮助缔约方解决减排

---

① 毛国旭．气候治理的“吉登斯悖论”及我国化解对策．西南林业大学学报（社会科学），2018，2（6）：92 96.

合作框架机制问题，但这种为全人类谋福祉的制度安排极大地受制于缔约方国内的结构性特征和转型障碍等，这属于典型“现时悖论”。中国作为《巴黎协定》缔约方在国际碳市场机制建设中扮演着重要角色，应积极推动全球气候治理的多边化进程，为建设一个更加绿色、可持续的世界作出积极贡献。

二、碳排放权法律属性反思与制度完善

私法属性说因面临权利客体缺失而无法界定碳排放的法律属性。公法属性说也未能剖析到减排主体在碳市场中的自由交易权，忽视了碳排放权所含有的排放配额应该享有某种客观利益，这与法律应对减排主体所持配额进行相应保护的普遍诉求明显不符①。混合属性说在承认私权的基础上加入了一些抽象、宽泛、笼统以及学理化的属性，无法回应碳排放权制度的现实需要甚至脱离制度实践。这些理论学说都倾向于在监管主体和监管对象，以及监管对象之间只选取一个维度予以论证，未能从整体上对碳交易兼具公法和私法性质的真实利益形态进行还原。

1. 双阶理论视角下碳排放权的属性厘定

碳排放权的定位与公共利益密切相关，其创设和运行毫无疑问包含了行政权行使，同时也体现了配额交易当事人主观意愿表达的一致性。正因如此，碳排放权的属性定位需要破除“公法与私法相对立”的理论藩篱，避免“非公即私”或“非私即公”的单一僵化型思维定式，准确考察碳交易市场制度的具体运行过程，运用法学理论与专业知识洞悉碳排放权问题的本质，拨开现象迷雾，在兼顾公私的基础上以一种更为恰当的视角明晰其应然属性。德国法中的双阶理论可以为碳排放权法律属性的厘定提供适宜的理论解释和路径分析，既能够在彰显其独立价值和利益形态的基础上实现逻辑自洽，又可以切实关怀社会现实需求。

(1) 机理分析：双阶理论的缘起与适用。

---

① 刘明明．论碳排放权交易市场失灵的国家干预机制．法学论坛，2019，34（4）：62－70.

双阶理论主张将单一之法律事实拟制为两个阶段，并分别适用不同性质的法律规范，旨在解决在借助私法方式执行公权力行政时如何进行有效规制这一公私交融问题①。在公法和私法二元对立的历史背景下，国家与人民之间的经济关系开始更多转入公权力行政范畴②，以私法形式进行公权力行政的增多带来了人们对其法律救济问题的忧虑。1950年，联邦德国政府依据其内部规章拒绝为一部电影提供贷款担保，在这一决定中，政府主张申请担保方无权在法律上要求担保。对此，德国学者伊普森（Hans Peter Ipsen）认为政府与申请担保方之间的担保关系属于私法范畴③。他认为，政府决定提供担保时行使的是公权力，其目的并非完成公共任务或实现公共利益，而更像私人参与社会经济活动，以营利为首要目标。因此，伊普森认为，尽管政府决定提供贷款担保无疑符合公共利益，但对于具体行为的履行本身并未体现出公益性，因此应在私法范畴加以调整。基于此案，伊普森随后在《对私人的公共补贴》一书中对双阶理论进行了系统阐述，将补贴关系分为决定阶段和履行阶段，前者属于公法性质行政行为应适用公法，后者涉及补贴如何发放应适用私法，从而对以私法形式运行的公权力构建了有效的约束机制。

双阶理论有益于保护补贴申请人，也有助于有效规制政府借助私法方式行使公权力，引起了理论界和实务界的广泛关注，经历了从质疑与挑战到肯定与支持的嬗变过程④。对于双阶理论的质疑和挑战主要有四个方面。首先，双阶理论实质上是人为地将一个统一的事实行为无端割裂为两个法律关系，与具体生活关系背后的现实利益形态和运作机理并不相符，造成法律内部逻辑的混乱。其次，现实中两个阶段公私法适用很难进行明确划分，且两个阶段适用并列的“双轨制”救济，但第二阶段行为未必就是私法问题，还可能适用公法救济，比如行政机关在情势变更情形下作出的行政行为很难适用民事救济方式。再次，前后两个阶段行为之间的效力

---

① 严益州．德国行政法上的双阶理论．环球法律评论，2015，37（1）：88-106.

② 刘权．目的正当性与比例原则的重构．中国法学，2014（4）：133-150.

③ 尹少成．PPP协议的法律性质及其救济：以德国双阶理论为视角．政法论坛，2019，37（1）：85-98.

④ 于鹏．行政协议纠纷适用仲裁研究．清华法学，2022，16（5）：55-71.

关系界定尚无定论，有人主张前阶段行政行为因后阶段契约缔结而终结，有人认为前阶段行政行为系后阶段契约的生效要件，有人提出前阶段行政行为是后阶段契约的交易基础，还有人主张前阶段行政行为是后阶段契约的原因①。最后，来自“行政私法理论”的挑战，沃尔夫等提出修正主体说，即依据某一具体行为所适用的法律规范来判断该行为属于公法还是私法，强调通过一个法源关系调整一个生活关系②。在公法私法严格对立的思维下，双阶理论基于利益说防止行政机关假借私法逃脱公法约束，在本质上导致一个生活关系被纳入两个法律关系的情形，出现逻辑上的混乱③。

不过，新行政法在风险社会和信息社会背景下，主张不应局限于“依法行政”的思维定式，更应注重行政决定的最优性以及法律实施效果，倡导公法与私法合作，打破公权力行政适用公法规范的藩篱④，赋予立法者和行政者享有选择行政形式的自由，但这种自由要尽量确保“行政正确”。不拘泥于“公私对抗”的新行政法更为务实，承认公私有别但注重公私交互合作支持，强调优化法律的实施效果，这为双阶理论提供了新的正当性基础和理论分析框架，因为以灵活性为主要特征的双阶理论能够正视社会关系多重属性，然后对其进行纵向拆解，并将拆解后的各个阶段纳入不同性质的法律关系，进而明确各个阶段所适用的法律规范，从而提供更为有效的法律保护。

随着理论和实践的发展，双阶理论也不断进行修正，不仅包括“行政处分＋民事合同”模式，还包括“行政处分＋行政合同”模式。目前，双阶理论在德国的适用非常广泛，包括贷款和担保性质补贴、市镇优先购买权行使和国有土地出让等诸多领域⑤。受德国行政法影响，我国台湾地区较早地采纳了双阶理论，如在政府采购相关规定中明确，决标行为如若违

① 程明修．公私协力法律关系之双阶争讼困境．行政法学研究，2015（1）：9－21，34.

② 严益州．德国行政法上的双阶理论．环球法律评论，2015，37（1）：88－106.

③ 朱虎．萨维尼视野中的法律关系的界定：法律关系、生活关系和法律制度．比较法研究，2009（3）：45－61.

④ 沈岿．监控者与管理者可否合一：行政法学体系转型的基础问题．中国法学，2016（1）：105－125.

⑤ 于鹏．行政协议纠纷适用仲裁研究．清华法学，2022，16（5）：55－71.

法可能因行政诉讼被撤销[①]，并不会自动影响后一阶段契约的效力[②]。我国《政府采购法》也明确了采购人是以公权力主体身份实施采购，其行为必然具有显著公法属性。《政府采购法》第 43 条规定“政府采购合同适用合同法”，体现这一阶段属于私法意义上的民事权利义务关系。由此，《政府采购法》也彰显了双阶理论之意涵。当前我国政府与社会资本合作（PPP）发展迅速，有学者提出借鉴双阶理论将 PPP 协议签订前后的行为分别界定为行政处理行为和民事合同，构建和完善救济机制。也有学者借鉴双阶理论对生态环境损害赔偿磋商的属性进行界定[③]，并提出具体的完善建议。

（2）属性厘定：碳排放权的双阶构造。

双阶理论摒弃了“非公即私”的思维定式，立足于行政法律关系的复合性，试图借助过程论视角将制度运行划分为不同阶段，通过组合模式构建权利的救济机制，从而有效化解单个复杂生活关系所引发的多重法律纠纷。在急剧变迁的现代社会，随着行政职权不断扩张和公私法律关系掺杂增多的趋势，双阶理论的“阶段化思维”兼顾公益和私益的协同保护[④]，不仅提高了行政的整体品质，而且能够给予私主体更好的法律保护，这为复合性法律制度的属性界定提供了逻辑周延的解释视角。以双阶理论蕴含机理为分析框架，碳排放权制度的运行过程可以划分为以配额确定和分配为核心内容的第一阶段，以配额交易为核心内容的第二阶段[⑤]。针对碳排放权的不同阶段，可分别明确不同的法律属性。

第一阶段为配额发放之前，应该属于行政处理行为，彰显出公法属性。温室气体控制、碳交易市场构建、碳市场登记和注册等系统基础工作

---

① 李宁．我国政府购买公共服务的纠纷解决机制及其完善．山东大学学报（哲学社会科学版），2015（2）：113－120.

② 程明修．公私协力法律关系之双阶争讼困境．行政法学研究，2015（1）：9－21，34.

③ 胡肖华，熊炜．生态环境损害赔偿磋商的现实困境与制度完善．江西社会科学，2021，41（11）：172－179.

④ 郑雅方，满艺姗．行政法双阶理论的发展与适用．苏州大学学报（哲学社会科学版），2019，40（2）：71－78.

⑤ 曹明德．中国碳排放交易面临的法律问题和立法建议．法商研究，2021，38（5）：33－46.

体现出行政公权力的主导性，无不体现出鲜明的公权力行使色彩。政府作为减排的主导者①，有履行碳交易市场监管职责的正当性基础。碳交易市场启动、适格减排主体拥有碳排放权、配额总量与分配方法确定以及配额发放等工作都需要借助行政机关的行政管理权予以展开②。生态环境部发布的《碳排放权交易管理暂行条例》第4条明确规定，国务院生态环境主管部门负责碳排放权交易及相关活动的监督管理工作，表明碳排放权创设主动权由行政机关保有，并体现出行政主导的单方性和强制性。在这一阶段，行政机关职权主义和能动特质在追求正义价值和效率价值的平衡中得到充分体现，着重彰显了行政规制意义上的公权力属性。

第二阶段为配额发放之后，此时应当以平等自愿交易为原则，适用私法制度安排，助力公法任务的实现，原则上适用私法规则，特殊情况下可以适用公法规则。首先，碳市场减排主体按照法定程序和要求获得配额后，有权按照平等自愿、意思自治的原则与其他减排主体签订配额交易合同。随后在合同的履行和违约救济方面，当事方可以按照合同法相关规定追究违约方责任③，此时碳排放权具有明显经济属性，应该适用《民法典》的合同编等私法规则进行调整。其次，减排主体的交易行为受到生态环境主管部门等多个行政部门的监督和管理，包括涨跌幅限制、大户报告和异常交易监控等监管制度，以确保碳交易安全有序。如果碳市场监管主体没有履行配额流转后的财务审计，或明显运用行政权力单方面变更减排主体配额数量④，此时监管主体的行为应当属于行政行为，而不是单纯的民事行为，应当适用公法（行政法）规则解决。再次，倘若行政机关因减排情势变更或重大公共利益作出行政行为，对配额价格或收益产生重大影响，此时也无法诉诸民事纠纷解决机制，而应依靠行政法解决。最后，配额的清缴实质上是减排主体与监管者之间通过买入或卖出配额来满足上

---

① 陈贻健．共同但有区别责任原则的演变及我国的应对：以后京都进程为视角．法商研究，2013，30（4）：76-86.

② 张梓太，张叶东．实现“双碳”目标的立法维度研究．南京工业大学学报（社会科学版），2022，21（4）：14-32，115.

③ 邓敏贞．我国碳排放权质押融资法律制度研究．政治与法律，2015（6）：98-107.

④ 田丹宇．我国碳排放权的法律属性及制度检视．中国政法大学学报，2018（3）：75-88，207.

缴额度的行为。根据《碳排放权交易管理办法（试行）》第 28 条和《碳排放权交易管理暂行条例》第 14 条规定，减排主体应在规定期限内向监管者清缴排放配额，倘若配额不够则需要在碳交易市场中自费购买或向监管者缴纳罚款。因此，此时碳排放权在法律适用上既可能涉及民事合同法，也可能涉及行政法。

由是观之，依照双阶理论视角，既可以关注碳排放权制度运行中多个行为产生的多重法律关系，亦可辨识监管者和被监管者在制度运行中多元角色的转变。因此将碳排放权定性为公私法混合属性更符合制度的本质：第一阶段充分贯彻行政机关职权主义的公权行使逻辑，着重强调具有公权属性的行政许可①，适用公法规制；第二阶段原则上为私法属性，属于民事合同，但如果监管者存在明显运用行政权情形时（如交易监管），则应当适用公法规则处理。逻辑上，前阶段法律关系是后阶段法律关系的前提和基础，后阶段法律关系是实现前阶段目标的方式和手段，呈现出“以私助公”的逻辑样貌，且避免“公法遁入私法”之现象，在维护社会公共利益的同时又能有效保护私人利益。

（3）质疑消解：双阶理论适用的反思与调试。

实务操作层面的困难与混乱源于理论认知层面的落后与模糊，正如双阶理论早期面临的质疑一样，当前其在诸多领域的适用中也遭遇了挑战。但若能不再桎梏于传统行政法公私法二元对立的窠臼，借助修正主体说和新行政法学思想，也可以清晰地捕捉和理解碳排放权适用双阶理论的合理性。

首先，碳排放权制度双阶构造理论在逻辑上能够有效处理配额清缴问题。不可否认，配额发放和配额清缴都具有明显的公法属性，依据碳交易市场规则，在配额发放给减排主体之前就已经明确了配额清缴的数额，具有明显的行政权属性②，比如我国《碳排放权交易管理办法（试行）》第 28 条明确规定：“清缴量应当大于等于省级生态环境主管部门核查结果确认的该单位上年度温室气体实际排放量”。某种意义上，这类似一种明确

---

① 林华．行政许可条件设定模式及其反思．中国法学，2022（4）：175－195.

② 汪燕．行政许可制度对国家治理现代化的回应．法学评论，2020，38（4）：51－58.

了监管者与被监管者之间权利义务的“行政合同”，如果减排主体履约期限届满但未能足额清缴配额，则属于对“行政合同”的违反，需要承担缴纳罚款的“违约责任”。

其次，双阶理论中两个阶段的划分是一种理论上的拟制，但这有助于解决碳排放权制度中复杂的法律问题，实现各方利益的周延保护。事实上，法律拟制源于古罗马法，既可作为立法技术手段，也可用于理论研究①。由于碳排放权制度涉及多重法律关系和多个法律行为，单一属性认定并无可行性，也很难将其归入纯粹的私法或纯粹的公法关系，倒不如将其进行纵向拆解，依据拆解后的各个阶段的不同属性适用恰切的法律规范。建构一种适用不同法律的层次结构，从而有利于实现各方利益的周延保护，不失为一种合理之举。

最后，碳排放权双阶构造第二阶段并非纯粹的私法属性，减排主体配额交易本身也会受到公权力的监管，彰显了公法的要素和内容，私法内容与公法内容并非泾渭分明。事实上，第二阶段配额交易涉及公法因素不可否认，碳排放权的交易和结算都需要在碳交易系统中进行，系统会全程记录碳排放权交易的相关信息，即行政机关对碳排放权交易和结算享有监督权②，需要对减排主体持有和变更配额进行确认，这必然要涉及行政权的行使。但如前所述，第二阶段以碳排放权交易为核心，交易订立双方地位平等，意思表示自由，具有明显的私法属性。因此，碳排放权双阶理论构建能够在一个复合性的法律关系中聚焦于真正的核心争议点，通过具体权利义务关系区分公法法律关系与私法法律关系。在当前我国法治建设进程中，碳排放权交易过程中相关纠纷的性质尚未明确。双阶理论从宏观上将碳排放权拆解为两个阶段，对微观层面的权利救济不失为一种更优选择。

2. 完善碳排放权制度的具体路径

在碳排放权制度中，双阶理论的运用有助于通过阶段性拆解明确具体

---

① 卢鹏．法律拟制正名．比较法研究，2005（1）：138-143.

② 吕忠梅，王国飞．中国碳排放市场建设：司法问题及对策．甘肃社会科学，2016（5）：161-168.

权利义务关系，进而区分公法法律关系与私法法律关系，并借助不同法律规范解决争议，虽有一些局限性，但有助于处理碳排放权这一复合性的法律关系。“他山之石，可以攻玉”，借鉴双阶理论时还应结合我国实际，对碳排放权制度的有效展开进一步从本土化视角健全和完善具体规则。基于碳排放权制度双阶构造属性，碳排放权制度在规则层面的构建应坚持内部监督和外部监管相结合，并辅之以有效的救济方式。

（1）在内部制约上探索赋权和控权的平衡点。

政府构建碳交易市场旨在削减温室气体排放，在此过程中，减排主体获得的碳排放权只是实现减排目标的一种“副产品”，碳排放权问题属于减排制度设计的派生物①，这是讨论碳排放权定位问题无法回避的大框架。“强行政监管性”是碳排放权制度的重要特征②，碳排放权制度规则完善应当首要关注的问题就是内部制约规则的构建。由于碳排放权含有借助私主体实现公共利益的成分，为保障公权力与私主体博弈中能够实现这一公共利益，需要赋予行政机关必要的职权，同时也对其予以适当限制，充分权衡和考量各方的价值和利益，实现赋权和控权的最佳平衡。

第一，赋予行政机关配额初始分配（一级市场）行政权限确有必要。这既是行政机关创设碳排放权的必要前提，也是为克服市场本身缺陷和减排主体逐利性的现实需要，亦是实现减排目标的必然要求。为追求行政效率并确保碳排放权得到全面有效保障，应聚焦配额的确定和配额的分配方式等方面。首先，行政机关对于碳排放额度拥有创设权，主要根据国家温室气体排放控制要求③，综合考虑社会经济发展和排放协同控制等因素，确定排放配额总量和分配方式。其次，行政机关对碳排放额度拥有调节权，其根据宏观经济发展规模、节能减排技术进步等定期对碳排放额度进行调整。最后，行政机关享有适当行政优益权，有偿发放配额则是以配额

---

① 任洪涛．民法典实施背景下碳排放权数据产权属性的法理证成及规范进路．法学杂志，2022，43（6）：117－130.

② 张辉，冯子航．碳交易制度中碳排放权的行政管控性．环境保护，2021，49（16）：39－43.

③ 陈红彦．碳税制度与国家战略利益．法学研究，2012，34（2）：84－100.

为标的物的行政合同[①]，行政机关有权基于控制温室气体的公益性目的对行政合同的履行、变更以及解除进行单方调整。

第二，应当对行政机关的监管权进行必要的限制。行政控权的必要性是由碳排放权制度旨在实现温室气体减排这一既定目标所决定的。一方面，为防止行政权的滥用，应规范配额总量和分配方法的具体规则，依据公平公正原则构建沟通协调制度等相关机制，保障减排主体的合法权益与合理诉求。另一方面，应根据行政职权内容以及与公共利益相关程度，明确配额确定和分配中可调整的内容、限制调整的内容与不可调整的内容。其中，配额总量和分配方法应属于可调整的内容，配额的调整范围和方式应属于限制调整的内容，配额分配的基本原则和法定审核程序等原则上应纳入不可调整的内容，不应存在"讨价还价"的空间。

第三，在确定配额总量和分配方式时一定要坚持公共利益为主。秉持科学性和专业性，兼顾地区之间的公平性与行业之间的差异性，赋予减排主体申诉和申辩的权利，但前提是要确保减排目标等公共利益优先[②]。同时，要避免部门本位主义和地区行业不均衡现象，逐步降低免费配额的比例，结合行业承受力和竞争环境分配方式，逐步引入拍卖机制，形成一级市场的价格机制。此外，为维护碳交易市场制度减排功能的稳定性，应明确清缴配额一旦确定，原则上不可随意变更或解除，除非继续清缴配额将损害公共利益。

（2）在外部监督上构建多元主体共治模式。

碳排放权制度的有效运行不仅需要赋权和控权相平衡的内部制约[③]，还需要从外部监督上构建政府、企业、社会组织以及公众等多主体共治模式，构建和完善外部监督约束机制。

首先，应健全信息公开制度，这是构建外部监督约束机制的前提和关键。除涉及国家秘密外，行政机关在确定配额总量和分配方法过程中形成的关于决策依据、评估标准、分配指南、分配方法和分配方案编制

---

① 崔建远．行政合同族的边界及其确定根据．环球法律评论，2017，39（4）：21－32.

② 洪冬英．"双碳"目标下的公益诉讼制度构建．政治与法律，2022（2）：44－55.

③ 魏庆坡．碳交易与碳税兼容性分析：兼论中国减排路径选择．中国人口·资源与环境，2015，25（5）：35－43.

等涉及社会公共利益的重要信息都要及时全面地向社会公开。同时，配额分配是碳交易市场制度设计中与减排主体关系最密切的环节，因此应赋予减排主体对配额分配情况的知情权，并将减排主体的行业领域和分配数量等广而告之，提升配额分配数量的透明度。其次，应构建和完善公众参与机制，充分发挥社会监督作用，不仅从程序上完善公众参与方式和诉求表达机制①，还应细化利益相关者和环保组织参与的途径和规则，全面提升社会大众有关碳交易市场的法治监督意识。最后，要依法健全碳交易市场的自律组织、行政和司法监督机构，探索在立法中构建和完善法治监督内容，赋予相关组织对碳交易市场进行监督的权利，同时建立有关碳交易市场的法治监督流程、沟通和反馈机制，督促行政机关妥善履行法定职责，从而减少温室气体排放，实现公共利益的有效维护。

（3）在救济方式上突破单一路径依赖。

碳排放权制度法律属性的澄清和辨识直接影响着争议解决的设计思路和路径选择。碳排放权的双阶构造虽能实现理论上的逻辑周延，但还需要通过法律救济实践予以检验。双阶属性揭示了碳排放权“阶段性”法律性质②，循此为进，碳排放权的权利救济和争议解决也应突破单一路径依赖，依据阶段划分和性质辨识选择适用相应的救济方式。如此，不仅可以实现理论自洽与制度实践的贯通呼应，还能满足碳排放权制度运行及其纠纷解决的现实法律需求。

第一阶段赋予了减排企业维护自身权益的多元化手段，即确保减排企业具有异议权。配额总量确定和发放体现了行政权力在减排企业中分配减排责任的主导性质，但也要综合考虑减排企业的意见和需求，因此要赋予减排企业在方案制定过程中的听证权。由于配额分配行为属于具体行政行为，由此引发的争议应纳入行政法规制范畴③。具体而言，如减排企业

① 潘晓滨．碳中和背景下我国碳市场公众参与法律制度研究．法学杂志，2022，43（4）：151-159.

② 何登辉．双阶理论视阈下自然资源特许出让协议的应然定性．内蒙古社会科学（汉文版），2017，38（3）：92-99.

③ 余凌云．论行政诉讼上的合理性审查．比较法研究，2022（1）：145-161.

认为监管者在配额分配行为中存在瑕疵或违法等，既可以向省级生态环境主管部门或国家碳市场主管部门申请行政复议，也可以向碳市场行政主管部门所在地的中级人民法院提起行政诉讼，要求监管者依法履行配额给付义务。同时，若配额分配依据的是省级生态环境主管部门制定的方案，则减排企业可以一并请求法院对该规范性文件进行附带性审查①。因此，第一阶段赋予减排企业听证权、行政复议权和诉讼权，构建了多元申诉途径。

第二阶段中，配额买卖更多体现出私法属性。原则上，碳排放权买卖纠纷是平等市场主体之间订立以配额为标的物的买卖合同纠纷，应该适用《民法典》合同编关于合同订立、成立、履行、变更和违约等规定，假设当事方不履行有效成立合同或履行不符合规定，应依照《民法典》合同编规定承担违约责任。同时，对于碳市场主管部门在履行配额交易监管职责过程中与减排企业产生的行政处罚纠纷，减排企业可依据《行政处罚法》和《行政诉讼法》来维护自身正当权益。

此外，对于配额清缴行为，要明确行政部门、减排企业以及核查机构等利益相关方的法定义务及违规责任。基于行政部门与核查机构之间的委托关系，核查机构应对核查报告的合法性和真实性负责，否则减排企业有权提起侵权之诉。同时，若因行政部门原因导致数据失真，减排主体认为其合法权益受到侵害，则应诉诸行政诉讼寻求救济。

三、健全完善国内授权法律安排

参与《巴黎协定》第 6 条碳市场机制，东道国的授权治理框架需要满足 COP26 一般性要求，同时也要反映其独特的国情，因此不存在单一的设计方法。COP26 对第 6 条的规定也是宏观框架原则居多，这为缔约方参与仍在发展的国际碳市场提供了灵活性。我国参与《巴黎协定》第 6 条碳市场机制旨在筹集碳融资以支持自身自主贡献和“双碳”目标，并促进外国直接绿色投资以推动绿色低碳发展。某种意义上，参与国际碳市场补充了我国为实施国家自主贡献而调动国内和国际气候融资资源的努力，构

---

① 曹鎏．行政复议制度革新的价值立场与核心问题．当代法学，2022，36（2）：44－54.

成我国温室气体减排一揽子政策的一部分。因此，每一项旨在向收购方进行国际转让而创造授权的减缓成果（“合作方法”下的ITMOs），均应按照《巴黎协定》及COP26的要求展现高度的环境完整性和可持续发展标准。对于首次转让和用于实现自主贡献、其他国际减缓目的和其他目的的所有ITMOs，都应按照COP26规定要求报告相应调整。在设计第6条治理框架时，我国需要在多种可能的选项中谨慎选择，以满足特定国际要求①，确保参与合作有助于实现《巴黎协定》的目标。

1. 规范ITMOs授权准入条件

基于《巴黎协定》和COP26的规定，我国应根据《巴黎协定》第6条规定及法定授权程序要求，向那些旨在实现自主贡献、其他国际减缓目的（如CORSIA）以及其他目的（主要指自愿碳市场中企业自愿购买并抵消其碳排放）的减缓成果进行授权。

首先，明确产生ITMOs活动的具体资格标准。通过设定产生ITMOs活动门槛要求，例如禁止无条件自主贡献措施产生ITMOs跨国转让，东道国可以最大限度地降低超售ITMOs的风险，又可以将第6条相关碳融资引导至优先活动。一般而言，各国确定资格标准的方式主要有两种：一是制定战略活动清单；二是根据活动在自主贡献中的性质确定，即该活动是有条件自主贡献措施还是无条件自主贡献措施。我国可以结合“双碳”目标，综合考虑这两种方法，创建一份包含特定预授权技术的“白名单”，这些名单内的技术被自动认定为较我国自主贡献基线具有额外性，属于我国政府的优先事项，进而有助于将碳融资引导至这些优先部门或活动。对于这些“白名单”中的所有减缓活动，都应根据要求并遵循相关程序予以授权。同时，将那些已在我国无条件国家自主贡献减缓活动中而被视为不符合授权资格的活动纳入“红色清单”。

其次，制定支持自主贡献承诺策略的授权标准。为了减少过度销售

① 例如，在“合作方法”的每个阶段，我国都应遵守所有报告要求，涉及通过合格的减缓活动创建减缓成果以及随后在每个“合作方法”下转移相应的ITMOs，需要准备和提交初次报告、年度报告信息以及常规信息。

ITMOs带来的减排风险，我国可以考虑采取共享减排量的方式，即要求请求授权的活动支持者提供对该活动总减排量的分析，仅授权部分潜在减排量作为减缓成果进行转让，剩余的减排量则可以用来实现我国国家自主贡献或增强国家自主贡献的雄心。同时，较短的计入期可以限制转让国出售其特定“合作方法”减缓成果的年数，这意味着我国可以在国家自主贡献周期的后半段（即计入期结束后）仍将利用减缓活动来提高自身国家自主贡献的雄心。但是，无论是保留减缓成果供国内使用还是缩短计入期，都要考虑其对减排活动商业可行性和投资的阻碍性，因此授权安排应在灵活性和可预测性之间取得平衡，既要灵活保障国家自主贡献的实现①，也需要可预测性和透明度来促进私营部门的参与和投资。原则上，我国只对最新国家自主贡献中的有条件减缓活动颁发ITMOs授权，但是如果由该活动产生的减排量或清除量包含在最新的国家温室气体清单报告中并得到参与缔约方的同意，则根据最新国家自主贡献之外的任何减缓活动获得的ITMOs也可能获得授权。

最后，所有提议产生ITMOs的活动（包括白名单活动）都必须满足促进可持续发展的要求，并符合我国的监管标准。同时，还应选择纳入ITMOs授权和转让的附加标准（比如为适应气候变化融资作出贡献等），确保项目活动符合第6条的原则、国家监管和法律要求以及国家的总体气候和发展政策。

此外，公开透明原则对于维护授权的合法性、提高决策的质量和建立信任至关重要。我国参与《巴黎协定》第6条碳市场机制应优先制定国家授权安排，包括明确的标准、流程和时间表等，并将其公开。毕竟，清晰的程序将帮助活动开发者提前评估并有效规划和准备，从而促进私营部门的参与。在授权过程中，向利益相关者提供相关信息并就相关问题、担忧和不确定性进行公开透明的交流，有助于向开发商和其他参与者传达相关情况，同时也能够获得关于计划程序实用性的反馈，进而更好地理解它们的需求和关切，确保制定的请求授权程序更加符合实际操作需要。

---

① Bodansky D. The Paris climate change agreement：a new hope？. American journal of international law，2016，110（2）：288－319.

2. 明确负责授权的机构及职能

结合第 6 条碳市场机制下的授权要求，我国应在遵守关于第 6 条第 2 款“合作方法”的指南和第 6 条第 4 款规则、模式和程序（RMP）要求基础上，根据法律法规选择指定高效且负责任的国内机构代表政府负责授权事务，同时明确授权过程中各项职能，包括高层战略决策和技术考虑、确定减缓活动减排量或清除量的基准方法等技术问题，以及相关管理职能等。

首先，明确授权实体。借鉴 CDM 管理机制的思路和经验，由生态环境部作为主管机构，根据法律规定的流程，考虑对总体自主贡献目标的影响，对合格的减缓活动产生的减缓成果予以授权①。同时，生态环境部要定期向国务院提供我国参与第 6 条碳市场交易的最新情况，扩展与潜在参与方开展双边合作的可能性，定期听取碳市场主管机关关于第 6 条碳市场交易的简报，以及接收申诉解决申请，并可组建一个独立机构来解决因授权相关决定或行为产生的问题。由生态环境部、国家发展改革委、科学技术部、外交部、财政部、农业部和中国气象局等组成高级别部际机构，作为监督和协调机构，讨论各自领域自主贡献的进展、挑战和投资机会，评估参与第 6 条碳市场机制对我国国家自主贡献成就、可持续发展效益、就业和财政资源调动的影响，并定期审议我国参与第 6 条碳市场机制的总体方向。

其次，明确执行机构。生态环境部指定职能部门作为执行机构，根据整体监管环境和授权，审核和批准交易规则。执行机构成员除了来自政府部门外，还可以邀请相关领域专业人士，定期举行会议以处理一些规则制定职能。具体职责应包括：（1）定期审查和批准技术部门提交事项，包括符合条件的技术“白名单”，使用国际碳信用标准下的通行方法，新基线和监测方法以及独立评估实体认证等；（2）审查技术部门对旨在生成

---

① Skjærseth J B, Andresen S, Bang G, et al. The Paris Agreement and key actors' domestic climate policy mixes: comparative patterns. International environmental agreements: politics, law and economics, 2021, 21 (1): 59-73.

ITMOs 的减缓活动的活动开发人员的建议，并批准授予授权书，批准技术部门在对核查报告进行积极审查后向符合资格的减缓活动发放 ITMOs 的建议；(3) 审查并批准技术部门关于自主贡献相关基线参数必须纳入减缓活动的设计中的建议，针对单个小规模减缓活动作为计划活动候选项目的建议，以及解决合作参与方因授权相关决定和碳市场交易流程而提出的申诉和上诉。

再次，明确技术部门。作为技术顾问，技术部门的主要职责应包括：(1) 审查国际方法、技术指南和默认因素，并推荐与自主贡献相关的基线参数；(2) 监督第三方制定新方法、技术指南和默认因素，分析潜在项目或转让对国家自主贡献承诺实现的影响；(3) 对减缓活动的申请文件进行审议，向负责核查和授权的机构进行推荐，审查并建议向符合条件的减缓活动发放 ITMOs 等。

最后，明确实施部门。生态环境部指定职能部门负责实施 ITMOs 交易政策、规则和指南，包括减缓活动的监测、报告和核查（MRV）、会计核算、注册运营，以及 ITMOs 的创建和转让、报告、相应调整等。具体而言，应涵盖如下职能：(1) 管理减缓活动参与者的申请，在我国碳登记处创建减缓活动参与者账户和减缓活动识别号，以及向寻求从事第 6 条第 2 款相关交易的实体颁发带有唯一识别号码的身份证明书；(2) 审查“白名单”中发布的合格减缓活动，制定和管理合格的独立评估实体名册以进行验证；(3) 定义小规模减缓活动的阈值标准，发布“合作方法”下产生 ITMOs 的项目和项目实体清单，以及发布由推荐参与 MRV 服务的当地专家组成的专家评审团名单；(4) 接收项目申请并发出意向文件以及对减排项目的推荐书等，创建 ITMOs 并将其转让给收购方，审查并登记合格的减缓活动及其计入期；(5) 维护项目和管理目标的登记，实施相应调整并根据要求进行两年期透明度报告等。

如前所述，授权至关重要，因为其是通往第 6 条碳市场机制的门户，标志着一个国家认可 ITMOs 的创建并承诺进行相应调整的时刻，从而为该机制提供清晰度、稳定性和可预测性。因此，我国应在国家层面就机构设置和具体职能作出有效安排，为第 6 条碳市场机制的实施创造确定性条件，进而有助于实现我国自主贡献和“双碳”目标。

四、碳市场机制交易规则层面的法律因应

随着碳市场机制的引入和缔约方自主性的扩大，第 6 条碳市场机制与 WTO 之间可能出现紧张关系，甚至可能出现一系列产生严重贸易后果的行动和反制措施，造成对减缓行动的干扰。《公约》与 WTO 之间有充分的合作机会，包括通过联合工作组、方案或定期信息交流进行合作。在 2023 年 12 月 2 日举行的第 28 次联合国气候变化大会（COP28）上，WTO 秘书处发布了《气候行动贸易政策工具》文件，为各国政府实现全球气候目标提供支持和指导，以促进贸易与气候行动的协调和统一。这套政策工具的发布也标志着国际社会在贸易与气候行动方面的进一步合作和努力，为实现全球气候目标提供了更多的政策和工具支持。

1. 第 6 条碳市场机制下的法律因应

《巴黎协定》第 6 条碳市场机制为缔约方在联合国气候机制之外开拓新的合作形式提供了框架。这种尊重参与方自主性的方式虽然有助于提升减排雄心，促进缔约方合作，但是否有助于解决气候变化这一全球问题尚待验证，而且这些单边措施的“域外因素”也可能会阻碍合作。考虑到 ITMOs 的供需关系以及需方在准入方面的单方限制，“合作方法”很有可能导致发达国家和发展中国家之间的冲突。中国作为 CDM 时代的最大项目供给国，在国际碳交易活动方面积累了丰富经验。当前中国坚持新发展理念，提出 2030 年碳达峰和 2060 年碳中和目标，需要更广泛地参与国际碳交易活动以弥补低碳化的资金和技术缺口，探索掌握在国际碳交易市场上的话语权和主动权。

（1）借用 WTO 下 GATS 条款。

诚如前述，就 WTO 下“产品”和“服务”属性划分而言，ITMOs 更有可能被归为一种金融服务。目前大部分经合组织（OECD）国家都将金融服务纳入了 GATS 服务贸易承诺列表中，基于 WTO 的非歧视原则（国民待遇和最惠国待遇），这些已经明确承诺开放其金融服务的国家除了在 GATS 附表中规定一些限制外，必须给予任何其他成员的“同类服务

和服务提供者”（like service and service suppliers）同类待遇①。源于服务与服务提供者之间的竞争关系和某种相似性，实践中常将服务同类性和服务提供者同类性作为一个整体进行认定，因此依据 GATS 第 6 条规定，如果某个缔约方已经作出服务承诺，那么必须确保其国内法律法规不得对此类服务开展构成阻碍，除非是基于客观且透明标准制定的规则，且与确保服务质量具有相称性。

囿于实践，WTO 争端解决机构尚未就碳交易配额或碳信用引发的争议作出过裁决，不过 GATS 第 14 条和 GATT 第 20 条的功能非常相似，因此在解释和适用 GATS 第 14 条时完全可以借鉴 WTO 争端解决机构关于 GATT 第 20 条的法理和逻辑解释，比如举证责任分配、GATT 第 20 条导言的适用以及必要性检验等。依据之前上诉机构在美国网上赌博案（US—Gambling）中的逻辑②，被申请方需要论证其 ITMOs 流转条件所保护利益的重要性、此类措施对实现“保护人类、动物或植物的生命或健康”目标的贡献度以及对贸易的限制性影响。鉴于“环境完整性”和“可持续发展”涉及社会根本价值观念和价值的判断，这些概念的内涵和内容对各个缔约方在不同时间地点也有差异，并无固定标准。但无论如何解读这些词汇，都不应脱离基本的国际法框架（下文将有详述）。除了满足上述第 14 条（b）款要求（为保护人类、动物或植物的生命或健康所必需的措施），ITMOs 被诉方还应符合 GATS 第 14 条导言的要求，即需要进一步证明实施 ITMOs 流转限制措施不在情形类似的国家之间构成任意或不合理歧视的手段或构成对服务贸易的变相限制③。满足第 14 条（b）款要求相对容易，但考虑到第 6 条“合作方法”下 ITMOs 措施的自主性和随意性，若想通过第 14 条导言的检验仍然非常不易，美国在网上赌博案中采取的措施就没有通过第 14 条导言的检验。

（2）在“合作方法”中捍卫“共区原则”。

---

① 倪洁颖．GATS 中“同类”服务和“同类”服务提供者的界定与启示．世界贸易组织动态与研究，2006（1）：24－29.

② Appellate Body Reports，United States — Measures Affecting the Cross-Border Supply of Gambling and Betting Services，WT/DS285/AB/R，paras. 291－311.

③ 韩龙．GATS 第一案：“美国赌博案”评析．甘肃政法学院学报，2005（4）：96－102.

基于发达国家在温室气体排放上的历史责任，以及发展中国家发展经济改善民生的现实需求，《巴黎协定》延续了《公约》所确定的“共区原则”。中国作为发展中国家应在国际气候治理中捍卫“共区原则”，根据该原则调整自身的自主贡献，要求发达国家承担与其能力和历史责任成比例的减排义务。

如上所述，《巴黎协定》第 6 条“合作方法”的宽泛化规定导致 ITMOs 形态多元化，难以形成统一的国际排放权。ITMOs 转让的去中心化彰显了合作自愿，参与方依据宽泛化规定设定了更多自主标准和自主解释，进一步收窄了“合作方法”的合作范围。依据《维也纳条约法公约》第 31 条“条约应依其用语按其上下文并参照条约之目的及宗旨所具有之通常意义，善意解释之”，《巴黎协定》第 6 条第 2 款“可持续发展”和“环境完整性”的解释要结合《公约》的“共区原则”以及《巴黎协定》确立的“各自能力”原则，最终要促成发展中国家经济发展，进而提升它们应对气候变化问题的能力，实现《巴黎协定》的最终减排目标。《公约》第 3 条第 5 款明确指出：“为对付气候变化而采取的措施，包括单方面措施，不应当成为国际贸易上的任意或无理的歧视手段或者隐蔽的限制”。《巴黎协定》第 6 条“合作方法”作为应对气候变化的选项，其初衷必然是支持 ITMOs 跨境流转以降低缔约方减排成本，不应将其解释为一种个别参与方所秉持的狭隘含义，避免将其解释为购买方单方的一种武断限制措施。正确的逻辑应该是依据善意履约原则，在“合作方法”自愿框架下寻求缔约方国家权利与国际法义务之间的平衡，而不是仅仅局限在购买方与出售方的权益。

（3）擅用《巴黎协定》遵约机制。

《巴黎协定》第 15 条提出设立一个委员会（以下简称“第 15 条委员会”），促进各项规定的遵守和执行，同时要求该委员会的措施应具有便利、透明、非对抗和非惩罚性。COP26 明确了《巴黎协定》第 6 条第 2 款 ITMOs 的范围包括了 NDCs 范围之外的减排和清除①，当然这也需要进行相应调整，旨在最大限度确保实现《巴黎协定》规定的最终减排目

① Ahonen H M, Kessler J, Michaelowa A, et al. Governance of fragmented compliance and voluntary carbon markets under the Paris Agreement. Politics and governance, 2022, 10 (1): 235-245.

标。赋予“合作方法”参与方自主性的同时，COP26也引入了《巴黎协定》及其缔约方会议所确立的稳健、透明的核算、报告、记录体系等强制性要求以避免双重计算，确保环境完整性和可持续发展。鉴于ITMOs被纳入了NDCs，CMA3要求参与方依据CMA通过的指南向秘书处提交一系列关于ITMOs转让、持有和核销等信息，并交由技术专家进行审评①。第15条委员会的职责是处理《巴黎协定》缔约方未按照第13条第7款和第9款要求提交强制性报告或信息的问题。经相关当事方同意，委员会可根据专题报告中所载的建议，处理根据第13条要求提交的资料中存在的重大和持续性不一致之处。职是之故，中国可在这两种情形下利用第15条遵约机制维护在“合作方法”下的利益。

考虑到CMA3对“重大和持续性不一致”具体标准并未明确，第15条委员会对“重大”和“持续性”的认定享有自主裁量权，这种裁量权可能需要对所提交信息进行初步评估以决定是否继续。值得注意的是，第13条透明度框架与第15条委员会建立联系的前提是获得相关方同意，若相关方同意，第15条委员会将采取第20/CMA.1号决定第30条规定的（a）到（d）款措施②，当然还可以采取其他措施，只不过这些措施必须符合第15条的便利性、透明性和非惩罚性要求。

（4）坚持《巴黎协定》的人权保护视角。

不同于《京都议定书》的“自上而下”治理机制和全球视角，《巴黎协定》采用“自下而上”治理机制，更加突出国家中心的视角，这符合国

---

① Owley J，Ibrahim I A，Maljean-Dubois S. The Paris Agreement compliance mechanism：beyond COP 26. Wake forest law review online，2021（11）：147－160.

② 第20/CMA.1号决定第30条规定，为了促进履行和遵守，委员会应采取适当措施。可包含以下措施：（a）与有关缔约方进行对话，旨在确定挑战、提出建议和分享信息，包括与获得资金、技术和能力建设支持有关的挑战、建议和信息；（b）协助有关缔约方与《巴黎协定》下设或服务于《巴黎协定》的适当资金、技术和能力建设机构或安排进行接触，以便查明潜在的挑战和解决办法；（c）就上文（b）款所述的挑战和解决办法向有关缔约方提出建议，经有关缔约方同意后酌情向有关机构或安排通报这些建议；（d）建议制订一项行动计划，并应请求协助有关缔约方制订该计划。https：//unfccc.int/process-and-meetings/conferences/past-conferences/katowice-climate-change-conference-december-2018/sessions-of-negotiating-bodies/cma-1-3#decisions_reports.

际人权法体系的运作范式，强调主权国家对本国公民具有人权保护的责任①。这也符合我国在应对气候变化中的人权保护立场。2021年9月，国务院新闻办公室发布《国家人权行动计划（2021—2025年）》，正式将环境权利作为与经济社会文化权利、公民权利与政治权利并列的人权类型，意味着环境权的人权属性得到了国家政策的认可②。但是，当前全球气候治理倾向于忽视过程而只强调缔约方减排贡献的结果，这本质是发达国家在气候全球属性下逃避对发展中国家的过程责任和保护援助义务，故意回避了人权问题的气候治理全球视角。在此逻辑下，《巴黎协定》下缔约方在人权保护上具有自主性，且“合作方法”参与方在ITMOs转让条件中并不含有人权保护的要求，因此某个参与方擅自将自身对“可持续发展”和“环境完整性”理解掺入人权内容不应成为约束其他参与方的标准。毕竟，对于“可持续发展”和“环境完整性”，应结合《巴黎协定》下的国家义务和国际义务进行理解，尤其要考虑到缔约方不同能力的内在灵活性。

同时，《巴黎协定》在序言部分明确提到了人权保护，把人权的基本理念如“公平”与气候变化有机连接在一起，诠释了气候公正和气候正义理念。气候行动中的人权保护不仅要关注一国之内，更要关注代内和代际公平，充分考虑人类社会在区域、族群、性别上发展的不平衡问题，照顾和支持发展中国家提升应对气候变化能力的需求，从而保护受气候变化侵害与威胁的人权。由此可见，基于代际公平，当代人所面临的气候危机和人权危机与上一代人在工业化进程中不加节制的温室气体排放和掠夺性的自然资源开发直接相关③，发达国家自然有着不可推卸的历史责任。同时，基于分配公正和代内公平原则，发达国家缔约方要率先承担减排义务。发达国家缔约方应秉承气候变化人类命运共同体理念，坚持“共区原则”和“各自能力”原则，在参与《巴黎协定》第6条碳市场机制时，应从资金、技术和能力培养上对发展中国家给予援助。

---

① 何晶晶．《巴黎协定》的人权维度．人权，2017（6）：88-102.

② 吕忠梅，张宝．环境人权“入典”的设想．人权，2022（2）：75-91.

③ 同①.

COP26为《巴黎协定》敲定了最后一块拼图，进一步明确了第6条所述的三种合作机制。其中“合作方法”主要由两个维度构建了一个框架机制：参与方自愿维度与核查协同维度，即国家权限与国际义务[①]。自愿性赋予了参与方极大自主性，但这种“转让自愿”和“形式自定”反过来使得ITMOs的产生和转让条件都带有很大的不确定性。核查协同维度要求参与方提交相关信息，但信息评审如何与第13条透明度条款和第15条委员会进行协同也存在模糊之处。在此框架下，参与方借助“环境完整性”和“可持续发展”内涵模糊，对ITMOs的产生和转让条件提出一些单方限制措施，这些措施具有多元性甚至可能彼此冲突，这与《巴黎协定》第6条合作减排的初衷明显相悖。

2. WTO视域下欧盟CBAM的法律因应

欧盟通过立法程序将CBAM上升为法律，旨在解决欧盟内部和外部之间的碳排放不平衡问题。来自参与欧盟ETS或已将其碳市场与欧盟ETS连接起来并已支付碳价格的国家的产品将被豁免[②]。虽然短期来看CBAM对中国影响不大，但现如今欧美国家皆寻求“绿色低碳贸易战略”，中国作为最大的发展中国家，不能偏安一隅，要居安思危。因此，中国应尽早作出应对，积极寻求解决之策，国内层面尽快建立碳税制度，国际层面积极争取碳定价权。

中国目前要利用好CBAM过渡期，积极与欧盟沟通合作，为国内布局和国际应对寻求支持，尽力为中国出口企业争取CBAM责任减免。除此之外，还应为WTO下索赔维权做好法律准备[③]。为了寻求与WTO兼容，欧盟会对CBAM进行修改和调整，目前自然无法预料具体如何应用到单个交易产品，更无法预见CBAM哪些方面会在WTO争端解决中引

① 吕忠梅，尤明青．全球弱总量约束下的碳市场制度完善路径：以全球温室气体总量控制为视角．浙江大学学报（人文社会科学版），2023，53（11）：28－39.

② 屈满学．欧盟碳边境调节机制及其对我国经济和贸易的影响．西北师大学报（社会科学版），2023（5）：105－113.

③ Galiffa C，Bercero I G. How WTO-consistent tools can ensure the decarbonization of emission-intensive industrial sectors. AJIL Unbound，2022，116：196－201.

起对欧盟的索赔。因此，包括上面的任何法律分析和下面即将提出的对策都必然带有初步性和临时性。不过，欧盟基于各国产品的实际碳排放强度确定 CBAM 价格，这种差别对待贸易伙伴的方式必然违反 WTO 下最惠国原则。

（1）坚持 WTO 框架下沟通合作争取豁免。

碳定价和碳减排背景下，全球贸易格局重构已是大势所趋。欧盟在低碳减排领域一直处于世界领先水平，CBAM 无疑会成为国际碳定价政策的风向标。鉴于欧盟的市场规模和战略意义，作为欧盟最主要贸易伙伴之一的中国应迅速行动，有效应对和降低 CBAM 带来的负面影响。

1）积极提升国内应对能力和机制建设。

当前，由习近平总书记提出的“绿水青山就是金山银山”发展理念已经成为全社会共识。无论是“十四五”规划、生态文明建设，还是“碳达峰”和“碳中和”目标都体现了中国走绿色低碳发展道路的坚定决心和责任担当。

首先，在“双碳”目标下积极推进国家层面的碳交易市场建设，为应对 CBAM 提供“工具箱”和政策支持。欧盟提出 CBAM 的主要理由之一就是预防碳泄漏，国内一些碳密集行业也面临减排和转型压力①，由此看来，欧盟 CBAM 对中国不仅是挑战，也是一个重要机遇。目前我国碳市场仅覆盖电力行业，应逐步将 CBAM 覆盖的行业纳入碳市场，建立并完善碳排放数据监测、报送与核查机制，不仅为配额分配提供依据，而且也能够为企业应对 CBAM 提供数据支撑。在配额发放上，应逐步提升拍卖份额，并对碳价进行定期评估、反馈和调整，为企业应对 CBAM 提供碳定价支持，确保企业在减排的同时实现公平竞争。

其次，在“双碳”目标下尝试将不参与碳交易市场的企业纳入碳税机制。理论上，碳交易市场和碳税都可以实现减排，前者注重总量控制，借助配额交易实现减排成本收益最优化，后者则是凭借价格手段实现温室气体减排。碳交易市场和碳税在调控成本、灵活性上的差异为两者组合和互

---

① 边永民．世界贸易组织法视域下欧盟碳边境调节措施的合法性．经贸法律评论，2022（2）：1-21.

补运行提供了可能。我国碳交易市场目前仅覆盖发电市场年度排放达到2.6万吨二氧化碳当量的企业或其他经济组织，那些非电力行业或规模较小的企业则无法参加碳市场。因此，排放量大、排放源集中的企业可以参与碳交易市场，而那些规模较小、排放源分散的行业则可参与碳税机制①。探索对不参与碳市场的企业征收碳税，不仅可以提升企业减排积极性，还可以搜集控排数据，为应对欧盟 CBAM 提供数据支持。

最后，在“双碳”目标下引导企业将碳排放纳入企业战略规划之中。面对 CBAM 带来的挑战，国内行业，尤其是水泥、化肥、钢铁、铝行业和电力行业相关企业应在 CBAM 下进行碳排放审视，从环保合规、能源替代、布局调整、工艺提升等方面进行提早布局，降低产品的碳足迹②。同时，对出口欧盟产品的企业要避免国内与国外双重征税，减轻企业碳减排负担。

2）主动与欧盟沟通争取合作互认。

基于欧盟 CBAM 初衷，中国可以借助《公约》的“共区原则”和公平原则，以及《巴黎协定》自主减排贡献模式，指出欧盟无论在伦理上还是法理上，都无权通过贸易措施强制要求其他国家减排。这种单边化做法罔顾国家之间差异，可能因为其不公平性致使全球减排行动变得更为迟缓。同时，从减排效果上要求欧盟接受强制节能政策等非显性碳定价，为中国企业出口欧盟提供 CBAM 责任减免。最后，要从产品全流程上理解碳排放问题，中国向欧盟出口的大量产品生产过程在中国，消费过程在欧盟，如果仅让中国承担生产过程全部减排责任，免除欧盟消费端的责任是不公平的，欧盟作为最终消费端应承担更多减排责任。因此，中国可以通过国家自主减排模式、减排政策多元化和隐含碳排放问题为中国出口企业争取相应的碳边境调节义务减免。

（2）CBAM 有违反 WTO 框架下“国民待遇原则”之嫌。

判断 CBAM 是否违反 GATT 第 3 条的国民待遇原则需要考虑三层标

---

① 魏庆坡．碳交易与碳税兼容性分析：兼论中国减排路径选择．中国人口·资源与环境，2015，25（5）：35－43.

② 吕学都．碳边境调节机制对我国出口产业的影响与对策思考．可持续发展经济导刊，2023，45（5）：12－17.

准，同时 CBAM 不应以保护欧盟成员国国内生产为目的而加以适用。如上所述，根据 EU ETS 配额价格设计 CBAM 费用符合第一层标准，第二层标准“同类产品”达成难度似乎不大，重要的抗辩点出现在第三层标准上：CBAM 超过了 EU ETS 对欧盟产品的“征税”。

1）CBAM 价格包含隐性贸易保护主义。

依据 EU ETS 对欧盟产品征收配额费用，借助 CBAM 实现对进口产品征收费用，只有 CBAM 与 EU ETS 配额属于“相当的费用”，即既能防止碳泄漏，又不高于欧盟生产商支付的费用，才能符合国民待遇原则的要求①。换言之，CBAM 价格不应包含隐性贸易保护主义的成分。值得注意的是，欧盟的碳定价措施是 ETS，配额价格并非一成不变，这可能意味着 CBAM 的价格会导致进口商支付比国内生产商更多或更少的费用。

EU ETS 建立之初，为了防止碳泄漏，欧盟采用了“祖父条款”对钢铁、水泥、化学品和化肥等商品的生产商发放了免费排放配额。如若这些行业的配额一直免费，那么 CBAM 机制的价值将无从谈起，因此伴随着 CBAM 机制的实施，EU ETS 也将逐步降低免费配额的发放并最终逐步淘汰，但免费配额在 CBAM 生效后仍会存续数年。此时，一方面要求进口“同类产品”的商家购买 CBAM 证书，另一方面保留欧盟产品的免费排放配额，这实际上从成本上变相为欧盟产品提供双重保护，违反了 WTO 的国民待遇义务。ETS 免费排放配额属于 WTO 下的禁止性补贴，扭曲了国际贸易，除非欧盟将其目前给予欧盟内产品生产商的免费排放配额全部抵消在进口“同类产品”所需的 CBAM 证书上。

2）CBAM 应考虑单个交易的碳强度。

GATT 第 3 条国民待遇义务的对象不是国家或个体贸易商，而是适用于每一笔单独进行的国际贸易。基于行政效率的考虑，通过对各国产品的碳强度进行估算，CBAM 将对该国的所有进口产品采用碳排放平均值，忽视了化石能源和可再生能源的碳排放差距，从而导致可再生能源工厂的产品被征收的 CBAM 费用将超过 WTO 规定的费用。依据国民待遇原则，

---

① 徐昕，吴金昌．欧盟碳边境调节机制的实质、影响及中国因应：基于全球气候治理与国际贸易双重视角．国际贸易，2023（4）：51－59.

欧盟也不应在一些情况下对进口产品给予较为优惠的CBAM证书以平衡其在另一些情况下对进口产品较为不利的CBAM费用。若个别出口商可以证明它们的碳排放低于欧盟平均水平，应允许它们在均值基础上支付更低碳价。因此，CBAM应允许根据外国生产商的实际和个体碳排放强度对其征收费用，否则将有违WTO的国民待遇义务要求。

此外，关注生产投入而不是最终产品也会违反国民待遇义务。如EU ETS对生产钢铁所使用的能源征税，CBAM参照进口产品生产国使用的能源（比如中国钢铁生产中使用的煤炭）同等计算，此时欧盟就是对进口产品所使用的能源征收与欧盟生产“同类产品”类似的税收。将能源投入作为比较对象，而不是最终产品，将违反WTO国民待遇原则，不过这也取决于欧盟和出口国家或地区生产的“清洁”或“肮脏”程度。

（3）CBAM有违反WTO框架下“一般例外”之嫌。

虽然欧盟一再宣称CBAM将是一项气候措施，其动机完全是出于与健康和环境有关的气候问题，但这些声明并无法律意义，除非CBAM本身的设计、架构及应用方式满足GATT第20条“一般例外”条款规定的双层标准。

1）第20条（b）款的抗辩。

满足（b）款第二要件“必需性”要求是成功抗辩的关键。其中最为重要的两个点是CBAM对贸易的限制以及符合WTO规范或贸易限制性较小的替代措施是否可以替代CBAM。CBAM虽然比完全禁止进口限制性要低，但其对贸易的限制还是不言而喻的。中国可以提出与WTO相符或对贸易限制较少的替代措施——碳税。作为一种合理可用的替代措施，碳税符合WTO规则要求，对贸易的限制较少，并能够实现欧盟气候保护的目标。对此，欧盟需要向WTO争端解决机构表明为什么不采用起诉方提出的碳税。

2）第20条（g）款的抗辩。

结合前述分析，欧盟很可能能够证明清洁空气是一种可用竭的自然资源，并能够证明CBAM中使用的手段与其寻求的目的（保护清洁空气）之间存在“密切和真实的关系”，但是还需要证明对进口产品的限制在措施设计上是公平的，并且将与可比的国内措施“一同实施”。首先，中国可以从公平性角度对欧盟的 CBAM 提出质疑。欧盟需要确保 CBAM 所使用的计算方法对所有进口产品都是公平的和一致的，这可能涉及对碳排放的准确测量和计算，以及对各种产品类型和行业不同特征的考虑。同时，中国也可以指出 CBAM 不应仅仅对进口产品进行限制，而应与欧盟成员国内产业相同或类似的碳减排措施相结合，要求欧盟确保 CBAM 的实施不会给其成员国内产业带来额外的优势或不公平的竞争环境，从而确保其对中国产品的待遇是公平的，并且不会对中国产品采取歧视性措施。其次，中国可以要求欧盟对原产国和欧盟成员国内的减排措施进行比较和评估，以确定它们的减排效果是否相当。如果原产国已经采取了有效的减排措施，并且其减排效果与欧盟同类产品相当，那么欧盟对这些产品征收额外的减排费用或进行碳边境调整可能就不合理。

因此，中国可以考虑在 GATT 第 20 条（g）款下，从公平性和原产国已经采取的减排措施两个方面对欧盟的 CBAM 提出质疑，以确保 CBAM 符合国际贸易规则和公平竞争原则，促进全球气候行动的合作和协调。

3）第 20 条导言的抗辩。

第 20 条导言要求 CBAM 必须以公平方式实施，如此才会享有第 20 条的一般例外豁免。欧盟就 CBAM 征收费用必须基于对单个产品生产产生的碳排放的评估，而不是基于对整体减排的充分性判断。同时，欧盟直接适用 CBAM 无异于将自己的气候标准强加给中国，使用经济制裁以要求中国采取实质上相同的方案来实现应对气候变化的目标，而不考虑中国境内可能存在的不同条件，这是无法接受的。因此，欧盟不仅应向中国解释其选择的标准，还要为中国提供机会建议修改 CBAM 或对其应用提出建议，否则都将导致 CBAM 丧失公平性，进而出现“任意或不合理的歧视”。此外，CBAM 本身设计、框架和所展现的结构不能“变相限制国际贸易”，尤其 EU ETS 配额与 CBAM 证书费用的关系很难经受住 WTO 的法律审查。

为解决产业竞争、防止碳泄漏以及应对气候变化问题，欧盟尝试推出了与气候相关的贸易限制措施。CBAM 本质上作为一个单边措施，与 WTO 多边贸易体系的法律冲突与兼容性研究自然非常重要。欧盟一直宣称将 CBAM 与 EU ETS 挂钩，赋予 CBAM 在 WTO 视域下法律上的合法性，若后期对两者进行修改和调整，这种兼容性是有可能实现的。但是以目前欧盟提议来看，CBAM 很难符合 WTO 的法律要求，尤其依据各出口国的总体减排目标要求进口商购买碳排放证书有违 WTO 的“同类产品”的国民待遇原则，同时也很难满足 GATT 第 20 条“一般例外”实质性和程序性要求的双层标准。中国作为欧盟重要贸易伙伴，应坚决捍卫 WTO 多边贸易体系的非歧视原则，在积极与欧盟对话沟通基础上运用 WTO 下的法律工具维护自身合法权益。

在 WTO 贸易争端解决机制中，专家组负责审理争端并发布报告，而上诉机构负责审查专家组报告并进行上诉程序。如果某一方不满意专家组的裁决，可以向上诉机构上诉。然而，由于美国阻挠导致上诉机构处于瘫痪状态，各成员方无法对专家组报告提起上诉，因此专家组报告将无法生效。即使 WTO 争端解决机构认定 CBAM 违反了欧盟在 WTO 下的法律义务，其所提供的任何补救措施也纯粹是针对未来的行为且不包括金钱赔偿。欧盟可能被迫改革和调整 CBAM。由此可见，WTO 允许一定程度的“试错”。除了与其他国家达成互惠解决方案，欧盟也可以决定保留任何违规行为。当前在“碳达峰”和“碳中和”背景下，中国应利用好 CBAM 过渡期，加强与欧盟在气候领域的沟通合作，积极创新机制探索与 EU ETS 合作互认，提升国内碳减排的国际认可度。

第九章　结论

《巴黎协定》以“自下而上”的开放性和包容性凝聚了最大减排共识，但也为缔约方留下了一系列急需解决的问题，其中第 6 条碳市场机制就是一个备受关注的议题。具体而言，第 6 条碳市场机制包括第 2 款的“合作方法”和第 4 款的碳信用机制。前者允许缔约方之间交易或以其他方式转让 ITMOs，建立了一种国际贸易机制；后者则是一种新的合作机制框架，在 CDM 的基础上有所扩展。这两种创新合作机制对消除气候变化的不公平现象至关重要，能够缓解之前由发达国家主导的国际气候谈判局面。尽管第 6 条碳市场机制能为缔约方在广泛的合作范围内开展减排合作提供制度框架，但若制度规则设计不当，则可能会加剧现有的气候不平等。因此，为了解决这些问题，需要对碳市场机制的规则和制度进行深入研究和持续完善，确保其对于各方都是公平、透明和可持续的。同时，需要加强国际合作和监管机制，以确保发展中国家在碳市场机制中能够获得充分的支持和公平的待遇，共同实现全球气候行动的目标。

当前，第 6 条碳市场机制在法律层面上也面临一些挑战，如交易标的物法律属性存在争议，授权和批准制度有待完善，以及交易规则与国际贸易法冲突等。COP26 为第 6 条碳市场机制提供了一个框架和指导，进一步明确了减缓成果转让的相关要求。减缓成果可以是碳信用所代表的经核实的减少或消除的二氧化碳当量，也可以代表关联排放交易系统内的配额流量，或者以二氧化碳当量以外的指标衡量的其他气候相关影响，如可再生能源能力。如何从法律层面对减缓成果进行界定是碳市场机制的一个基础问题。同时,“授权”是《巴黎协定》第6条中一个新的但尚未明确的组成部分。授权很重要,因为它会触发相应调整和报告要求。本研究提出并分析了授权内容、授权程序、授权目的、授权形式以及如何对授权进行事后更改等问题。交易规则层面,第6条碳市场机制自愿性赋予了参与方极大自主性,具体要求的宽泛性和模糊性极易引发单边主义举措。众所周知,单边主义措施和国际贸易并不总是能很好地结合在一起,而且也可能会导致投资者或交易者追随某一特定货币的走势,以寻求投资机会或规避风险的行为。除了这些问题,第6条碳市场机制还要处理好与CORSIA的协同,以及通过与WTO的合作应对单边主义碳壁垒等问题,比如欧盟的CBAM。而且,利用市场机制应对气候变化也存在固有的效率、有效性和公平等方面的挑战,因此新的国际碳市场机制运行后也会带来新的公平和分配挑战,这些都是《巴黎协定》碳市场机制需要解决的问题。

后巴黎时代全球气候治理开始转向“国内驱动型”模式,呈现出多边主义与单边主义博弈、经济发展与减排降碳碰撞、去中心化与中心化并驱的严峻态势。中国作为《巴黎协定》缔约方,为提高国家自主贡献力度,提出了“双碳”目标,目前应在《巴黎协定》碳市场机制下构建国内法律制度,如完善碳排放权的法律属性界定,构建批准与授权的国内控制机制以及从国际贸易法领域应对单边主义气候措施,进一步提升中国在全球气候治理中的话语权和影响力,推动构建公平合理、合作共赢的全球气候治理体系。

参考文献

(1) 中文专著类

白桂梅．国际法．3 版．北京：北京大学出版社，2015.

薄燕．国际谈判与国内政治：美国与京都议定书谈判实例．上海：上海三联书店，2007.

薄燕．全球气候变化治理中的中美欧三边关系．上海：上海人民出版社，2012.

薄燕，高翔．中国与全球气候治理机制的变迁．上海：上海人民出版社，2017.

边永民．国际贸易规则与环境措施的法律研究．北京：机械工业出版社，2005.

边永民．国际公法案例选．北京：对外经济贸易大学出版社，2015.

边永民．国际法．北京：对外经济贸易大学出版社，2012.

蔡守秋．环境法教程．上海：复旦大学出版社，2009.

蔡守秋．基于生态文明的法理学．北京：中国法制出版社，2014.

蔡守秋．环境资源法教程．北京：高等教育出版社，2010.

蔡拓．国际关系学．北京：高等教育出版社，2011.

曹明德．环境与资源保护法．2 版．北京：中国人民大学出版社，2013.

曹明德，魏晓娟．中国环境法治（2015 年卷）．北京：法律出版社，2016.

陈波．碳排放权交易市场的设计原理与实战研究．北京：中国经济出版社，2014.

陈春英．气候治理与气候正义．北京：中国社会科学出版社，2019.

陈俊．正义的排放：全球气候治理的道德基础研究．北京：社会科学文献出版社，2018.

陈淑芬．国际法视角下的清洁发展机制研究．武汉：武汉大学出版社，2011.

陈贻健．国际气候法律新秩序构建中的公平性问题研究．北京：北京大学出版社，2017.

崔大鹏．国际气候合作的政治经济学分析．北京：商务印书馆，2003.

戴彦德，康艳兵，熊小平．碳交易制度研究．北京：中国发展出版社，2014.

邓海峰．“排污权”：一种基于私法语境下的解读．北京：北京大学出版社，2008.

董亮．全球气候治理中的科学与政治互动．北京：世界知识出版社，2018.

董勤．气候变化问题安全化的国际趋势及中国外交对策研究．北京：中国社会科学出版社，2018.

段茂盛，吴力波，齐绍洲，等．中国碳市场发展报告：从试点走向全国．北京：人民出版社，2018.

段茂盛，周胜主．清洁发展机制方法学应用指南．北京：中国环境科学出版社，2010.

范英，莫建雷，朱磊，等．中国碳市场政策设计与社会经济影响．北京：科学出版社，2016.

高岚君．国际法的价值论．武汉：武汉大学出版社，2006.

龚微．发展权视角下的气候变化国际法研究．北京：法律出版社，2013.

巩潇泫．多层治理视角下欧盟气候政策决策研究．天津：天津人民出版社，2018.

顾光同．碳市场衔接趋势下碳交易价格整合度及其风险预警研究．北京：中国农业出版社，2022.

郭冬梅．应对气候变化法律制度研究．北京：法律出版社，2010.

郭冬梅．中国碳排放权交易制度构建的法律问题研究．北京：群众出版社，2015.

郭锦鹏．应对全球气候化：共同但有区别的责任原则．北京：首都经济贸易大学出版社，2014.

韩德培．环境保护法教程．7版．北京：法律出版社，2015.

韩良．国际温室气体排放权交易法律问题研究．北京：中国法制出版社，2009.

韩燕煦．条约解释的要素与结构．北京：北京大学出版社，2015.

韩缨．气候变化国际法问题研究．杭州：浙江大学出版社，2012.

郝海青．欧美碳排放权交易法律制度研究．青岛：中国海洋大学出版社，2011.

何志鹏．国际法哲学导论．北京：社会科学文献出版社，2013.

何志鹏．国际经济法治：全球变革与中国立场．北京：高等教育出版社，2015.

何志鹏．国际法治论．北京：北京大学出版社，2016.

何晶晶．国际气候变化法框架下的中国低碳发展立法初探．北京：中国社会科学出版社，2014.

黄进．宏观国际法学论．北京：法律出版社，2022.

黄婧．国际温室气体减排责任分担机制研究．北京：中国政法大学出版社，2014.

黄全胜．环境外交综论．北京：中国环境科学出版社，2008.

黄小喜．国际碳交易法律问题研究．北京：知识产权出版社，2013.

黄以天．气候谈判与国际政治．上海：上海人民出版社，2021.

蒋金荷．全球气候治理与中国绿色经济转型．北京：中国社会科学出版社，2017.

兰花．多边环境条约的实施机制．北京：知识产权出版社，2011.

李传轩，肖磊，邓炜，等．气候变化与环境法：理论与实践．北京：法律出版社，2011.

李德顺．价值论：一种主体性的研究．北京：中国人民大学出版社，2020.

李海棠．碳中和背景下海岸带蓝色碳汇交易法律问题研究．上海：上海社会科学院出版社，2022.

李泓江，田江．碳中和的政策与实践．成都：四川人民出版社，2021.

李慧明．生态现代化与气候治理：欧盟国际气候谈判立场研究．北京：社科文献出版社，2017.

李强．理性主义视野下的国际气候合作：从京都会议到巴厘岛会议．北京：当代中国出版社，2016.

李伟芳．跨界环境损害国家责任研究．北京：知识产权出版社，2013.

李伟芳．国际法前沿问题与教研的思考．北京：北京大学出版社，2020.

李佐军．中国碳交易机制建设．北京：中共中央党校出版社，2014.

梁晓菲．气候变化《巴黎协定》及中国的路径选择研究．北京：知识产权出版社，2019.

林灿铃．国际环境法理论与实践．北京：知识产权出版社，2008.

林灿铃．国际环境法．修订版．北京：人民出版社，2011.

林灿铃．国际环境法案例解析．北京：中国政法出版社，2020.

林健．碳市场发展．上海：上海交通大学出版社，2013.

林爽，吴喜梅．国际环境法学．北京：法律出版社，2022.

林云华．国际气候合作与排放权交易制度研究．北京：中国经济出版社，2007.

刘靖．我国节能与低碳的交易市场机制研究．上海：复旦大学出版，2010.

刘敬东．WTO 中的贸易与环境问题．北京：社会科学文献出版社，2014.

刘志云．国家利益视角下的国际法与中国的和平崛起．北京：法律出版社，2015.

陆敏，苍玉权．中国碳交易市场减排成本与交易价格研究. 北京：中国社会科学出版社，2016.

吕学都，刘学顺．清洁发展机制在中国：采取积极和可持续的方式．北京：清华大学出版社，2004.

吕忠梅．环境法导论．北京：北京大学出版社，2015.

马建英．中美参与国际气候制度比较研究．北京：人民出版社，2018.

马骧聪．环境资源法．北京：北京师范大学出版社，1999.

马骧聪．环境法制：参与和见证：环境资源法学论文集．北京：中国社会科学出版社，2012.

马晓哲．国际碳排放治理问题．北京：科学出版社，2018.

马中．环境与资源经济学概论．北京：高等教育出版社，2006.

马中．环境经济与政策：理论及应用．北京：中国环境出版社，2010.

孟早明，葛兴安．中国碳排放权交易实务．北京：化学工业出版社，2017.

那力，王彦志．迈向生态文明：国际环境法与WTO法的新领域、新挑战、新发展．北京：高等教育出版社，2022.

宁金彪．碳市场蓝皮书：中国碳市场报告（2014）．北京：社会科学文献出版社，2014.

齐绍洲．低碳经济转型下的中国碳排放权交易体系．北京：经济科学文献出版社，2016.

齐绍洲，禹湘．碳市场经济学．北京：中国社会科学出版社，2021.

史学瀛，李树成，潘晓滨．碳排放交易市场与制度设计．天津：南开大学出版社，2014.

邵津．国际法．4版．北京：北京大学出版社，2011.

宋杰．国际法中普遍性法律利益的保护问题研究：基于国际法庭和国家相关实践的研究．北京：中国人民大学出版社，2012.

苏建兰．中国碳交易市场构建框架和运行机制研究．北京：经济科学出版社，2018.

苏树辉．温室气体减排与碳市场发展报告（2016）．北京：世界知识出版社，2016.

孙洪伟．环境保护与可持续发展：理论与实践．北京：学苑出版社，2014.

孙振清．全球气候变化谈判历程与焦点．北京：中国环境出版社，2013.

唐颖侠．国际气候变化条约的遵守机制研究．北京：人民出版社，2009.

陶伦康，鄢本凤．政府在节能减排中的生态责任研究．北京：科学出版社，2016.

汪劲．环境法律的理念与价值追求：环境立法目的论．北京：法律出版社，2000.

王爱国．碳交易市场、碳会计核算及碳社会责任问题研究. 桂林：广西师范大学出版社，2017.

王成章．国家责任．北京：人民出版社，2015.

王芳．国际气候变化与我国环境质量的影响研究．天津：南开大学出版社，2019.

王国飞．国家碳市场控排企业内部法律风险控制：理论与实践．武汉：武汉大学出版社，2021.

王金南，毕军．排污权交易：实践与创新：排污交易国际研讨会论文集．北京：中国环境科学出版社，2009.

王伟光，郑国光．应对气候变化报告（2012）：气候融资与低碳发展. 北京：社会科学文献出版社，2012.

王伟光，郑国光．应对气候变化报告（2015）：巴黎的新起点和新希望．北京：社会科学文献出版社，2015.

王文涛，刘燕华．气候治理中的非政府组织参与研究．北京：中国社会科学出版社，2019.

王铁崖．国际法．北京：法律出版社，1995.

王献枢．国际法．北京：中国政法大学出版社，2012.

王曦．国际环境法．北京：法律出版社，2005.

王曦．国际环境法与比较环境法评论．上海：上海交通大学出版社，2008.

王曦．美国环境法概论．武汉：武汉大学出版社，1992.

王小龙．排污权交易研究：一个环境法学的视角．北京：法律出版社，2008.

王学东．气候变化问题的国际博弈与各国对策研究．北京：时事出版社，2014.

王遥．碳金融：全球视野与中国布局．北京：中国经济出版社，2010.

王毅，徐华清，谭显春，等．美国退出《巴黎协定》对全球气候治理的影响及我国的应对策略．北京：科学出版社，2021.

王毅刚，葛兴安，邵诗洋，等．碳排放交易制度的中国道路：国际实践与中国应用．北京：经济管理出版社，2011.

魏庆坡．《巴黎协定》遵约机制背景下中国减排政策协同研究．北京：中国政法大学出版社，2023.

魏庆琦，雷晓玲，肖伟．碳交易市场设计与构建：以重庆为例．成都：西南交通大学出版社，2014.

肖兰兰．互动视域下中国参与国际气候制度建构研究．北京：人民出版社，2019.

吴乐英，刘昌新，王铮．全球治理：气候治理政策模拟及系统研发．北京：科学出版社，2019.

吴卡．国际条约演化解释理论与实践．北京：法律出版社，2016.

吴肖丽．国际气候援助的碳排放效应研究．北京：经济科学出版社，2021.

徐冬根，薛桂芳．国际法律程序的不确定性与风险．上海：上海三联书店，2017.

徐祥民．气候变化背景下的环境法学研究．北京：知识产权出版社，2012.

徐盈之．开放经济条件下中国碳减排责任动态研究．南京：东南大学出版社，2015.

薛进军，赵忠秀．中国低碳经济发展报告（2015）．北京：社会科学文献出版社，2015.

杨华．中国环境保护政策研究．北京：中国财政经济出版社，2007.

杨兴．“气候变化框架公约”研究：国际法与比较法的视角．北京：中国法制出版社，2007.

易兰，李朝鹏，杨历．中国碳市场成熟度评价．北京：科学出版社，2021.

于宏源．美国气候外交研究．上海：格致出版社，2020.

袁倩．全球气候治理．北京：中央编译出版社，2017.

原嫄，李国平，孙铁山．全球气候变化下的国际经济格局与碳排放政策研究．北京：科学出版社，2017.

曾少军．碳减排：中国经验：基于清洁发展机制的考察．北京：社会科学出版社，2010.

张海滨．全球气候治理的中国方案．北京：五洲传播出版社，2021.

张焕波．《巴黎协定》：全球应对气候变化的里程碑．北京：中国经济出版社，2017.

张辉．美国环境法研究．北京：中国民主法制出版社，2015.

张乃根．国际法原理．北京：中国政法大学出版社，2002.

张乃根．条约解释的国际法．上海：上海人民出版社，2019.

张宁．中国碳市场建设初探：理论、国际经验与中国的选择．北京：中央编译出版社，2013.

张胜玉．气候治理中的非政府组织参与研究．北京：气象出版社，2019.

张跃军．碳排放权交易机制：模型与应用．北京：科学出版社，2019.

张梓太．自然资源法学．北京：北京大学出版社，2007.

赵斌．全球气候政治中的新兴大国群体化：结构、进程与机制分析．

北京：社会科学出版社，2019.

郑爽．国际碳市场发展及其对中国的影响．北京：中国经济出版社，2013.

郑爽，等．全国七省市碳交易试点调查与研究．北京：中国经济出版社，2014.

郑爽，等．中国碳市场相关问题研究．北京：中国经济出版社，2019.

钟宏武，汪杰，赵思琪，等．中国企业应对气候变化自主贡献研究报告（2017）．北京：经济管理出版社，2017.

庄贵阳，朱仙丽，赵行姝．全球环境与气候治理．杭州：浙江人民出版社，2009.

周珂．环境与资源保护法．2版．北京：中国人民大学出版社，2010.

周亚成，周旋．碳减排交易法律问题和风险防范．北京：中国环境科学出版社，2011.

邹骥，傅莎，陈济，等．论全球气候治理：构建人类发展路径创新的国际体制．北京：中国计划出版社，2015.

朱松丽．从巴黎到卡托维兹：全球气候治理的统一和分裂．北京：清华大学出版社，2020.

朱守先，庄贵阳．气候变化的国际背景与条约．北京：科学技术文献出版社，2015.

（2）英文专著类

Adger W N，Paavola J，Hug S，et al. Fairness in adaptation to climate change. Cambridge，Massachusetts：MIT Press，2006.

Aust A. Handbook of international law. Cambridge：Cambridge University Press，2010.

Bayon R，Hawn A，Hamilton K. Voluntary carbon markets：an international business guide to what they are and how they work. London：Routledge，2012.

Blau J. The Paris Agreement：climate change，solidarity，and human rights. Berlin: Springer, 2017.

Bodansky D, Brunnée J, Rajamani L. International climate change law. Oxford: Oxford University Press, 2017.

Brack D. International trade and climate change policies. London: Routledge, 2013.

Broberg M, Romera M B. The third pillar of international climate change policy: on "loss and damage" after the Paris Agreement. London: Routledge, 2021.

Bryant G. Carbon markets in a climate-changing capitalism. Cambridge: Cambridge University Press, 2019.

Buchholz W, Markandya A, Rübbelke D, et al. Ancillary benefits of climate policy: new theoretical development and empirical findings. Cham: Springer, 2020.

Bulkeley H, Newell P. Governing climate change. London: Routledge, 2015.

Carlarne C P. Climate change law and policy: EU and US approaches. Oxford: Oxford University Press, 2010.

Chevallier J. Econometric analysis of carbon markets: the European Union Emissions Trading Scheme and the Clean Development Mechanism. New York: Springer Science & Business Media, 2011.

Crawford J. Brownlie's principles of public international law. Oxford: Oxford University Press, 2019.

Dejuán Ó, Lenzen M, Cadarso M A. Environmental and economic impacts of decarbonization: input-output studies on the consequences of the 2015 Paris Agreements. London: Routledge, 2017.

Delbeke J, Vis P. EU climate policy explained. London: Routledge, 2015.

Delbeke J, Vis P. Towards a climate-neutral Europe. London: Routledge, 2019.

Dobson N L. Extraterritoriality and climate change jurisdiction: exploring EU climate protection under international law. Oxford: Hart Publishing, 2021.

Dryzek J S, Norgaard R B, Schlosberg D. The Oxford handbook of climate change and society. Oxford: Oxford University Press, 2011.

Farber D A, Peeters M. Climate change law. Cheltenham: Edward Elgar Publishing, 2016.

Freestone D, Streck C. Legal aspects of carbon trading: Kyoto, Copenhagen, and beyond. Oxford: Oxford University Press, 2009.

Freestone D, Streck C. Legal aspects of implementing the Kyoto Protocol mechanisms: making Kyoto work. Oxford: Oxford University Press, 2005.

Gardiner S M, Caney S, Jamieson D, et al. Climate ethics: essential readings. Oxford: Oxford University Press, 2010.

Giddens A. Politics of climate change. Cambridge: Polity, 2009.

Hardy J T. Climate change: causes, effects, and solutions. New York: John Wiley & Sons, 2003.

Henríquez B L P. Environmental commodities markets and emissions trading: towards a low-carbon future. London: Routledge, 2013.

Jepsen H, Lundgren M, Monheim K, et al. Negotiating the Paris Agreement: the insider stories. Cambridge: Cambridge University Press, 2021.

Jordan A, Huitema D, Van Asselt H, et al. Governing climate change: polycentricity in action? . Cambridge: Cambridge University Press, 2018.

Khan M R, Roberts J, Hug S, et al. The Paris framework for climate change capacity building. London: Routledge, 2018.

Klein D, Carazo M P, Doelle M, et al. The Paris Agreement on climate change: analysis and commentary. Oxford: Oxford University Press, 2017.

McAdam J. Climate change, forced migration, and international law. Oxford: Oxford University Press, 2012.

McKibbin W J, Wilcoxen P J. Climate change policy after Kyoto: blueprint for a realistic approach. Washington DC: Brookings Institution Press, 2002.

Munro J. Emissions trading schemes under international economic law. Oxford: Oxford University Press, 2018.

Page E A. Climate change, justice and future generations. Cheltenham: Edward Elgar Publishing, 2007.

Pinkse J, Kolk A. International business and global climate change. London: Routledge, 2009.

Popovski V. The implementation of the Paris Agreement on climate change. London: Routledge, 2018.

Rabe B G. Statehouse and greenhouse: the emerging politics of American climate change policy. Washington DC: Brookings Institution Press, 2004.

Rajamani L, Peel J. The Oxford handbook of international environmental law. Oxford: Oxford University Press, 2021.

Reus-Smit C, Biersteker T, Smith S. The politics of international law. Cambridge: Cambridge University Press, 2004.

Rimmer M. Intellectual property and clean energy: the Paris Agreement and climate justice. Berlin: Springer, 2018.

Rosenzweig R H. Global climate change policy and carbon markets. London: Palgrave Macmillan UK, 2016.

Rudolph S, Aydos E. Carbon markets around the globe: sustainability and political feasibility. Cheltenham: Edward Elgar Publishing, 2021.

Salawitch R J. Canty T, Hope A, et al. Paris climate agreement: beacon of hope. New York: Springer Nature, 2017.

Sequeina T, Reis L. Climate change and global development. Cham: Springer, 2019.

Singh A. Translating the Paris Agreement into action in the Pacific. Berlin: Springer Nature, 2020.

Smith Z A. The environmental policy paradox. London: Routledge, 2017.

Soltau F. Fairness in international climate change law and policy. Cambridge: Cambridge University Press, 2009.

Stephan B, Lane R. The politics of carbon markets. London: Routledge, 2015.

Stewart R B, Kingsbury B, Rudyk B. Climate finance: regulatory and funding strategies for climate change and global development. New York: NYU Press, 2009.

Suzuki D, Hanington I. Just cool it: the climate crisis and what we can do: a post-Paris Agreement game plan. Vancouver: Greystone Books Ltd, 2017.

Van Calster G, Reins L. The Paris Agreement on climate change: a commentary. Cheltenham: Edward Elgar Publishing, 2021.

Van Kooten G C. Climate change economics: why international accords fail. Cheltenham: Edward Elgar Publishing, 2004.

Viñuales J E, Depledge J, Reiner D M, et al. Climate policy after the 2015 Paris Climate Conference. London: Routledge, 2021.

Westerman P, Hage J, Kirsto S, et al. Legal validity and soft law. Cham: Springer, 2018.

Wettestad J, Gulbrandsen L H. The evolution of carbon markets: design and diffusion. London: Routledge, 2017.

Whitmarsh L, Lorenzoni I, O'Neill S. Engaging the public with climate change. London: Taylor & Francis, 2012.

Yamin F, Depledge J. The international climate change regime: a guide to rules, institutions and procedures. Cambridge: Cambridge University Press, 2004.

Yamin F. Climate change and carbon markets: a handbook of emissions reduction mechanisms. London: Routledge, 2012.

(3) 中文论文类

安树民，张世秋．《巴黎协定》下中国气候治理的挑战与应对策略．环境保护，2016（22）：43－48.

薄燕，高翔．原则与规则：全球气候变化治理机制的变迁．世界经济与政治，2014（2）：48－65，156－157.

薄燕．《巴黎协定》坚持的“共区原则”与国际气候治理机制的变迁．气候变化研究进展，2016（3）：243－250.

薄燕．全球气候治理中的中美欧三边关系：新变化与连续性．区域与全球发展，2018（2）：79－93，157.

薄燕．中美在全球气候变化治理中的合作与分歧．上海交通大学学报（哲学社会科学版），2016，24（1）：17－27.

曹慧．《巴黎协定》“亮”在何处．世界知识，2016（2）：54－55.

曹俊金．气候治理与能源低碳合作：发展、分歧与中国应对．国际经济合作，2016（3）：79－85.

曹明德．巴黎协定，履约机制能否保证？．环境经济，2016（Z1）：40－41.

曹明德．气候变化的法律应对．政法论坛，2009，27（4）：158－167.

曹明德．中国参与国际气候治理的法律立场和策略：以气候正义为视角．中国法学，2016（1）：29－48.

柴麒敏，傅莎，祁悦，等．《巴黎协定》实施细则评估与全球气候治理展望．气候变化研究进展，2020（2）：232－242.

柴麒敏，傅莎，徐华清，等．特朗普政府宣布退出《巴黎协定》的分析及对策建议．中国发展观察，2017（12）：5－10，55.

巢清尘，张永香，高翔，等．巴黎协定：全球气候治理的新起点．气候变化研究进展，2016（1）：61－67.

陈红彦．欧盟碳边境调整机制的合法性考辨及因应．法学，2021（12）：177－192.

陈红彦．自由贸易协定：提升我国全球气候治理制度性话语权的新路径．法学，2020（2）：156－171.

陈敏鹏，张宇丞，李波，等．《巴黎协定》适应和损失损害内容的解读和对策．气候变化研究进展，2016（3）：251－257.

陈敏鹏，张宇丞，刘硕，等．《巴黎协定》特设工作组适应信息通报谈判的最新进展和展望．气候变化研究进展，2018（2）：191－200.

陈熹，刘滨，周剑．国际气候变化法中REDD机制的发展：兼对《巴黎协定》第5条解析．北京林业大学学报（社会科学版），2017（1）：31－36.

陈夏娟．《巴黎协定》后全球气候变化谈判进展与启示．环境保护，2020（Z1）：85－89.

陈贻健．《巴黎协定》下国家自主贡献的双重义务模式．法学研究，2023，45（5）：206－224.

陈贻健．论国际气候变化法的体系化．法学评论，2023，41（4）：172－185.

陈贻健．国际气候法律新秩序的困境与出路：基于“德班—巴黎”进程的分析．环球法律评论，2016（2）：178－192.

戴瀚程，张海滨，王文涛．全球碳排放空间约束条件下美国退出《巴黎协定》对中欧日碳排放空间和减排成本的影响．气候变化研究进展，2017（5）：428－438.

戴宗翰．论《联合国气候变化框架公约》下相关法律文件的地位与效力：兼论对我国气候外交谈判的启示．国际法研究，2017（1）：94－110.

单珊珊．《巴黎协定》实施细则透明度框架思考．合作经济与科技，2020（17）：190－192.

单莹．基于亚里士多德三诉诸策略的政治演讲分析：以埃马纽埃尔·马克龙关于美国退出《巴黎协定》的演讲为例．河南工程学院学报（社会科学版），2018（3）：74－76.

党庶枫，曾文革．《巴黎协定》碳交易机制新趋向对中国的挑战与因应．中国科技论坛，2019（1）：181－188.

邓海峰，尹瑞龙．碳中和愿景下我国碳排放权交易的功能与制度构造研究．北方法学，2022（2）：5－15.

丁瑶瑶．全面开启巴黎协定实施新征程．环境经济，2018（23）：26－27.

董彩霞．丹麦：《巴黎协定》与气候行动．世界环境，2021（1）：47－49.

董聪，董秀成，蒋庆哲，等．《巴黎协定》背景下中国碳排放情景预测：基于BP神经网络模型．生态经济，2018（2）：18－23.

董亮．“碳中和”前景下的国际气候治理与中国的政策选择．外交评论（外交学院学报），2021（6）：132－154，8.

董亮．逆全球化事件对巴黎气候进程的影响．阅江学刊，2018（1）：58－70，146.

董亮．欧盟在巴黎气候进程中的领导力：局限性与不确定性．欧洲研究，2017（3）：74－92，7.

董亮．透明度原则的制度化及其影响：以全球气候治理为例．外交评论（外交学院学报），2018（4）：106－131.

董亮．协同治理：2030年可持续发展议程与应对气候变化的国际制度分析．中国人口·资源与环境，2020（4）：16－25.

董勤．绿色技术应用与《巴黎协定》的有效实施．法学，2016（8）：109－116.

杜强．美国退出“巴黎协定”的影响及中国的应对策略．亚太经济，2017（5）：93－97.

杜群，张琪静．《巴黎协定》后我国温室气体控制规制模式的转变及法律对策．中国地质大学学报（社会科学版），2021（1）：19－29.

杜悦英．全球气候治理体系遭遇变局．中国发展观察，2017（12）：11－13，17.

樊星，高翔．国家自主贡献更新进展、特征及其对全球气候治理的影响．气候变化研究进展，2022（2）：230－239.

樊星，江思羽，李俊峰．全球气候治理中的利益攸关方．中国能源，2017（10）：25－31.

樊星，王际杰，王田，等．马德里气候大会盘点及全球气候治理展望．气候变化研究进展，2020（3）：367－372.

冯帅．欧美气候变化能力建设行动进展对我国的影响及其对策．中国软科学，2017（7）：10－19.

冯帅．特朗普时期美国气候政策转变与中美气候外交出路．东北亚论坛，2018（5）：109－126，128.

冯帅．应对气候变化能力建设行动的国际进展与中国策略：以前《巴黎协定》时期为中心．中国科技论坛，2017（5）：174－179.

冯相昭．《巴黎协定》铸就全球气候治理新秩序．世界环境，2016（1）：60－62.

傅莎，柴麒敏，徐华清．美国宣布退出《巴黎协定》后全球气候减缓、资金和治理差距分析．气候变化研究进展，2017（5）：415－427.

傅莎，李俊峰．《巴黎协定》影响中国低碳发展和能源转型．环境经济，2016（Z4）：45－47.

高帅，李彬，邓红梅，等．《巴黎协定》下自愿碳市场的运行模式及对我国的影响．中国环境管理，2023，15（4）：44－52.

高帅，李梦宇，段茂盛，等．《巴黎协定》下的国际碳市场机制：基本形式和前景展望．气候变化研究进展，2019（3）：222－231.

高翔，樊星．《巴黎协定》国家自主贡献信息、核算规则及评估．中国人口·资源与环境，2020（5）：10－16.

高翔，滕飞．《巴黎协定》与全球气候治理体系的变迁．中国能源，2016（2）：29－32，19.

高翔．《巴黎协定》与国际减缓气候变化合作模式的变迁．气候变化研究进展，2016（2）：83－91.

高翔．气候变化《巴黎协定》的逻辑及其不足．复旦国际关系评论，2021（2）：42－61.

高云．巴黎气候变化大会后中国的气候变化应对形势．气候变化研究进展，2017（1）：89－94.

高志宏．国际航空碳排放体系构建的中国应对．中国政法大学学报，2022（2）：172－182.

葛汉文．全球气候治理中的国际机制与主权国家．世界经济与政治论坛，2005（3）：72－76.

耿玉超．全球气候治理中的中国选择．合作经济与科技，2022（6）：13－17.

龚伽萝，姚铃．多边气候协定对国际贸易气候规则的影响路径．对外经贸实务，2022（4）：9－16.

龚微，贺惟君．基于国家自主贡献的中国与东盟国家气候合作．东南亚纵横，2018（5）：65－72.

龚微，赵慧．美国退出《巴黎协定》的国际法分析．贵州大学学报（社会科学版），2018（2）：109－115.

龚微．论《巴黎协定》下气候资金提供的透明度．法学评论，2017，35（4）：175－181.

顾高翔，王铮．《巴黎协定》背景下国际低碳技术转移的碳减排研究．中国软科学，2018（12）：8－16.

韩德睿．人类命运共同体和全球气候治理的互动关系探究．复旦国际关系评论，2021（2）：1－17.

韩枫，彭华福，唐肖彬，等．全球碳定价机制发展趋势、现状及对我国的启示．环境保护，2021（24）：66－70.

韩一元，姚琨，付宇．《巴黎协定》评析．国际研究参考，2016（1）：37－41.

韩一元．《巴黎协定》以来的全球气候治理进程．国际研究参考，2019（11）：1－6.

郝敏．《巴黎协定》后气候有益技术的知识产权前景探析．知识产权，2017（3）：93－98.

何彬．美国退出《巴黎协定》的利益考量与政策冲击：基于扩展利益基础解释模型的分析．东北亚论坛，2018（2）：104－115，128.

何建坤．《巴黎协定》后全球气候治理的形势与中国的引领作用．中国环境管理，2018（1）：9－14.

何建坤．《巴黎协定》新机制及其影响．世界环境，2016（1）：16－18.

何建坤．全球气候治理新机制与中国经济的低碳转型．武汉大学学报（哲学社会科学版），2016（4）：5－12.

何建坤．全球气候治理形势与我国低碳发展对策．中国地质大学学报（社会科学版），2017（5）：1－9.

何晶晶．《巴黎协定》的人权维度．人权，2017（6）：88－102.

何晶晶．从《京都议定书》到《巴黎协定》：开启新的气候变化治理时代．国际法研究，2016（3）：77－88.

侯方心，张士宁，赵子健，等. 实现《巴黎协定》目标下的全球能源互联网情景展望分析．全球能源互联网，2020（1）：34－43.

胡少甫．人类应对全球气候变暖能否避免“公有地悲剧”：全球气候大会《巴黎协定》通过后的思考．对外经贸实务，2016（4）：16－19.

胡双月，李莹莹．后巴黎时代全球气候治理．河北企业，2017（7）：82－83.

胡炜．碳排放交易的再审视：全球、区域和自愿的兼容模式：以美国退出《巴黎协定》为切入点．国际法研究，2018（1）：77－88.

黄以天．国际碳交易机制的演进与前景．上海交通大学学报（哲学社会科学版），2016，24（1）：28－37.

黄永富．全球气候变化治理体系有何最新成果．人民论坛，2016（12）：80－81.

季华．《巴黎协定》国际碳市场法律机制的内涵、路径与应对．江汉学术，2023，42（4）：104－112.

季华．《巴黎协定》实施机制与2020年后全球气候治理．江汉学术，2020（2）：46－53.

季华．《巴黎协定》中的国家自主贡献：履约标准与履约模式：兼评《中国国家计划自主贡献》．江汉学术，2017（5）：61－66.

姜克隽，冯升波．走向《巴黎协定》温升目标：已经在路上．气候变化研究进展，2021（1）：1－6.

姜晓群，周泽宇，林哲艳，等．“后巴黎”时代气候适应国际合作进展与展望．气候变化研究进展，2021（4）：484－495.

康美美，赵文武．《巴黎协定》实施细则：卡托维兹气候变化大会介评．生态学报，2019（12）：4587－4591.

李波，刘昌明．人类命运共同体视域下的全球气候治理：中国方案与实践路径．当代世界与社会主义，2019（5）：170－177.

李程宇．美国退出《巴黎协定》后的地球还有救吗?：一个回归经济学思考的全球环境政策分析．上海商学院学报，2017（3）：1－10.

李春林，王耀伟．《巴黎协定》义务的基本构造与制度启示．东北农业大学学报（社会科学版），2018（6）：15－20，30.

李海棠．新形势下国际气候治理体系的构建：以《巴黎协定》为视角. 中国政法大学学报，2016（3）：101－114.

李慧明，李彦文．“共同但有区别的责任”原则在《巴黎协定》中的演变及其影响．阅江学刊，2017（5）：26－36，144－145.

李慧明．《巴黎协定》与全球气候治理体系的转型．国际展望，2016（2）：1－20，151－152.

李慧明．构建人类命运共同体背景下的全球气候治理新形势及中国的战略选择．国际关系研究，2018（4）：3－20，152－153.

李慧明．全球气候治理的“行动转向”与中国的战略选择. 国际观察，2020（3）：57－85.

李慧明．全球气候治理新变化与中国的气候外交．南京工业大学学报（社会科学版），2017（1）：29－39.

李慧明．特朗普政府“去气候化”行动背景下欧盟的气候政策分析．欧洲研究，2018（5）：43－60，6.

李俊峰，柴麒敏．《巴黎协定》生效的意义．世界环境，2017（1）：16－18.

李明瀅．《巴黎协定》正式生效．生态经济，2017（1）：2－5.

李强．“后巴黎时代”中国的全球气候治理话语权构建：内涵、挑战与路径选择．国际论坛，2019（6）：3－14，155.

李强．美国退出《巴黎协定》与中国的应对策略．理论视野，2017（9）：72－75.

李强．中美气候合作与《巴黎协定》．理论视野，2016（3）：67－70.

李松洋．“双碳”目标下中国碳期货国际交易的法律适用. 理论月刊，2022（5）：117－127.

李涛．论《巴黎协定》法律效力及对我国立法的影响．黑龙江省政法管理干部学院学报，2017（1）：100－103.

李威．从《京都议定书》到《巴黎协定》：气候国际法的改革与发展.上海对外经贸大学学报，2016（5）：62－73，84.

李晓玉．后巴黎协定时代下我国海运碳减排立法机制建构. 青岛远洋船员职业学院学报，2020（4）：7－11.

李昕蕾．美国非国家行为体参与全球气候治理的多维影响力分析．太平洋学报，2019（6）：73－90.

李欣．退出《巴黎协定》一年 特朗普推行气候政策处处受阻．环境经济，2018（11）：58－59.

李雪平，万晓格．发展权的基本价值及其在《巴黎协定》中的实现．武大国际法评论，2019（3）：31－46.

李志斐，董亮，张海滨．中国参与国际气候治理30年回顾．中国人口·资源与环境，2021，31（9）：202－210.

梁晓菲．论《巴黎协定》遵约机制：透明度框架与全球盘点．西安交通大学学报（社会科学版），2018（2）：109－116.

梁晓菲．气候变化巴黎议定结果作为“协定”而非“议定书”的国际法意义．重庆理工大学学报（社会科学），2017（1）：28－36.

梁晓菲．新发展理念与气候变化：以国家自主贡献为视角．重庆理工大学学报（社会科学），2019（2）：7－16.

林欢．解读《巴黎协定》．法制与社会，2016（16）：9－11.

林洁，祁悦，蔡闻佳，等．公平实现《巴黎协定》目标的碳减排贡献分担研究综述．气候变化研究进展，2018（5）：529－539.

刘洪铭．国际航空业2020年碳排放零增长目标下的碳减排路径思考.世界环境，2019（1）：33－35.

刘倩，王琼，王遥．《巴黎协定》时代的气候融资：全球进展、治理挑战与中国对策．中国人口·资源与环境，2016（12）：14－21.

刘硕，李玉娥，秦晓波，等．《巴黎协定》实施细则适应议题焦点解析及后续中国应对措施．气候变化研究进展，2019（4）：436－444.

刘硕，张宇丞，李玉娥，等．中国气候变化南南合作对《巴黎协定》后适应谈判的影响．气候变化研究进展，2018（2）：210－217.

刘焰真，李路路，张斌亮．《巴黎协定》的由来与发展．世界环境，2019（1）：16－18.

刘元玲．巴黎气候大会后的中美气候合作．国际展望，2016（2）：40－58，153.

刘哲，冯相昭，田春秀．美国退出《巴黎协定》对全球应对气候变化的影响．世界环境，2017（3）：46－47.

柳华文．“双碳”目标及其实施的国际法解读．北京大学学报（哲学社会科学版），2022（2）：13－22.

卢愿清，史军．误读、陷阱与中国应对：美国退出《巴黎协定》后的新能源政策研究．青海社会科学，2017（5）：71－78.

吕江，朱玉婷．《巴黎协定》可持续发展机制与中国行动方案：兼析欧盟碳减排实践探索及其经验启示．价格理论与实践，2021（4）：71－74.

吕江．《巴黎协定》：新的制度安排、不确定性及中国选择．国际观察，2016（3）：92－104.

吕江．从国际法形式效力的视角对美国退出气候变化《巴黎协定》的制度反思．中国软科学，2019（1）：10－19.

吕江．卡托维兹一揽子计划：美国之后的气候安排、法律挑战与中国应对．东北亚论坛，2019（5）：64－80，128.

罗丽香，高志宏．美国退出《巴黎协定》的影响及中国应对研究．江苏社会科学，2018（5）：184－193，275.

莫建雷，段宏波，范英，等．《巴黎协定》中我国能源和气候政策目标：综合评估与政策选择．经济研究，2018（9）：168－181.

倪甜．《巴黎协定》背景下全球碳减排新机制探析．中国管理信息化，2019（13）：170－171.

倪甜．论发展权的基本价值和实现路径：以《巴黎协定》为视角．法制与经济，2019（2）：52－53.

牛华勇．《巴黎协定》后的全球气候治理趋势．区域与全球发展，2018（1）：69－80，155－156.

潘家华．负面冲击正向效应：美国总统特朗普宣布退出《巴黎协定》的影响分析．中国科学院院刊，2017（9）：1014－1021.

潘家华．应对气候变化的后巴黎进程：仍需转型性突破．环境保护，2015（24）：27－32．

潘家华．转型发展与落实《巴黎协定》目标：兼论“戈尔悖论”之破解．环境经济研究，2016（1）：1－9．

潘晓滨．《巴黎协定》下碳市场实施环境完整性风险及其应对研究．贵州省党校学报，2022（1）：66－74．

潘勋章，王海林．巴黎协定下主要国家自主减排力度评估和比较．中国人口·资源与环境，2018（9）：8－15．

祁悦，李俊峰．《巴黎协定》将推动全球合作应对气候变化．环境经济，2016（Z4）：42－44．

秦天宝．论《巴黎协定》中“自下而上”机制及启示．国际法研究，2016（3）：64－76．

史学瀛，宋亚容．从波兰气候大会看国际气候变化法新成果．天津法学，2019（2）：61－66．

宋英．《巴黎协定》与全球环境治理．北京大学学报（哲学社会科学版），2016（6）：59－67．

苏鑫，滕飞．美国退出《巴黎协定》对全球温室气体排放的影响．气候变化研究进展，2019（1）：74－83．

孙钰．全球应对气候变化体系遭遇变局．环境影响评价，2017（4）：19－21，56．

陶玉洁，李梦宇，段茂盛．《巴黎协定》下市场机制建设中的风险与对策．气候变化研究进展，2020（1）：117－125．

田丹宇，柴麒敏，徐华清．加强新时代国家气候安全法治保障．中国能源，2018（5）：27－29，47．

田永．美国退出《巴黎协定》与全球碳定价机制实践的宏观解析．价格理论与实践，2017（10）：30－33．

田云，林子娟．巴黎协定下中国碳排放权省域分配及减排潜力评估研究．自然资源学报，2021（4）：921－933．

涂建明，石羽珊，迟颖颖．《巴黎协定》下我国绿色低碳发展与企业商业模式重塑．湖南财政经济学院学报，2018（2）：45－53．

王彬彬，张海滨．全球气候治理“双过渡”新阶段及中国的战略选择．中国地质大学学报（社会科学版），2017（3）：1－11.

王彬彬．全球气候治理变局分析及中国气候传播应对策略．东岳论丛，2017（4）：43－51.

王灿发，陈贻健．“气候正义”与中国气候变化立法的目标和制度选择．中国高校社会科学，2014（2）：125－139，160.

王尔德．中国应在全球气候治理3.0时代更好发挥引领作用：专访国家应对气候变化战略研究与国际合作中心国际部主任柴麒敏．中国环境管理，2017（5）：22－24.

王海林，黄晓丹，赵小凡，等．全球气候治理若干关键问题及对策．中国人口·资源与环境，2020（11）：26－33.

王海庆．气候变化《巴黎协定》与中国法律应对．哈尔滨师范大学社会科学学报，2015（6）：64－67.

王际杰．《巴黎协定》下国际碳排放权交易机制建设进展与挑战及对我国的启示．环境保护，2021（13）：58－62.

王克，夏侯沁蕊．《巴黎协定》后全球气候谈判进展与展望．环境经济研究，2017（4）：141－152.

王丽华，吴益民．全球变暖法律规制的国际公约路径研究：以《巴黎协定》的分析为样本．上海政法学院学报（法治论丛），2019（5）：1－14.

王谋，吉治璇，陈迎．格拉斯哥会议后全球气候治理格局、特征与趋势：兼议对我国气候治理的影响及其策略选择．治理现代化研究，2022（2）：89－96.

王娜．债券市场“转型”在即，深化推动巴黎协定及可持续发展目标实现．国际金融，2021（4）：71－77.

王田，董亮，高翔．《巴黎协定》强化透明度体系的建立与实施展望．气候变化研究进展，2019（6）：684－692.

王田，李俊峰．《巴黎协定》后的全球低碳“马拉松”进程．国际问题研究，2016（1）：120－129，134.

王雪婷．后巴黎时代全球低碳经济的发展趋势．湖北经济学院学报（人文社会科学版），2016（9）：34－38.

王瑜贺，张海滨．国外学术界对《巴黎协定》的评价及履约前景分析．中国人口·资源与环境，2017（9）：128－134.

王瑜贺，张海滨．国外学术界对《巴黎协定》履约前景分析的述评．国际论坛，2017（5）：8－13，79.

王云鹏．论《巴黎协定》下碳交易的全球协同．国际法研究，2022（3）：91－109.

王真，邓梁春．巴黎气候会议对全球长期目标的新发展．气候变化研究进展，2016（2）：92－100.

魏庆坡．WTO视域下欧盟碳边境调节机制的适法性分析及中国因应．西南民族大学学报（人文社会科学版），2022，43（11）：92－99.

魏庆坡．国际碳排放权交易机制的实施困境及其纾解之道：以《巴黎协定》第6.2条为视角．西南民族大学学报（人文社会科学版），2023，44（8）：63－72.

魏庆坡．碳排放权法律属性定位的反思与制度完善：以双阶理论为视角．法商研究，2023，40（4）：17－30.

魏庆坡．碳排放权益的法律保护：以配额控制为视角．政法论丛，2023（6）：123－134.

魏庆坡．美国宣布退出对《巴黎协定》遵约机制的启示及完善．国际商务（对外经济贸易大学学报），2020（6）：107－121.

魏蔚．特朗普政府退出《巴黎协定》能否重振美国能源产业．中国发展观察，2017（13）：54－57.

文明凯，舒晓惠，沈炳良，等．中国实施《巴黎协定》任务的方案研究．当代经济，2021（3）：74－76.

吴静，朱潜挺，王诗琪，等．巴黎协定背景下全球减排博弈模拟研究．气候变化研究进展，2018（2）：182－190.

吴静，朱潜挺．后《巴黎协定》时期城市在全球气候治理中的作用探析．环境保护，2020（5）：12－17.

奚宾．《巴黎协定》后生态经济利益补偿路径选择．贵州社会科学，2016（11）：121－125.

肖峰．论"一带一路"背景下我国履行《巴黎协定》的机制创新．海关与经贸研究，2018（4）：113－124.

肖兰兰．后巴黎时代全球气候治理结构的变化与中国的应对策略：基于美国退出《巴黎协定》的分析．理论月刊，2020（3）：45－55.

谢富胜，程瀚，李安．全球气候治理的政治经济学分析．中国社会科学，2014（11）：63－82，205－206.

解振华．坚持积极应对气候变化战略定力 继续做全球生态文明建设的重要参与者、贡献者和引领者：纪念《巴黎协定》达成五周年．环境与可持续发展，2021（1）：3－10.

徐崇利．《巴黎协定》制度变迁的性质与中国的推动作用．法制与社会发展，2018（6）：198－209.

徐宏．波兰气候大会拯救《巴黎协定》．生态经济，2019（2）：1－4.

徐玉高，鲍春莉，武正弯．《巴黎协定》对油气行业发展的影响．国际石油经济，2017（1）：45－50.

许健，钱林．《巴黎协定》“适应”制度评析．太原理工大学学报（社会科学版），2019（2）：41－48.

许寅硕，董子源，王遥．《巴黎协定》后的气候资金测量、报告和核证体系构建研究．中国人口·资源与环境，2016（12）：22－30.

薛睿．《巴黎协定》格局下的中国碳市场应对．生态经济，2017（2）：45－48，128.

薛志华．《巴黎协定》：应对气候变化的新态势及中国的选择．延边大学学报（社会科学版），2016（5）：44－53.

杨博文．《巴黎协定》后国际碳市场自愿减排标准的适用与规范完善. 国际经贸探索，2021（6）：102－112.

杨博文．《巴黎协定》减排承诺下不遵约情事程序研究．北京理工大学学报（社会科学版），2020（2）：134－141.

杨宽．条约单方退出的国际法律规制的完善：从美国退出《巴黎协定》谈起．北京理工大学学报（社会科学版），2019（1）：154－161.

杨雪杰，刘丹．巴黎协定：开启应对气候变化新征程：访清华大学低碳经济研究院院长何建坤教授．环境保护，2015（24）：23－26.

佚名．仅靠碳税不足以实现巴黎协定目标．中外能源，2020

(2)：100.

易卫中．论后巴黎时代气候变化遵约机制的建构路径及我国的策略．湘潭大学学报（哲学社会科学版），2020（2）：92－97.

于宏源，余博闻．低碳经济背景下的全球气候治理新趋势. 国际问题研究，2016（5）：48－61.

于宏源．《巴黎协定》、新的全球气候治理与中国的战略选择．太平洋学报，2016（11）：88－96.

于宏源．特朗普政府气候政策的调整及影响．太平洋学报，2018（1）：25－33.

于宏源．自上而下的全球气候治理模式调整：动力、特点与趋势．国际关系研究，2020（1）：110－124，157－158.

于潇，孙悦．《巴黎协定》下东北亚地区应对气候变化的挑战与合作. 东北亚论坛，2016（5）：3－15，127.

袁倩．《巴黎协定》与全球气候治理机制的转型．国外理论动态，2017（2）：58－66.

袁雪．论“共同但有区别的责任”原则在国际海运减排领域的适用．中国海商法研究，2018（3）：61－68.

曾文革，党庶枫．《巴黎协定》国家自主贡献下的新市场机制探析．中国人口·资源与环境，2017（9）：112－119.

曾文革，冯帅．巴黎协定能力建设条款：成就、不足与展望．环境保护，2015（24）：39－42.

曾文革，江莉．《巴黎协定》下我国碳市场机制的发展桎梏与纾困路径．东岳论丛，2022（2）：105－114，192.

翟大宇．中美双边气候关系与《联合国气候变化框架公约》进程的相互影响研究．太平洋学报，2022（3）：1－12.

张博庭．水电在能源革命中的重要地位和作用．水电与新能源，2019（11）：15－21.

张超，边永民．《巴黎协定》下国际合作机制研究．环境保护，2018（16）：66－69.

张成利．美国退出《巴黎气候变化协定》的理由概述及影响分析．中共济南市委党校学报，2017（5）：65－70.

张海滨，戴瀚程，赖华夏，等．美国退出《巴黎协定》的原因、影响及中国的对策．气候变化研究进展，2017（5）：439－447.

张建宇．美国重返《巴黎协定》将在多大程度上利好中美气候合作?．世界环境，2021（3）：41－43.

张倪．提振全球雄心，为应对气候变化注入中国力量．中国发展观察，2020（24）：37－39.

张琪静．国际环境法中的差别待遇新发展：以《巴黎协定》为例．广西政法管理干部学院学报，2018（2）：63－66.

张庆宇，张雨龙，潘斌斌．新时代背景下中美两国应对全球气候变化的政策思考．国外理论动态，2019（4）：87－94.

张晓华，祁悦．“后巴黎”全球气候治理形势展望与中国的角色．中国能源，2016（7）：6－10.

张肖阳．后《巴黎协定》时代气候正义基本共识的达成．中国人民大学学报，2018（6）：90－100.

张永香，巢清尘，郑秋红，等．美国退出《巴黎协定》对全球气候治理的影响．气候变化研究进展，2017（5）：407－414.

张中祥．巴黎协定：中国贡献了什么．中国经济报告，2016（1）：53－55.

赵斌，谢淑敏．重返《巴黎协定》：美国拜登政府气候政治新变化．和平与发展，2021（3）：37－58，136.

赵俊．我国环境信息公开制度与《巴黎协定》的适配问题研究．政治与法律，2016（8）：103－111.

赵鹏，谭论．从马德里气候变化大会看《巴黎协定》时代蓝碳的发展．国土资源情报，2020（6）：11－14.

赵天．从《京都议定书》到《巴黎协定》．国家电网，2017（1）：47.

赵行姝．《巴黎协定》与特朗普政府的履约前景．气候变化研究进展，2017（5）：448－455.

赵杏晖，宾建成．《巴黎气候协定》生效对我国外贸发展的影响与对策．经济论坛，2017（2）：97－102.

郑嘉禹，杨润青．美国正式重返《巴黎协定》．生态经济，2021（4）：1－4.

郑玲丽．《巴黎协定》生效后碳关税法律制度设计及对策．国际商务研究，2017（6）：55－63.

郑玲丽．全球治理视角下“一带一路”碳交易法律体系的构建. 法治现代化研究，2018（2）：46－56.

仲平．《巴黎协定》后美国应对气候变化的总体部署及中美气候合作展望．全球科技经济瞭望，2016（8）：61－66.

周茂荣．中国落实《巴黎协定》的机遇、挑战与对策．环境经济研究，2016（2）：1－7.

周天军，陈晓龙．《巴黎协定》温控目标下未来碳排放空间的准确估算问题辨析．中国科学院院刊，2022（2）：216－229.

周伟铎，庄贵阳．美国重返《巴黎协定》后的全球气候治理：争夺领导力还是走向全球共识？．太平洋学报，2021（9）：17－29.

周亚敏，王金波．美国重启《巴黎协定》谈判对全球气候治理的影响分析．当代世界，2018（1）：50－53.

朱伯玉，李宗录．气候正义层进关系及其对《巴黎协定》的意义．太平洋学报，2017（9）：1－10.

邹骥，陈济，钟洋．落实《巴黎协定》引领气候资金推进全球绿色低碳发展．中国财政，2016（13）：61－62.

邹晓龙，崔悦．美国退出《巴黎协定》的原因及影响与中国的应对策略．中北大学学报（社会科学版），2018（2）：59－65.

（4）英文论文类

Aldy J, Pizer W, Tavoni M, et al. Economic tools to promote transparency and comparability in the Paris Agreement. Nature climate change, 2016, 6（11）：1000－1004.

Alfredsson E, Bengtsson M, Brown H S, et al. Why achieving the Paris Agreement requires reduced overall consumption and production.

Sustainability：science，practice and policy，2018，14（1）：1－5.

Allan J I. Dangerous incrementalism of the Paris Agreement. Global environmental politics，2019，19（1）：4－11.

Amini A，Mianabadi H，Naddaf N. The role of diplomacy in the Paris Agreement. Geopolitics quarterly，2018，14（49）：148－175.

Arantegui R L，Jäger-Waldau A. Photovoltaics and wind status in the European Union after the Paris Agreement. Renewable and sustainable energy reviews，2018，81：2460－2471.

Ari I，Sari R. Differentiation of developed and developing countries for the Paris Agreement. Energy strategy reviews，2017，18：175－182.

Banda M L. The bottom-up alternative：the mitigation potential of private climate governance after the paris agreement. Harvard environmental law review，2018，42：325－389.

Bang G，Hovi J，Skodvin T. The Paris Agreement：short-term and long-term effectiveness. Politics and governance，2016，4（3）：209－218.

Bataille C，Åhman M，Neuhoff K，et al. A review of technology and policy deep decarbonization pathway options for making energy-intensive industry production consistent with the Paris Agreement. Journal of cleaner production，2018，187：960－973.

Beiser-McGrath L F，Bernauer T. Commitment failures are unlikely to undermine public support for the Paris Agreement. Nature climate change，2019，9（3）：248－252.

Bodansky D. The legal character of the Paris Agreement. Review of European，comparative & international environmental law，2016，25（2）：142－150.

Bodansky D. The Paris climate change agreement：a new hope?. American journal of international law，2016，110（2）：288－319.

Bodle R，Donat L，Duwe M. The Paris Agreement：analysis，assessment and outlook. Carbon & climate law review，2016，10（1）：5－22.

Boucher O，Bellassen V，Benveniste H，et al. In the wake of Paris

Agreement, scientists must embrace new directions for climate change research. Proceedings of the National Academy of Sciences, 2016, 113 (27): 7287 - 7290.

Boyle A. Climate change, the Paris Agreement and human rights. International & comparative law quarterly, 2018, 67 (4): 759 - 777.

Brun A. Conference diplomacy: the making of the Paris Agreement. Politics and governance, 2016, 4 (3): 115 - 123.

Carlarne C P, Colavecchio J D. Balancing equity and effectiveness: the Paris Agreement & the future of international climate change law. Environmental law journal, 2019, 27 (2): 107 - 182.

Craft B, Fisher S. Measuring the adaptation goal in the global stocktake of the Paris Agreement. Climate policy, 2018, 18 (9): 1203 - 1209.

Da Silva C A, Teodoro P E, Delgado R C, et al. Persistent fire foci in all biomes undermine the Paris Agreement in Brazil. Scientific reports, 2020, 10 (1): 1 - 14.

Den Elzen M, Admiraal A, Roelfsema M, et al. Contribution of the G20 economies to the global impact of the Paris Agreement climate proposals. Climatic change, 2016, 137 (3): 655 - 665.

Di Leva C E, Shi X. The Paris Agreement and the international trade regime: considerations for harmonization. Sustainable development law & policy, 2016, 17 (1): 20 - 53.

Dimitrov R S. The Paris Agreement on climate change: behind closed doors. Global environmental politics, 2016, 16 (3): 1 - 11.

Doelle M. The Paris Agreement: historic breakthrough or high stakes experiment? . Climate law, 2016, 6 (1 - 2): 1 - 20.

Dooley K, Holz C, Kartha S, et al. Ethical choices behind quantifications of fair contributions under the Paris Agreement. Nature climate change, 2021, 11 (4): 300 - 305.

Eckersley R. Rethinking leadership: understanding the roles of the US and China in the negotiation of the Paris Agreement. European journal of international relations, 2020, 26 (4): 1178 - 1202.

Estrada F, Botzen W J W. Economic impacts and risks of climate change under failure and success of the Paris Agreement. Annals of the New York Academy of Sciences, 2021, 1504 (1): 95 - 115.

Falkner R. The Paris Agreement and the new logic of international climate politics. International affairs, 2016, 92 (5): 1107 - 1125.

Gallo N D, Victor D G, Levin L A. Ocean commitments under the Paris Agreement. Nature climate change, 2017, 7 (11): 833 - 838.

Ganesan A L, Schwietzke S, Poulter B, et al. Advancing scientific understanding of the global methane budget in support of the Paris Agreement. Global biogeochemical cycles, 2019, 33 (12): 1475 - 1512.

Gao S, Li M Y, Duan M S, et al. International carbon markets under the Paris Agreement: basic form and development prospects. Advances in climate change research, 2019, 10 (1): 21 - 29.

Gao X S. The Paris Agreement and global climate governance: China's role and contribution. China quarterly of international strategic studies, 2016, 2 (3): 365 - 381.

Geden O. The Paris Agreement and the inherent inconsistency of climate policymaking. Wiley interdisciplinary reviews: climate change, 2016, 7 (6): 790 - 797.

Gota S, Huizenga C, Peet K, et al. Decarbonising transport to achieve Paris Agreement targets. Energy efficiency, 2019, 12 (2): 363 - 386.

Grewe V, Gangoli Rao A, Grönstedt T, et al. Evaluating the climate impact of aviation emission scenarios towards the Paris Agreement including COVID - 19 effects. Nature communications, 2021, 12 (1): 1 - 10.

Gu Z H, Voigt C, Werksman J. Facilitating implementation and promoting compliance with the Paris Agreement under Article 15: conceptual challenges and pragmatic choices. Climate law, 2019, 9 (1 - 2): 65 - 100.

Guiot J, Cramer W. Climate change: the 2015 Paris Agreement thresholds and Mediterranean basin ecosystems. Science, 2016, 354

(6311): 465 - 468.

Hale T. "All hands on deck": the Paris Agreement and nonstate climate action. Global environmental politics, 2016, 16 (3): 12 - 22.

Hamilton I, Kennard H, McGushin A, et al. The public health implications of the Paris Agreement: a modelling study. The lancet planetary health, 2021, 5 (2): e74 - e83.

He R, Luo L, Shamsuddin A, et al. Corporate carbon accounting: a literature review of carbon accounting research from the Kyoto Protocol to the Paris Agreement. Accounting & finance, 2022, 62 (1): 261 - 298.

Hilton I, Kerr O. The Paris Agreement: China's "New Normal" role in international climate negotiations. Climate policy, 2017, 17 (1): 48 - 58.

Holden P B, Edwards N R, Ridgwell A, et al. Climate-carbon cycle uncertainties and the Paris Agreement. Nature climate change, 2018, 8 (7): 609 - 613.

Horowitz C A. Paris Agreement. International legal materials, 2016, 55 (4): 740 - 755.

Hulme M. 1.5 ℃ and climate research after the Paris Agreement. Nature climate change, 2016, 6 (3): 222 - 224.

Höhne N, Gidden M J, den Elzen M, et al. Wave of net zero emission targets opens window to meeting the Paris Agreement. Nature climate change, 2021, 11 (10): 820 - 822.

Höhne N, Kuramochi T, Warnecke C, et al. The Paris Agreement: resolving the inconsistency between global goals and national contributions. Climate policy, 2017, 17 (1): 16 - 32.

Jacoby H D, Chen Y H H, Flannery B P. Informing transparency in the Paris Agreement: the role of economic models. Climate policy, 2017, 17 (7): 873 - 890.

Jacquet J, Jamieson D. Soft but significant power in the Paris Agreement. Nature climate change, 2016, 6 (7): 643 - 646.

Jayaraman T, Kanitkar T. The Paris Agreement: deepening the climate crisis. Economic and political weekly, 2016, 51 (3): 10 - 13.

Jernnäs M, Nilsson J, Linnér B O, et al. Cross-national patterns of governance mechanisms in nationally determined contributions (NDCs) under the Paris Agreement. Climate policy, 2019, 19 (10): 1239 - 1249.

Karlsson-Vinkhuyzen S I, Groff M, Tamás P A, et al. Entry into force and then? The Paris Agreement and state accountability. Climate policy, 2018, 18 (5): 593 - 599.

Khan M, Mfitumukiza D, Huq S. Capacity building for implementation of nationally determined contributions under the Paris Agreement. Climate policy, 2020, 20 (4): 499 - 510.

King L C, van den Bergh J C J M. Potential carbon leakage under the Paris Agreement. Climatic change, 2021, 165 (3): 1 - 19.

La Hoz Theuer S, Schneider L, Broekhoff D. When less is more: limits to international transfers under Article 6 of the Paris Agreement. Climate policy, 2019, 19 (4): 401 - 413.

Lang S, Blum M, Leipold S. What future for the voluntary carbon offset market after Paris? An explorative study based on the Discursive Agency Approach. Climate policy, 2019, 19 (4): 414 - 426.

Larkin A, Kuriakose J, Sharmina M, et al. What if negative emission technologies fail at scale? Implications of the Paris Agreement for big emitting nations. Climate policy, 2018, 18 (6): 690 - 714.

Lawrence M G, Schäfer S, Muri H, et al. Evaluating climate geoengineering proposals in the context of the Paris Agreement temperature goals. Nature communications, 2018, 9 (1): 1 - 19.

Lawrence M G, Schäfer S. Promises and perils of the Paris Agreement. Science, 2019, 364 (6443): 829 - 830.

Lesnikowski A, Ford J, Biesbroek R, et al. What does the Paris Agreement mean for adaptation? . Climate policy, 2017, 17 (7): 825 - 831.

Lewis S L. The Paris Agreement has solved a troubling problem. Nature, 2016, 532 (7599): 283 - 283.

Liobikienė G, Butkus M. The European Union possibilities to achieve targets of Europe 2020 and Paris Agreement climate policy. Renewable energy, 2017, 106: 298 - 309.

Lyster R. Climate justice, adaptation and the Paris Agreement: a recipe for disasters? . Environmental politics, 2017, 26 (3): 438 - 458.

Mace M J. Mitigation commitments under the Paris Agreement and the way forward. Climate law, 2016, 6 (1 - 2): 21 - 39.

Magnan A K, Colombier M, Billé R, et al. Implications of the Paris Agreement for the ocean. Nature climate change, 2016, 6 (8): 732 - 735.

Maljean-Dubois S. The Paris Agreement: a new step in the gradual evolution of differential treatment in the climate regime? . Review of European, comparative & international environmental law, 2016, 25 (2): 151 - 160.

Martinez Romera B. The Paris Agreement and the regulation of international bunker fuels. Review of European, comparative & international environmental law, 2016, 25 (2): 215 - 227.

Mayer B. Human rights in the Paris Agreement. Climate law, 2016, 6 (1 - 2): 109 - 117.

McCollum D L, Zhou W, Bertram C, et al. Energy investment needs for fulfilling the Paris Agreement and achieving the Sustainable Development Goals. Nature energy, 2018, 3 (7): 589 - 599.

Mehling M A, Metcalf G E, Stavins R N. Linking heterogeneous climate policies (consistent with the Paris Agreement) . Environmental law, 2018, 48 (4): 647 - 698.

Mehling M A. Governing cooperative approaches under the Paris Agreement. Ecology law quarterly, 2019, 46 (3): 765 - 828.

Meinshausen M, Lewis J, McGlade C, et al. Realization of Paris Agreement pledges may limit warming just below 2℃. Nature, 2022, 604 (7905): 304 - 309.

Mengel M, Nauels A, Rogelj J, et al. Committed sea-level rise under the Paris Agreement and the legacy of delayed mitigation action. Nature communications, 2018, 9 (1): 1-10.

Michaelowa A, Hermwille L, Obergassel W, et al. Additionality revisited: guarding the integrity of market mechanisms under the Paris Agreement. Climate policy, 2019, 19 (10): 1211-1224.

Milkoreit M. The Paris Agreement on climate change: made in USA? . Perspectives on politics, 2019, 17 (4): 1019-1037.

Morgan E A, Nalau J, Mackey B. Assessing the alignment of national-level adaptation plans to the Paris Agreement. Environmental science & policy, 2019, 93: 208-220.

Müller B, Michaelowa A. How to operationalize accounting under Article 6 market mechanisms of the Paris Agreement. Climate policy, 2019, 19 (7): 812-819.

Oberthür S, Groen L. Explaining goal achievement in international negotiations: the EU and the Paris Agreement on climate change. Journal of European public policy, 2018, 25 (5): 708-727.

Oliveira T D, Gurgel A C, Tonry S. International market mechanisms under the Paris Agreement: a cooperation between Brazil and Europe. Energy policy, 2019, 129: 397-409.

Olsen K H, Bakhtiari F, Duggal V K, et al. Sustainability labelling as a tool for reporting the sustainable development impacts of climate actions relevant to Article 6 of the Paris Agreement. International environmental agreements: politics, law and economics, 2019, 19 (2): 225-251.

Olsen K H, Arens C, Mersmann F. Learning from CDM SD tool experience for Article 6.4 of the Paris Agreement. Climate policy, 2018, 18 (4): 383-395.

Ourbak T, Magnan A K. The Paris Agreement and climate change negotiations: Small Islands, big players. Regional environmental change, 2018, 18 (8): 2201-2207.

Ourbak T, Tubiana L. Changing the game: the Paris Agreement and the role of scientific communities. Climate policy, 2017, 17 (7): 819-824.

Oztig L I. Europe's climate change policies: The Paris Agreement and beyond. Energy sources, Part B: economics, planning, and policy, 2017, 12 (10): 917-924.

Pan X, den Elzen M, Höhne N, et al. Exploring fair and ambitious mitigation contributions under the Paris Agreement goals. Environmental science & policy, 2017, 74: 49-56.

Parry I, Mylonas V, Vernon N. Mitigation policies for the Paris Agreement: an assessment for G20 countries. Journal of the Association of Environmental and Resource Economists, 2021, 8 (4): 797-823.

Pauw P, Mbeva K, Van Asselt H. Subtle differentiation of countries' responsibilities under the Paris Agreement. Palgrave communications, 2019, 5 (1): 1-7.

Pauw W P, Klein R J T, Mbeva K, et al. Beyond headline mitigation numbers: we need more transparent and comparable NDCs to achieve the Paris Agreement on climate change. Climatic change, 2018, 147 (1): 23-29.

Peake S, Ekins P. Exploring the financial and investment implications of the Paris Agreement. Climate policy, 2017, 17 (7): 832-852.

Perugini L, Pellis G, Grassi G, et al. Emerging reporting and verification needs under the Paris Agreement: how can the research community effectively contribute? . Environmental science & policy, 2021, 122: 116-126.

Peters G P, Andrew R M, Canadell J G, et al. Key indicators to track current progress and future ambition of the Paris Agreement. Nature climate change, 2017, 7 (2): 118-122.

Peters J C. Natural gas and spillover from the US Clean Power Plan into the Paris Agreement. Energy policy, 2017, 106: 41-47.

Pickering J, McGee J S, Stephens T, et al. The impact of the US retreat from the Paris Agreement: Kyoto revisited? . Climate policy, 2018, 18 (7): 818-827.

Piemontese L, Fetzer I, Rockström J, et al. Future hydroclimatic impacts on Africa: beyond the Paris Agreement. Earth's future, 2019, 7

(7): 748-761.

Pihl H. A Climate Club as a complementary design to the UN Paris Agreement. Policy design and practice, 2020, 3 (1): 45-57.

Pye S, Li F G N, Price J, et al. Achieving net-zero emissions through the reframing of UK national targets in the post-Paris Agreement era. Nature energy, 2017, 2 (3): 1-7.

Rajamani L, Brunnée J. The legality of downgrading nationally determined contributions under the Paris Agreement: lessons from the US disengagement. Journal of environmental law, 2017, 29 (3): 537-551.

Rajamani L. Ambition and differentiation in the 2015 Paris Agreement: interpretative possibilities and underlying politics. International & comparative law quarterly, 2016, 65 (2): 493-514.

Rajamani L. The 2015 Paris Agreement: interplay between hard, soft and non-obligations. Journal of environmental law, 2016, 28 (2): 337-358.

Robiou du Pont Y, Jeffery M L, Gütschow J, et al. Equitable mitigation to achieve the Paris Agreement goals. Nature climate change, 2017, 7 (1): 38-43.

Robiou du Pont Y, Meinshausen M. Warming assessment of the bottom-up Paris Agreement emissions pledges. Nature communications, 2018, 9 (1): 1-10.

Roelfsema M, van Soest H L, Harmsen M, et al. Taking stock of national climate policies to evaluate implementation of the Paris Agreement. Nature communications, 2020, 11 (1): 1-12.

Rogelj J, den Elzen M, Höhne N, et al. Paris Agreement climate proposals need a boost to keep warming well below 2℃. Nature, 2016, 534 (7609): 631-639.

Rogelj J, Fricko O, Meinshausen M, et al. Understanding the origin of Paris Agreement emission uncertainties. Nature communications, 2017, 8 (1): 1-12.

Rogelj J, Huppmann D, Krey V, et al. A new scenario logic for the

Paris Agreement long-term temperature goal. Nature, 2019, 573 (7774): 357-363.

Röser F, Widerberg O, Höhne N, et al. Ambition in the making: analysing the preparation and implementation process of the Nationally Determined Contributions under the Paris Agreement. Climate policy, 2020, 20 (4): 415-429.

Savaresi A. The Paris Agreement: a new beginning? . Journal of energy & natural resources law, 2016, 34 (1): 16-26.

Schletz M, Franke L A, Salomo S. Blockchain application for the Paris Agreement carbon market mechanism: a decision framework and architecture. Sustainability, 2020, 12 (12): 5069.

Schleussner C F, Rogelj J, Schaeffer M, et al. Science and policy characteristics of the Paris Agreement temperature goal. Nature climate change, 2016, 6 (9): 827-835.

Schneider L, Duan M S, Stavins R, et al. Double counting and the Paris Agreement rulebook. Science, 2019, 366 (6462): 180-183.

Schneider L, La Hoz Theuer S, Howard A, et al. Outside in? Using international carbon markets for mitigation not covered by nationally determined contributions (NDCs) under the Paris Agreement. Climate policy, 2020, 20 (1): 18-29.

Schneider L, La Hoz Theuer S. Environmental integrity of international carbon market mechanisms under the Paris Agreement. Climate policy, 2019, 19 (3): 386-400.

Segger M C C. Advancing the Paris Agreement on climate change for sustainable development. Cambridge international law journal, 2016, 5 (2): 202-237.

Seo S N. Beyond the Paris Agreement: climate change policy negotiations and future directions. Regional science policy & practice, 2017, 9 (2): 121-140.

Spash C L. This changes nothing: the Paris Agreement to ignore reality. Globalizations, 2016, 13 (6): 928 - 933.

Streck C, Keenlyside P, Von Unger M. The Paris Agreement: a new beginning. Journal for European environmental & planning law, 2016, 13 (1): 3 - 29.

Streck C. Strengthening the Paris Agreement by holding non-state actors accountable: establishing normative links between transnational partnerships and treaty implementation. Transnational environmental law, 2021, 10 (3): 493 - 515.

Sælen H, Tørstad V, Holz C, et al. Fairness conceptions and self - determined mitigation ambition under the Paris Agreement: is there a relationship? . Environmental science & policy, 2019, 101: 245 - 254.

Tanaka K, O'Neill B C. The Paris Agreement zero-emissions goal is not always consistent with the 1. 5℃ and 2℃ temperature targets. Nature climate change, 2018, 8 (4): 319 - 324.

Tingley D, Tomz M. International commitments and domestic opinion: the effect of the Paris Agreement on public support for policies to address climate change. Environmental politics, 2020, 29 (7): 1135 - 1156.

Torvanger A. Governance of bioenergy with carbon capture and storage (BECCS): accounting, rewarding, and the Paris Agreement. Climate policy, 2019, 19 (3): 329 - 341.

Tørstad V H. Participation, ambition and compliance: can the Paris Agreement solve the effectiveness trilemma? . Environmental politics, 2020, 29 (5): 761 - 780.

Urpelainen J, Van de Graaf T. United States non-cooperation and the Paris Agreement. Climate policy, 2018, 18 (7): 839 - 851.

Van Asselt H. The role of non-state actors in reviewing ambition, implementation, and compliance under the Paris Agreement. Climate law, 2016, 6 (1 - 2): 91 - 108.

Van Hooidonk R, Maynard J, Tamelander J, et al. Local-scale projections of coral reef futures and implications of the Paris Agreement. Scientific reports, 2016, 6 (1): 1-8.

Van Soest H L, den Elzen M G J, van Vuuren D P. Net-zero emission targets for major emitting countries consistent with the Paris Agreement. Nature communications, 2021, 12 (1): 1-9.

Voigt C, Ferreira F. Differentiation in the Paris agreement. Climate law, 2016, 6 (1-2): 58-74.

Voigt C, Ferreira F. "Dynamic differentiation": the principles of CBDR-RC, progression and highest possible ambition in the Paris Agreement. Transnational environmental law, 2016, 5 (2): 285-303.

Voigt C. The compliance and implementation mechanism of the Paris Agreement. Review of European, comparative & international environmental law, 2016, 25 (2): 161-173.

Warren R, Price J, VanDerWal J, et al. The implications of the United Nations Paris Agreement on climate change for globally significant biodiversity areas. Climatic change, 2018, 147 (3): 395-409.

Wegener L. Can the Paris Agreement help climate change litigation and vice versa? . Transnational environmental law, 2020, 9 (1): 17-36.

Wei Y M, Han R, Wang C, et al. Self-preservation strategy for approaching global warming targets in the post-Paris Agreement era. Nature communications, 2020, 11 (1): 1-13.

Weikmans R, Asselt H, Roberts J T. Transparency requirements under the Paris Agreement and their (un) likely impact on strengthening the ambition of nationally determined contributions (NDCs) . Climate policy, 2020, 20 (4): 511-526.

Winkler H, Mantlana B, Letete T. Transparency of action and support in the Paris Agreement. Climate policy, 2017, 17 (7): 853-872.

Winkler H. Putting equity into practice in the global stocktake under the Paris Agreement. Climate policy, 2020, 20 (1): 124-132.

Winning M, Price J, Ekins P, et al. Nationally Determined Contributions under the Paris Agreement and the costs of delayed action. Climate

Policy, 2019, 19 (8): 947 - 958.

Young O R. The Paris Agreement: destined to succeed or doomed to fail? . Politics and governance, 2016, 4 (3): 124 - 132.

Zahar A. A bottom-up compliance mechanism for the Paris Agreement. Chinese journal of environmental law, 2017, 1 (1): 69 - 98.

Zahar A. Collective obligation and individual ambition in the Paris Agreement. Transnational environmental law, 2020, 9 (1): 165 - 188.

Zhang H B, Dai H C, Lai H X, et al. US withdrawal from the Paris Agreement: reasons, impacts, and China's response. Advances in climate change research, 2017, 8 (4): 220 - 225.

Zhang Y X, Chao Q C, Zheng Q H, et al. The withdrawal of the US from the Paris Agreement and its impact on global climate change governance. Advances in climate change research, 2017, 8 (4): 213 - 219.

Zimm C, Nakicenovic N. What are the implications of the Paris Agreement for inequality? . Climate policy, 2020, 20 (4): 458 - 467.

(5) 其他文献类

Barichella A. How Europe can and should become the guardian of the Paris Agreement on climate change. Washington Post, 2017.

Bell W, Drexhage J. Climate change and the international carbon market. Manitoba, Canada: International Institute for Sustainable Development, 2005.

Boiangiu M C. Climate change policy differentials: a review of the Paris Agreement, 2018.

Braden S, et al. Transparency and reporting for sustainable development: transparent reporting of sustainable development elements within voluntary cooperation of Article 6 of the Paris Agreement, 2018.

Brandi C. Trade elements in countries' climate contributions under the Paris Agreement. International Centre for Trade and Sustainable Development (ICTSD) Issue Paper, 2017.

Dröge S. The Paris Agreement 2015: turning point for the international climate regime. No. RP 4/2016. SWP Research Paper, 2016.

Hollo E J. Climate change and the law. General reports of the XVIIIth Congress of the International Academy of Comparative Law/Rapports Généraux du XVIIIème Congrès de l'Académie Internationale de Droit Comparé. Springer, Dordrecht, 2012.

Hood C. Completing the Paris "Rulebook": key Article 6 issues. USA: The Center for Climate and Energy Solutions, 2019.

Höhne N, et al. Carbon market mechanisms in future international cooperation on climate change. New Climate Institute: Cologne, Germany, 2015.

Khan M, et al. Capacity building under the Paris Agreement. European Capacity Building Initiative: Oxford, UK, 2016.

Koakutsu K, et al. Operationalizing the Paris Agreement Article 6 through the Joint Crediting Mechanism (JCM) . Climate and Energy Area, 2016.

Kreibich N, Obergassel W. New paths to policy crediting? Challenges and opportunities of policy-based cooperation under Article 6 of the Paris Agreement, 2019.

Marcu A, Rambharos M. Rulebook for Article 6 in the Paris Agreement. Takeaway from the COP 24, 2019.

Michaelowa A, et al. Promoting transparency in Article 6: designing a coherent and robust reporting and review cycle in the context of operationalising Articles 6 and 13 of the Paris Agreement, 2020.

Obergassel W, Asche F. Shaping the Paris mechanisms part III: an update on submissions on Article 6 of the Paris Agreement. Wuppertal Institut für Klima, Umwelt, Energie, 2018.

Roth J, Echeverría D, Gass P. Current status of Article 6 of the Paris Agreement: Internationally Transferred Mitigation Outcomes (ITMOs), 2019.

Tänzler D，et al. Analysing the interactions between new market mechanisms and emissions trading schemes：opportunities and prospects for countries to use Article 6 of the Paris Agreement. Final report. German Environment Agency，Dessau-Roßlau，2018.

附录：《巴黎协定》

本协定各缔约方，

作为《联合国气候变化框架公约》（以下简称《公约》）缔约方，按照《公约》缔约方会议第十七届会议第 1/CP. 17 号决定建立的德班加强行动平台，为实现《公约》目标，并遵循其原则，包括公平、共同但有区别的责任和各自能力原则，考虑不同国情，认识到必须根据现有的最佳科学知识，对气候变化的紧迫威胁作出有效和逐渐的应对，又认识到《公约》所述的发展中国家缔约方的具体需要和特殊情况，尤其是那些特别易受气候变化不利影响的发展中国家缔约方的具体需要和特殊情况，充分考虑到最不发达国家在筹资和技术转让行动方面的具体需要和特殊情况，认识到缔约方不仅可能受到气候变化的影响，而且还可能受到为应对气候变化而采取的措施的影响，强调气候变化行动、应对和影响与平等获得可持续发展和消除贫困有着内在的关系，认识到保障粮食安全和消除饥饿的根本性优先事项，以及粮食生产系统特别易受气候变化不利影响，考虑到务必根据国家制定的发展优先事项，实现劳动力公正转型以及创造体面工作和高质量就业岗位，承认气候变化是人类共同关心的问题，缔约方在采取行动应对气候变化时，应当尊重、促进和考虑它们各自对人权、健康权、土著人民权利、当地社区权利、移徙者权利、儿童权利、残疾人权利、弱势人权利、发展权，以及性别平等、妇女赋权和代际公平等的义务，认识到必须酌情维护和加强《公约》所述的温室气体的汇和库，注意到必须确保包括海洋在内的所有生态系统的完整性并保护被有些文化认作地球母亲的生物多样性，并注意到在采取行动应对气候变化时关于“气候公正”概念对一些人的重要性，申明就本协定处理的事项在各级开展教育、培训、公众意识，公众参与和公众获得信息和合作的重要性，认识到按照缔约方各自的国内立法使各级政府和各行为方参与应对气候变化的重要性，又认识到在发达国家缔约方带头下的可持续生活方式以及可持续的消费和生产模式，对应对气候变化所发挥的重要作用，兹协议如下：

第一条

为本协定的目的，《公约》第一条所载的定义应予适用。此外：

（一）“公约”指 1992 年 5 月 9 日在纽约通过的《联合国气候变化框架公约》；

（二）“缔约方会议”指《公约》缔约方会议；

（三）“缔约方”指本协定缔约方。

第二条

一、本协定在加强《公约》，包括其目标的履行方面，旨在联系可持续发展和消除贫困的努力，加强对气候变化威胁的全球应对，包括：

（一）把全球平均气温升幅控制在工业化前水平以上低于 2℃之内，并努力将气温升幅限制在工业化前水平以上 1.5 ℃之内，同时认识到这将大大减少气候变化的风险和影响；

（二）提高适应气候变化不利影响的能力并以不威胁粮食生产的方式增强气候复原力和温室气体低排放发展；

（三）使资金流动符合温室气体低排放和气候适应型发展的路径。

二、本协定的履行将体现公平以及共同但有区别的责任和各自能力的原则，考虑不同国情。

第三条

作为全球应对气候变化的国家自主贡献，所有缔约方将采取并通报第四条、第七条、第九条、第十条、第十一条和第十三条所界定的有力度的努力，以实现本协定第二条所述的目的。所有缔约方的努力将随着时间的推移而逐渐增加，同时认识到需要支持发展中国家缔约方，以有效履行本协定。

第四条

一、为了实现第二条规定的长期气温目标，缔约方旨在尽快达到温室气体排放的全球峰值，同时认识到达峰对发展中国家缔约方来说需要更长的时间；此后利用现有的最佳科学迅速减排，以联系可持续发展和消除贫困，在公平的基础上，在本世纪下半叶实现温室气体源的人为排放与汇的清除之间的平衡。

二、各缔约方应编制、通报并保持它计划实现的连续国家自主贡献。缔约方应采取国内减缓措施，以实现这种贡献的目标。

三、各缔约方的连续国家自主贡献将比当前的国家自主贡献有所进步，并反映其尽可能大的力度，同时体现其共同但有区别的责任和各自能力，考虑不同国情。

四、发达国家缔约方应当继续带头，努力实现全经济范围绝对减排目标。发展中国家缔约方应当继续加强它们的减缓努力，鼓励它们根据不同的国情，逐渐转向全经济范围减排或限排目标。

五、应向发展中国家缔约方提供支助，以根据本协定第九条、第十条和第十一条执行本条，同时认识到增强对发展中国家缔约方的支助，将能够加大它们的行动力度。

六、最不发达国家和小岛屿发展中国家可编制和通报反映它们特殊情况的关于温室气体低排放发展的战略、计划和行动。

七、从缔约方的适应行动和/或经济多样化计划中获得的减缓协同效益，能促进本条下的减缓成果。

八、在通报国家自主贡献时，所有缔约方应根据第 1/CP.21 号决定和作为本协定缔约方会议的《公约》缔约方会议的任何有关决定，为清晰、透明和了解而提供必要的信息。

九、各缔约方应根据第 1/CP.21 号决定和作为本协定缔约方会议的《公约》缔约方会议的任何有关决定，并从第十四条所述的全球盘点的结果获取信息，每五年通报一次国家自主贡献。

十、作为本协定缔约方会议的《公约》缔约方会议应在第一届会议上审议国家自主贡献的共同时间框架。

十一、缔约方可根据作为本协定缔约方会议的《公约》缔约方会议通过的指导，随时调整其现有的国家自主贡献，以加强其力度水平。

十二、缔约方通报的国家自主贡献应记录在秘书处保持的一个公共登记册上。

十三、缔约方应核算它们的国家自主贡献。在核算相当于它们国家自主贡献中的人为排放量和清除量时，缔约方应根据作为本协定缔约方会议的《公约》缔约方会议通过的指导，促进环境完整性、透明性、精确性、完备性、可比和一致性，并确保避免双重核算。

十四、在国家自主贡献方面，当缔约方在承认和执行人为排放和清除方面的减缓行动时，应当按照本条第十三款的规定，酌情考虑《公约》下的现有方法和指导。

十五、缔约方在履行本协定时，应考虑那些经济受应对措施影响最严重的缔约方，特别是发展中国家缔约方关注的问题。

十六、缔约方，包括区域经济一体化组织及其成员国，凡是达成了一项协定，根据本条第二款联合采取行动的，均应在它们通报国家自主贡献时，将该协定的条款通知秘书处，包括有关时期内分配给各缔约方的排放量。再应由秘书处向《公约》的缔约方和签署方通报该协定的条款。

十七、本条第十六款提及的这种协定的各缔约方应根据本条第十三款和第十四款以及第十三条和第十五条对该协定为它规定的排放水平承担责任。

十八、如果缔约方在一个其本身是本协定缔约方的区域经济一体化组织的框架内并与该组织一起，采取联合行动开展这项工作，那么该区域经济一体化组织的各成员国单独并与该区域经济一体化组织一起，应根据本条第十三款和第十四款以及第十三条和第十五条，对根据本条第十六款通报的协定为它规定的排放水平承担责任。

十九、所有缔约方应当努力拟定并通报长期温室气体低排放发展战略，同时注意第二条，顾及其共同但有区别的责任和各自能力，考虑不同国情。

第五条

一、缔约方应当采取行动酌情维护和加强《公约》第四条第1款d项所述的温室气体的汇和库，包括森林。

二、鼓励缔约方采取行动，包括通过基于成果的支付，执行和支持在

《公约》下已确定的有关指导和决定中提出的有关以下方面的现有框架：为减少毁林和森林退化造成的排放所涉活动采取的政策方法和积极奖励措施，以及发展中国家养护、可持续管理森林和增强森林碳储量的作用；执行和支持替代政策方法，如关于综合和可持续森林管理的联合减缓和适应方法，同时重申酌情奖励与这些方法相关的非碳效益的重要性。

第六条

一、缔约方认识到，有些缔约方选择自愿合作执行它们的国家自主贡献，以能够提高它们减缓和适应行动的力度，并促进可持续发展和环境完整性。

二、缔约方如果在自愿的基础上采取合作方法，并使用国际转让的减缓成果来实现国家自主贡献，就应促进可持续发展，确保环境完整性和透明度，包括在治理方面，并应依作为本协定缔约方会议的《公约》缔约方会议通过的指导运用稳健的核算，除其它外，确保避免双重核算。

三、使用国际转让的减缓成果来实现本协定下的国家自主贡献，应是自愿的，并得到参加的缔约方的允许的。

四、兹在作为本协定缔约方会议的《公约》缔约方会议的权力和指导下，建立一个机制，供缔约方自愿使用，以促进温室气体排放的减缓，支持可持续发展。它应受作为本协定缔约方会议的《公约》缔约方会议指定的一个机构的监督，应旨在：

（一）促进减缓温室气体排放，同时促进可持续发展；

（二）奖励和便利缔约方授权下的公私实体参与减缓温室气体排放；

（三）促进东道缔约方减少排放水平，以便从减缓活动导致的减排中受益，这也可以被另一缔约方用来履行其国家自主贡献；

（四）实现全球排放的全面减缓。

五、从本条第四款所述的机制产生的减排，如果被另一缔约方用作表示其国家自主贡献的实现情况，则不得再被用作表示东道缔约方自主贡献的实现情况。

六、作为本协定缔约方会议的《公约》缔约方会议应确保本条第四款所述机制下开展的活动所产生的一部分收益用于负担行政开支，以及援助特别易受气候变化不利影响的发展中国家缔约方支付适应费用。

七、作为本协定缔约方会议的《公约》缔约方会议应在第一届会议上通过本条第四款所述机制的规则、模式和程序。

八、缔约方认识到，在可持续发展和消除贫困方面，必须以协调和有效的方式向缔约方提供综合、整体和平衡的非市场方法，包括酌情通过，除其它外，减缓、适应、资金、技术转让和能力建设，以协助执行它们的国家自主贡献。这些方法应旨在：

（一）提高减缓和适应力度；

（二）加强公私部门参与执行国家自主贡献；

（三）创造各种手段和有关体制安排之间协调的机会。

九、兹确定一个本条第八款提及的可持续发展非市场方法的框架，以推广非市场方法。

第七条

一、缔约方兹确立关于提高适应能力、加强复原力和减少对气候变化的脆弱性的全球适应目标，以促进可持续发展，并确保在第二条所述气温目标方面采取充分的适应对策。

二、缔约方认识到，适应是所有各方面临的全球挑战，具有地方、次国家、国家、区域和国际层面，它是为保护人民、生计和生态系统而采取的气候变化长期全球应对措施的关键组成部分和促进因素，同时也要考虑到特别易受气候变化不利影响的发展中国家迫在眉睫的需要。

三、应根据作为本协定缔约方会议的《公约》缔约方会议第一届会议通过的模式承认发展中国家的适应努力。

四、缔约方认识到，当前的适应需要很大，提高减缓水平能减少对额外适应努力的需要，增大适应需要可能会增加适应成本。

五、缔约方承认，适应行动应当遵循一种国家驱动、注重性别问题、参与型和充分透明的方法，同时考虑到脆弱群体、社区和生态系统，并应当基于和遵循现有的最佳科学，以及适当的传统知识、土著人民的知识和地方知识系统，以期将适应酌情纳入相关的社会经济和环境政策以及行动中。

六、缔约方认识到支持适应努力并开展适应努力方面的国际合作的重要性，以及考虑发展中国家缔约方的需要，尤其是特别易受气候变化不利影响的发展中国家的需要的重要性。

七、缔约方应当加强它们在增强适应行动方面的合作，同时考虑到《坎昆适应框架》，包括在下列方面：

（一）交流信息、良好做法、获得的经验和教训，酌情包括与适应行动方面的科学、规划、政策和执行等相关的信息、良好做法、获得的经验和教训；

（二）加强体制安排，包括《公约》下服务于本协定的体制安排，以支持相关信息和知识的综合，并为缔约方提供技术支助和指导；

（三）加强关于气候的科学知识，包括研究、对气候系统的系统观测和早期预警系统，以便为气候服务提供参考，并支持决策；

（四）协助发展中国家缔约方确定有效的适应做法、适应需要、优先事项、为适应行动和努力提供和得到的支助、挑战和差距，其方式应符合鼓励良好做法；

（五）提高适应行动的有效性和持久性。

八、鼓励联合国专门组织和机构支持缔约方努力执行本条第七款所述的行动，同时考虑到本条第五款的规定。

九、各缔约方应酌情开展适应规划进程并采取各种行动，包括制订或加强相关的计划、政策和/或贡献，其中可包括：

（一）落实适应行动、任务和/或努力；

（二）关于制订和执行国家适应计划的进程；

（三）评估气候变化影响和脆弱性，以拟订国家自主决定的优先行动，同时考虑到处于脆弱地位的人、地方和生态系统；

（四）监测和评价适应计划、政策、方案和行动并从中学习；

（五）建设社会经济和生态系统的复原力，包括通过经济多样化和自然资源的可持续管理。

十、各缔约方应当酌情定期提交和更新一项适应信息通报，其中可包括其优先事项、执行和支助需要、计划和行动，同时不对发展中国家缔约方造成额外负担。

十一、本条第十款所述适应信息通报应酌情定期提交和更新，纳入或结合其他信息通报或文件提交，其中包括国家适应计划、第四条第二款所述的一项国家自主贡献和/或一项国家信息通报。

十二、本条第十款所述的适应信息通报应记录在一个由秘书处保持的公共登记册上。

十三、根据本协定第九条、第十条和第十一条的规定，发展中国家缔约方在执行本条第七款、第九款、第十款和第十一款时应得到持续和加强的国际支持。

十四、第十四条所述的全球盘点，除其他外应：

（一）承认发展中国家缔约方的适应努力；

（二）加强开展适应行动，同时考虑本条第十款所述的适应信息通报；

（三）审评适应的充足性和有效性以及对适应提供的支助情况；

（四）审评在实现本条第一款所述的全球适应目标方面所取得的总体进展。

第八条

一、缔约方认识到避免、尽量减轻和处理与气候变化（包括极端气候事件和缓发事件）不利影响相关的损失和损害的重要性，以及可持续发展对于减少损失和损害风险的作用。

二、气候变化影响相关损失和损害华沙国际机制应置于作为本协定缔约方会议的《公约》缔约方会议的权力和指导下，并可由作为本协定缔约方会议的《公约》缔约方会议决定予以强化和加强。

三、缔约方应当在合作和提供便利的基础上，包括酌情通过华沙国际机制，在气候变化不利影响所涉损失和损害方面加强理解、行动和支持。

四、据此，为加强理解、行动和支持而开展合作和提供便利的领域可包括以下方面：

（一）早期预警系统；

（二）应急准备；

（三）缓发事件；

（四）可能涉及不可逆转和永久性损失和损害的事件；

（五）综合性风险评估和管理；

（六）风险保险机制，气候风险分担安排和其他保险方案；

（七）非经济损失；

（八）社区、生计和生态系统的复原力。

五、华沙国际机制应与本协定下现有机构和专家小组以及本协定以外的有关组织和专家机构协作。

第九条

一、发达国家缔约方应为协助发展中国家缔约方减缓和适应两方面提供资金，以便继续履行在《公约》下的现有义务。

二、鼓励其他缔约方自愿提供或继续提供这种支助。

三、作为全球努力的一部分，发达国家缔约方应当继续带头，从各种大量来源、手段及渠道调动气候资金，同时注意到公共资金通过采取各种行动，包括支持国家驱动战略而发挥的重要作用，并考虑发展中国家缔约方的需要和优先事项。对气候资金的这一调动应当超过先前的努力。

四、提供规模更大的资金，应当旨在实现适应与减缓之间的平衡，同时考虑国家驱动战略以及发展中国家缔约方的优先事项和需要，尤其是那些特别易受气候变化不利影响的和受到严重的能力限制的发展中国家缔约方，如最不发达国家和小岛屿发展中国家的优先事项和需要，同时也考虑为适应提供公共资源和基于赠款的资源的需要。

五、发达国家缔约方应根据对其适用的本条第一款和第三款的规定，每两年通报指示性定量定质信息，包括向发展中国家缔约方提供的公共资金方面可获得的预测水平。鼓励其他提供资源的缔约方也自愿每两年通报一次这种信息。

六、第十四条所述的全球盘点应考虑发达国家缔约方和/或本协定的机构提供的关于气候资金所涉努力方面的有关信息。

七、发达国家缔约方应按照作为本协定缔约方会议的《公约》缔约方会议第一届会议根据第十三条第十三款的规定通过的模式、程序和指南，就通过公共干预措施向发展中国家提供和调动支助的情况，每两年提供透明一致的信息。鼓励其他缔约方也这样做。

八、《公约》的资金机制，包括其经营实体，应作为本协定的资金机制。

九、为本协定服务的机构，包括《公约》资金机制的经营实体，应旨在通过精简审批程序和提供强化准备活动支持，确保发展中国家缔约方，尤其是最不发达国家和小岛屿发展中国家，在国家气候战略和计划方面有效地获得资金。

第十条

一、缔约方共有一个长期愿景，即必须充分落实技术开发和转让，以改善对气候变化的复原力和减少温室气体排放。

二、注意到技术对于执行本协定下的减缓和适应行动的重要性，并认识到现有的技术部署和推广工作，缔约方应加强技术开发和转让方面的合作行动。

三、《公约》下设立的技术机制应为本协定服务。

四、兹建立一个技术框架，为技术机制在促进和便利技术开发和转让的强化行动方面的工作提供总体指导，以实现本条第一款所述的长期愿景，支持本协定的履行。

五、加快、鼓励和扶持创新，对有效、长期的全球应对气候变化，以及促进经济增长和可持续发展至关重要。应对这种努力酌情提供支助，包括由技术机制和由《公约》资金机制通过资金手段提供支助，以便采取协作性方法开展研究和开发，以及便利获得技术，特别是在技术周期的早期阶段便利发展中国家缔约方获得技术。

六、应向发展中国家缔约方提供支助，包括提供资金支助，以执行本条，包括在技术周期不同阶段的技术开发和转让方面加强合作行动，从而在支助减缓和适应之间实现平衡。第十四条提及的全球盘点应考虑为发展中国家缔约方的技术开发和转让提供支助方面的现有信息。

第十一条

一、本协定下的能力建设应当加强发展中国家缔约方，特别是能力最弱的国家，如最不发达国家，以及特别易受气候变化不利影响的国家，如小岛屿发展中国家等的能力，以便采取有效的气候变化行动，其中包括，除其它外，执行适应和减缓行动，并应当便利技术开发、推广和部署、获得气候资金、教育、培训和公共意识的有关方面，以及透明、及时和准确的信息通报。

二、能力建设，尤其是针对发展中国家缔约方的能力建设，应当由国家驱动，依据并响应国家需要，并促进缔约方的本国自主，包括在国家、次国家和地方层面。能力建设应当以获得的经验教训为指导，包括从《公约》下能力建设活动中获得的经验教训，并应当是一个参与型、贯穿各领域和注重性别问题的有效和迭加的进程。

三、所有缔约方应当合作，以加强发展中国家缔约方履行本协定的能力。发达国家缔约方应当加强对发展中国家缔约方能力建设行动的支助。

四、所有缔约方，凡在加强发展中国家缔约方执行本协定的能力，包括采取区域、双边和多边方式的，均应定期就这些能力建设行动或措施进行通报。发展中国家缔约方应当定期通报为履行本协定而落实能力建设计划、政策、行动或措施的进展情况。

五、应通过适当的体制安排，包括《公约》下为服务于本协定所建立的有关体制安排，加强能力建设活动，以支持对本协定的履行。作为本协定缔约方会议的《公约》缔约方会议应在第一届会议上审议并就能力建设的初始体制安排通过一项决定。

第十二条

缔约方应酌情合作采取措施，加强气候变化教育、培训、公共意识、公众参与和公众获取信息，同时认识到这些步骤对于加强本协定下的行动的重要性。

第十三条

一、为建立互信和信心并促进有效履行，兹设立一个关于行动和支助的强化透明度框架，并内置一个灵活机制，以考虑缔约方能力的不同，并以集体经验为基础。

二、透明度框架应为依能力需要灵活性的发展中国家缔约方提供灵活性，以利于其履行本条规定。本条第十三款所述的模式、程序和指南应反映这种灵活性。

三、透明度框架应依托和加强在《公约》下设立的透明度安排，同时认识到最不发达国家和小岛屿发展中国家的特殊情况，以促进性、非侵入性、非惩罚性和尊重国家主权的方式实施，并避免对缔约方造成不当负担。

四、《公约》下的透明度安排，包括国家信息通报、两年期报告和两年期更新报告、国际评估和审评以及国际磋商和分析，应成为制定本条第十三款下的模式、程序和指南时加以借鉴的经验的一部分。

五、行动透明度框架的目的是按照《公约》第二条所列目标，明确了解气候变化行动，包括明确和追踪缔约方在第四条下实现各自国家自主贡献方面所取得进展；以及缔约方在第七条之下的适应行动，包括良好做法、优先事项、需要和差距，以便为第十四条下的全球盘点提供信息。

六、支助透明度框架的目的是明确各相关缔约方在第四条、第七条、第九条、第十条和第十一条下的气候变化行动方面提供和收到的支助，并尽可能反映所提供的累计资金支助的全面概况，以便为第十四条下的盘点提供信息。

七、各缔约方应定期提供以下信息：

（一）利用政府间气候变化专门委员会接受并由作为本协定缔约方会议的《公约》缔约方会议商定的良好做法而编写的一份温室气体源的人为排放和汇的清除的国家清单报告；

（二）跟踪在根据第四条执行和实现国家自主贡献方面取得的进展所必需的信息。

八、各缔约方还应当酌情提供与第七条下的气候变化影响和适应相关的信息。

九、发达国家缔约方应，提供支助的其他缔约方应当就根据第九条、第十条和第十一条向发展中国家缔约方提供资金、技术转让和能力建设支助的情况提供信息。

十、发展中国家缔约方应当就在第九条、第十条和第十一条下需要和接受的资金、技术转让和能力建设支助情况提供信息。

十一、应根据第 1/CP. 21 号决定对各缔约方根据本条第七款和第九款提交的信息进行技术专家审评。对于那些由于能力问题而对此有需要的发展中国家缔约方，这一审评进程应包括查明能力建设需要方面的援助。此外，各缔约方应参与促进性的多方审议，以对第九条下的工作以及各自执行和实现国家自主贡献的进展情况进行审议。

十二、本款下的技术专家审评应包括适当审议缔约方提供的支助，以及执行和实现国家自主贡献的情况。审评也应查明缔约方需改进的领域，并包括审评这种信息是否与本条第十三款提及的模式、程序和指南相一致，同时考虑在本条第二款下给予缔约方的灵活性。审评应特别注意发展中国家缔约方各自的国家能力和国情。

十三、作为本协定缔约方会议的《公约》缔约方会议应在第一届会议上根据《公约》下透明度相关安排取得的经验，详细拟定本条的规定，酌情为行动和支助的透明度通过通用的模式、程序和指南。

十四、应为发展中国家履行本条提供支助。

十五、应为发展中国家缔约方建立透明度相关能力提供持续支助。

第十四条

一、作为本协定缔约方会议的《公约》缔约方会议应定期盘点本协定的履行情况，以评估实现本协定宗旨和长期目标的集体进展情况（称为“全球盘点”）。盘点应以全面和促进性的方式开展，考虑减缓、适应以及执行手段和支助问题，并顾及公平和利用现有的最佳科学。

二、作为本协定缔约方会议的《公约》缔约方会议应在 2023 年进行第一次全球盘点，此后每五年进行一次，除非作为本协定缔约方会议的《公约》缔约方会议另有决定。

三、全球盘点的结果应为缔约方以国家自主的方式根据本协定的有关规定更新和加强它们的行动和支助，以及加强气候行动的国际合作提供信息。

第十五条

一、兹建立一个机制，以促进履行和遵守本协定的规定。

二、本条第一款所述的机制应由一个委员会组成，应以专家为主，并且是促进性的，行使职能时采取透明、非对抗的、非惩罚性的方式。委员会应特别关心缔约方各自的国家能力和情况。

三、该委员会应在作为本协定缔约方会议的《公约》缔约方会议第一届会议通过的模式和程序下运作，每年向作为本协定缔约方会议的《公约》缔约方会议提交报告。

第十六条

一、《公约》缔约方会议——《公约》的最高机构，应作为本协定缔约方会议。

二、非为本协定缔约方的《公约》缔约方，可作为观察员参加作为本协定缔约方会议的《公约》缔约方会议的任何届会的议事工作。在《公约》缔约方会议作为本协定缔约方会议时，在本协定之下的决定只应由为本协定缔约方者作出。

三、在《公约》缔约方会议作为本协定缔约方会议时，《公约》缔约方会议主席团中代表《公约》缔约方但在当时非为本协定缔约方的任何成员，应由本协定缔约方从本协定缔约方中选出的另一成员替换。

四、作为本协定缔约方会议的《公约》缔约方会议应定期审评本协定的履行情况，并应在其权限内作出为促进本协定有效履行所必要的决定。作为本协定缔约方会议的《公约》缔约方会议应履行本协定赋予它的职能，并应：

（一）设立为履行本协定而被认为必要的附属机构；

（二）行使为履行本协定所需的其他职能。

五、《公约》缔约方会议的议事规则和依《公约》规定采用的财务规则，应在本协定下比照适用，除非作为本协定缔约方会议的《公约》缔约方会议以协商一致方式可能另外作出决定。

六、作为本协定缔约方会议的《公约》缔约方会议第一届会议，应由秘书处结合本协定生效之日后预定举行的《公约》缔约方会议第一届会议召开。其后作为本协定缔约方会议的《公约》缔约方会议常会，应与《公约》缔约方会议常会结合举行，除非作为本协定缔约方会议的《公约》缔约方会议另有决定。

七、作为本协定缔约方会议的《公约》缔约方会议特别会议，应在作为本协定缔约方会议的《公约》缔约方会议认为必要的其他任何时间举行，或应任何缔约方的书面请求而举行，但须在秘书处将该要求转达给各缔约方后六个月内得到至少三分之一缔约方的支持。

八、联合国及其专门机构和国际原子能机构，以及它们的非为《公约》缔约方的成员国或观察员，均可派代表作为观察员出席作为本协定缔约方会议的《公约》缔约方会议的各届会议。任何在本协定所涉事项上具备资格的团体或机构，无论是国家或国际的、政府的或非政府的，经通知秘书处其愿意派代表作为观察员出席作为本协定缔约方会议的《公约》缔约方会议的某届会议，均可予以接纳，除非出席的缔约方至少三分之一反对。观察员的接纳和参加应遵循本条第五款所指的议事规则。

第十七条

一、依《公约》第八条设立的秘书处，应作为本协定的秘书处。

二、关于秘书处职能的《公约》第八条第 2 款和关于就秘书处行使职能作出的安排的《公约》第八条第 3 款，应比照适用于本协定。秘书处还应行使本协定和作为本协定缔约方会议的《公约》缔约方会议所赋予它的职能。

第十八条

一、《公约》第九条和第十条设立的附属科学技术咨询机构和附属履行机构，应分别作为本协定的附属科学技术咨询机构和附属履行机构。《公约》关于这两个机构行使职能的规定应比照适用于本协定。本协定的附属科学技术咨询机构和附属履行机构的届会，应分别与《公约》的附属科学技术咨询机构和附属履行机构的会议结合举行。

二、非为本协定缔约方的《公约》缔约方可作为观察员参加附属机构任何届会的议事工作。在附属机构作为本协定附属机构时，本协定下的决定只应由本协定缔约方作出。

三、《公约》第九条和第十条设立的附属机构行使它们的职能处理涉及本协定的事项时，附属机构主席团中代表《公约》缔约方但当时非为本协定缔约方的任何成员，应由本协定缔约方从本协定缔约方中选出的另一成员替换。

第十九条

一、除本协定提到的附属机构和体制安排外，根据《公约》或在《公约》下设立的附属机构或其他体制安排，应按照作为本协定缔约方会议的《公约》缔约方会议的决定，为本协定服务。作为本协定缔约方会议的《公约》缔约方会议应明确规定此种附属机构或安排所要行使的职能。

二、作为本协定缔约方会议的《公约》缔约方会议可为这些附属机构和体制安排提供进一步指导。

第二十条

一、本协定应开放供属于《公约》缔约方的各国和区域经济一体化组织签署并须经其批准、接受或核准。本协定应自 2016 年 4 月 22 日至 2017

年 4 月 21 日在纽约联合国总部开放供签署。此后，本协定应自签署截止日之次日起开放供加入。批准、接受、核准或加入的文书应交存保存人。

二、任何成为本协定缔约方而其成员国均非缔约方的区域经济一体化组织应受本协定各项义务的约束。如果区域经济一体化组织的一个或多个成员国为本协定的缔约方，该组织及其成员国应决定各自在履行本协定义务方面的责任。在此种情况下，该组织及其成员国无权同时行使本协定规定的权利。

三、区域经济一体化组织应在其批准、接受、核准或加入的文书中声明其在本协定所规定的事项方面的权限。这些组织还应将其权限范围的任何重大变更通知保存人，再由保存人通知各缔约方。

第二十一条

一、本协定应在不少于 55 个《公约》缔约方，包括其合计共占全球温室气体总排放量的至少约 55%的《公约》缔约方交存其批准、接受、核准或加入文书之日后第三十天起生效。

二、只为本条第一款的有限目的，“全球温室气体总排放量”指在《公约》缔约方通过本协定之日或之前最新通报的数量。

三、对于在本条第一款规定的生效条件达到之后批准、接受、核准或加入本协定的每一国家或区域经济一体化组织，本协定应自该国家或区域经济一体化组织批准、接受、核准或加入的文书交存之日后第三十天起生效。

四、为本条第一款的目的，区域经济一体化组织交存的任何文书，不应被视为其成员国所交存文书之外的额外文书。

第二十二条

《公约》第十五条关于通过对《公约》的修正的规定应比照适用于本协定。

第二十三条

一、《公约》第十六条关于《公约》附件的通过和修正的规定应比照适用于本协定。

二、本协定的附件应构成本协定的组成部分，除另有明文规定外，凡提及本协定，即同时提及其任何附件。这些附件应限于清单、表格和属于科学、技术、程序或行政性质的任何其他说明性材料。

第二十四条

《公约》关于争端的解决的第十四条的规定应比照适用于本协定。

第二十五条

一、除本条第二款所规定外，每个缔约方应有一票表决权。

二、区域经济一体化组织在其权限内的事项上应行使票数与其作为本协定缔约方的成员国数目相同的表决权。如果一个此类组织的任一成员国行使自己的表决权，则该组织不得行使表决权，反之亦然。

第二十六条

联合国秘书长应为本协定的保存人。

第二十七条

对本协定不得作任何保留。

第二十八条

一、自本协定对一缔约方生效之日起三年后，该缔约方可随时向保存人发出书面通知退出本协定。

二、任何此种退出应自保存人收到退出通知之日起一年期满时生效，或在退出通知中所述明的更后日期生效。

三、退出《公约》的任何缔约方，应被视为亦退出本协定。

第二十九条

本协定正本应交存于联合国秘书长，其阿拉伯文、中文、英文、法文、俄文和西班牙文文本同等作准。

二〇一五年十二月十二日订于巴黎。

下列签署人，经正式授权，在本协定上签字，以昭信守。

图书在版编目（CIP）数据

《巴黎协定》下碳市场机制的法治化研究 / 魏庆坡著. -- 北京：中国人民大学出版社，2024. 9. --（北京社科青年学者文库）. -- ISBN 978-7-300-32954-3

Ⅰ. D922. 68

中国国家版本馆 CIP 数据核字第 2024TT6881 号

北京社科青年学者文库
北京市社会科学界联合会、北京市哲学社会科学规划办公室项目
《巴黎协定》下碳市场机制的法治化研究
魏庆坡　著
Bali Xieding xia Tanshichang Jizhi de Fazhihua Yanjiu

出版发行	中国人民大学出版社		
社　　址	北京中关村大街 31 号	**邮政编码**	100080
电　　话	010 - 62511242（总编室）		010 - 62511770（质管部）
	010 - 82501766（邮购部）		010 - 62514148（门市部）
	010 - 62515195（发行公司）		010 - 62515275（盗版举报）
网　　址	http://www.crup.com.cn		
经　　销	新华书店		
印　　刷	唐山玺诚印务有限公司		
开　　本	720 mm×1000 mm　1/16	**版　　次**	2024 年 9 月第 1 版
印　　张	19. 25 插页 2	**印　　次**	2024 年 9 月第 1 次印刷
字　　数	323 000	**定　　价**	89. 00 元

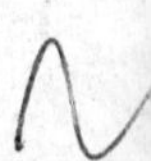